江苏省高等学校重点教材（编号：2021-2-281）
高等院校特殊儿童康复系列教材

特殊儿童沟通与交往训练

主　编　王姣艳
编写者（以拼音为序）
　　　　曹文月　郭方璇　侯虹宇
　　　　黄艳萍　陆日成　王姣艳
　　　　魏寿洪　朱　楠

南京大学出版社

图书在版编目(CIP)数据

特殊儿童沟通与交往训练 / 王姣艳主编. — 南京：南京大学出版社，2024.10. — ISBN 978-7-305-28486-1

Ⅰ.G76

中国国家版本馆 CIP 数据核字第 2024HM6558 号

出版发行	南京大学出版社
社　　址	南京市汉口路 22 号　　邮　编　210093
书　　名	**特殊儿童沟通与交往训练** TESHU ERTONG GOUTONG YU JIAOWANG XUNLIAN
主　　编	王姣艳
责任编辑	曹　森　　　　　　编辑热线　025-83686756
照　　排	南京南琳图文制作有限公司
印　　刷	南京玉河印刷厂
开　　本	787 mm×1092 mm　1/16 开　印张 14.75　字数 331 千
版　　次	2024 年 10 月第 1 版　2024 年 10 月第 1 次印刷
ISBN	978-7-305-28486-1
定　　价	49.00 元

网址：http://www.njupco.com
官方微博：http://weibo.com/njupco
微信服务号：NJUYUNSHU
销售咨询热线：(025) 83594756

* 版权所有，侵权必究

* 凡购买南大版图书，如有印装质量问题，请与所购
　图书销售部门联系调换

前　言

特殊儿童作为社会大家庭中不可或缺的一部分，他们的成长与发展，尤其是沟通与交往能力，对于其个人的全面进步以及社会的和谐融入具有至关重要的意义。在组织编写《特殊儿童沟通与交往训练》这本教材的过程中，我们深感肩负着重大的责任和使命，同时也怀揣着对特殊儿童未来发展的热切期望和满腔热情。我们希望通过这本教材，为特殊教育相关专业学生、特殊教育工作者、教育康复专业人员以及家长们提供科学、系统、实用的指导和帮助。

本教材共分为十章。第一至三章主要阐述相关的概念、基础理论、训练方法概述、特殊儿童沟通与交往特点、沟通与交往评估等，总体构建特殊儿童沟通与交往训练的理论知识体系。第四至九章以实践应用为主，从功能领域分别介绍了特殊儿童沟通与交往的准备技能、语言行为、情绪技能、心理理论、沟通技能、交往技能等方面的训练，以实践操作内容为主。第十章阐述特殊儿童沟通与交往技能训练应进行综合康复的理念和实践。

本教材具有以下特点：第一，摒弃了传统的按照特殊儿童类型来组织教材内容体系的方式，而是根据沟通与交往的功能领域来构建教材知识体系，每个领域都可以作为设计与组织沟通交往训练活动的单元课题。第二，教材的内容适用于辅助开展各种类型特殊儿童的沟通与交往训练活动，尤其适用于辅助智力障碍、孤独症谱系障碍、注意缺陷多动障碍等发展性障碍儿童沟通与交往训练活动的开展。第三，考虑到应用行为分析法的运用广泛，操作思路清晰且易上手，教材中的大多数案例按照应用行为分析的刺激控制原理的教学流程来呈现，方便学生有针对性地学习和掌握。教材也强调在自然情境中的运用，尽可能在自然情境中延伸教学活动；还强调综合康复，采用综合干预活动或方案促进特殊儿童系统、灵活地学习和运用。第四，产教融合协同建设教学资源是发展趋势，编写团队除了有高校教师，还邀请了经验丰富的特殊教育学校、康复中心教师参与，教材中的许多案例来自教师的亲身经历，具有实用性和可操作性。第五，教材提供了配套的PPT资源，以及相关的在线资源链接、参考

资料等,方便使用者按需采用。

教材编写团队在特殊教育和儿童康复领域拥有丰富的科研、教学和实践经验。第一章由华中师范大学朱楠副教授编写;第二、三章由南京特殊教育师范学院曹文月老师编写;第五、十章由南京特殊教育师范学院王姣艳教授编写;第六章由南京特殊教育师范学院侯虹宇老师编写;第八章由重庆师范大学魏寿洪教授编写;第四、七、九章由南京特殊教育师范学院王姣艳教授和一线教师合作编写,其中南京微观爱康复中心郭方璇老师参与编写第四章,镇江市京口特殊教育中心陆日成校长参与编写第七章,南京市鼓楼区特殊教育学校黄艳萍副校长参与编写第九章。本教材参考了大量的文献资料,还参考了许多从实践经验中总结的案例,对此一并表示感谢。

本教材是江苏省高等学校重点教材项目成果,是江苏高校"青蓝工程"优秀教学团队"教育康复课程群教学团队"项目建设成果,也是江苏省高校重点(建设)实验室"特殊儿童障碍与干预技术"、江苏省产教融合重点基地"特殊儿童康复产教融合基地"等建设成果。

由于时间有限和资源限制,本教材在编写过程中难免存在不足之处。诚恳希望读者能够提出宝贵的意见和建议,以便编写团队不断改进和完善教材内容。

王姣艳

2024 年 8 月

目 录

扫码查看
配套资源

第一章　特殊儿童沟通与交往训练概述 ⋯⋯⋯⋯⋯⋯⋯⋯⋯⋯ 1
  第一节　特殊儿童沟通与交往训练的内涵 ⋯⋯⋯⋯⋯⋯⋯ 3
  第二节　儿童沟通与交往发展的规律 ⋯⋯⋯⋯⋯⋯⋯⋯⋯ 7
  第三节　特殊儿童沟通与交往训练的理论基础 ⋯⋯⋯⋯⋯ 13
  第四节　特殊儿童沟通与交往训练方法 ⋯⋯⋯⋯⋯⋯⋯⋯ 17
  第五节　特殊儿童沟通与交往训练的意义 ⋯⋯⋯⋯⋯⋯⋯ 28

第二章　特殊儿童沟通与交往特点 ⋯⋯⋯⋯⋯⋯⋯⋯⋯⋯⋯⋯ 31
  第一节　智力障碍儿童沟通与交往特点 ⋯⋯⋯⋯⋯⋯⋯⋯ 33
  第二节　孤独症谱系障碍儿童沟通与交往特点 ⋯⋯⋯⋯⋯ 36
  第三节　注意缺陷多动障碍儿童沟通与交往特点 ⋯⋯⋯⋯ 39
  第四节　其他特殊儿童沟通与交往特点 ⋯⋯⋯⋯⋯⋯⋯⋯ 41

第三章　特殊儿童沟通与交往评估 ⋯⋯⋯⋯⋯⋯⋯⋯⋯⋯⋯⋯ 45
  第一节　特殊儿童沟通与交往评估概述 ⋯⋯⋯⋯⋯⋯⋯⋯ 47
  第二节　特殊儿童沟通与交往评估方法 ⋯⋯⋯⋯⋯⋯⋯⋯ 50
  第三节　特殊儿童沟通与交往评估工具应用实例 ⋯⋯⋯⋯ 66

第四章　特殊儿童沟通与交往准备技能训练 ⋯⋯⋯⋯⋯⋯⋯⋯ 76
  第一节　特殊儿童兴趣拓展训练 ⋯⋯⋯⋯⋯⋯⋯⋯⋯⋯⋯ 78
  第二节　特殊儿童共同注意训练 ⋯⋯⋯⋯⋯⋯⋯⋯⋯⋯⋯ 79

第五章　特殊儿童语言行为训练 ⋯⋯⋯⋯⋯⋯⋯⋯⋯⋯⋯⋯⋯ 92
  第一节　特殊儿童语言行为训练概述 ⋯⋯⋯⋯⋯⋯⋯⋯⋯ 94
  第二节　特殊儿童听者技能训练 ⋯⋯⋯⋯⋯⋯⋯⋯⋯⋯⋯ 96
  第三节　特殊儿童说者技能训练 ⋯⋯⋯⋯⋯⋯⋯⋯⋯⋯⋯ 99

第六章　特殊儿童情绪技能训练 111
　　第一节　特殊儿童情绪技能训练概述 113
　　第二节　特殊儿童情绪认知训练 116
　　第三节　特殊儿童情绪表达和情绪调节训练 124

第七章　特殊儿童心理理论训练 129
　　第一节　特殊儿童心理理论训练概述 131
　　第二节　特殊儿童心理理论训练 137

第八章　特殊儿童沟通技能训练 151
　　第一节　特殊儿童沟通技能训练概述 153
　　第二节　特殊儿童沟通技能训练思路和策略 157
　　第三节　图片交换沟通系统的应用 162

第九章　特殊儿童交往技能训练 178
　　第一节　特殊儿童交往技能训练概述 180
　　第二节　特殊儿童基础交往技能训练 184
　　第三节　特殊儿童社交关系技能训练 193

第十章　特殊儿童沟通与交往技能综合干预 201
　　第一节　特殊儿童沟通与交往技能综合干预概述 203
　　第二节　特殊儿童沟通与交往游戏活动 212
　　第三节　特殊儿童沟通与交往综合干预方案 218

参考文献 228

第一章
特殊儿童沟通与交往训练概述

 内容提要

　　沟通与交往是特殊儿童教育与康复训练的重要领域。本章先从沟通与交往的概念入手,辨别两个概念之间的区别与联系。再通过介绍儿童沟通与交往发展的一般规律、特殊儿童开展沟通与交往训练的理论基础、特殊儿童沟通与交往训练的常用方法等,为特殊教育工作者开展特殊儿童沟通与交往训练提供知识基础。

 学习目标

　　1. 解释沟通、交往的概念,说出沟通与交往的关系,阐明言语沟通与交往、非言语沟通与交往的方式,了解儿童沟通与交往发展的一般规律,能依据儿童早期发展里程碑解决实际问题;

　　2. 了解特殊儿童沟通与交往训练理论基础;举例解释操作条件反射原理、生态系统理论的运用;

　　3. 了解特殊儿童沟通与交往训练方法,概括行为取向方法、社会故事法的应用要点;

　　4. 重视和认同特殊儿童沟通与交往训练的意义。

思维导图

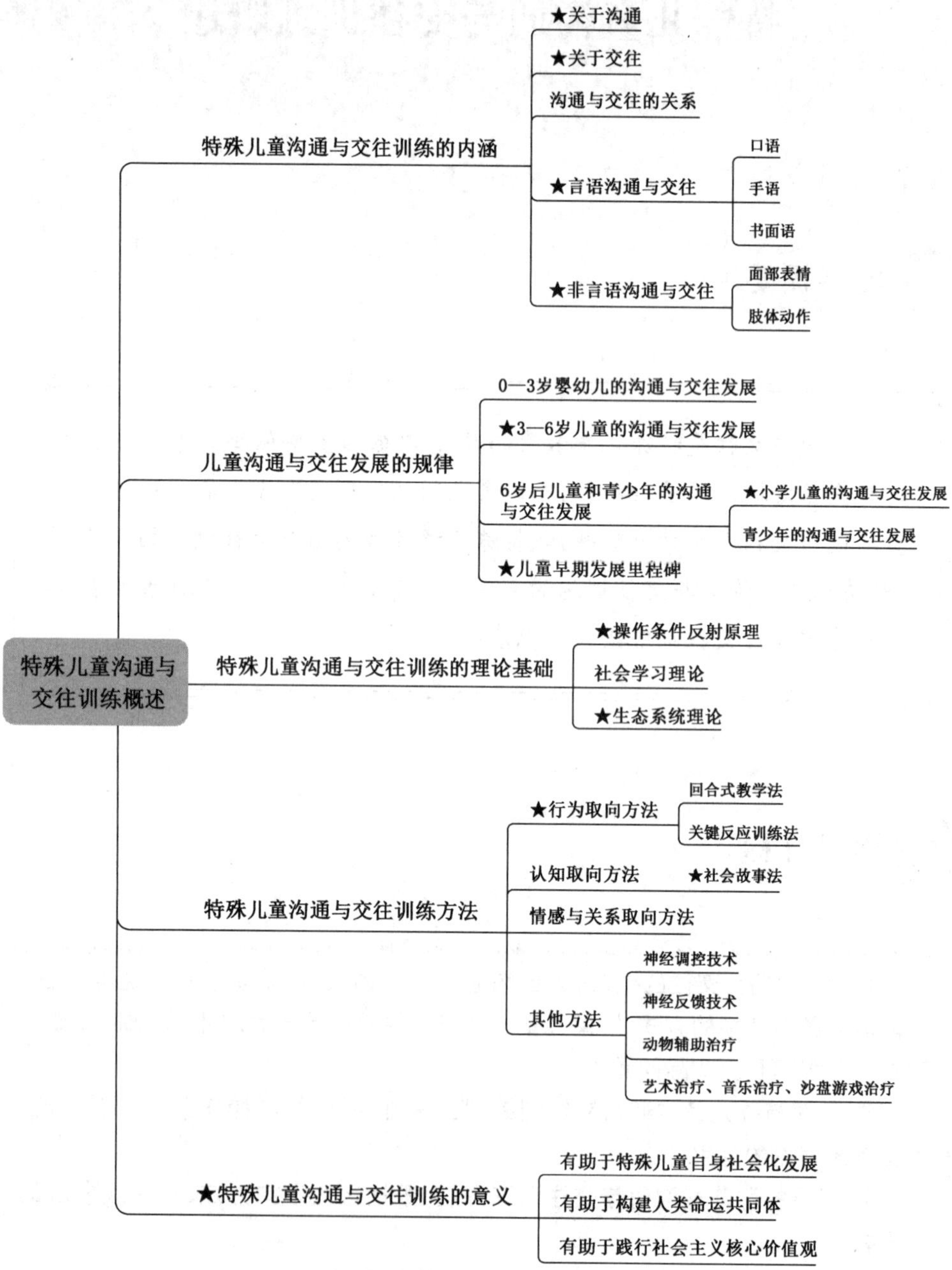

- 特殊儿童沟通与交往训练概述
  - 特殊儿童沟通与交往训练的内涵
    - ★关于沟通
    - ★关于交往
    - 沟通与交往的关系
    - ★言语沟通与交往
      - 口语
      - 手语
      - 书面语
    - ★非言语沟通与交往
      - 面部表情
      - 肢体动作
  - 儿童沟通与交往发展的规律
    - 0—3岁婴幼儿的沟通与交往发展
    - ★3—6岁儿童的沟通与交往发展
    - 6岁后儿童和青少年的沟通与交往发展
      - ★小学儿童的沟通与交往发展
      - 青少年的沟通与交往发展
    - ★儿童早期发展里程碑
  - 特殊儿童沟通与交往训练的理论基础
    - ★操作条件反射原理
    - 社会学习理论
    - ★生态系统理论
  - 特殊儿童沟通与交往训练方法
    - ★行为取向方法
      - 回合式教学法
      - 关键反应训练法
    - 认知取向方法
      - ★社会故事法
    - 情感与关系取向方法
    - 其他方法
      - 神经调控技术
      - 神经反馈技术
      - 动物辅助治疗
      - 艺术治疗、音乐治疗、沙盘游戏治疗
  - ★特殊儿童沟通与交往训练的意义
    - 有助于特殊儿童自身社会化发展
    - 有助于构建人类命运共同体
    - 有助于践行社会主义核心价值观

★ 全书各章的学习重点均以此形式标出,供读者参看。后续不再赘述。

第一节 特殊儿童沟通与交往训练的内涵

在特殊儿童的教育与康复训练中,沟通与交往能力的培养占据着举足轻重的地位。沟通与交往不仅是人类社会生活的基本形式,更是满足个体本能需求、适应社会变迁以及实现个人成长的必由之路。在当今社会,良好的沟通与交往能力已成为个人立足社会、谋求发展的关键因素。而特殊儿童在个人成长过程中往往会面临语言发展迟缓或人际关系认知困难等挑战,这使得他们在沟通与交往过程中难以像普通儿童那样顺利形成良好的沟通与交往能力,进而影响到他们的自身发展,甚至阻碍其社会价值的实现。因此,对于特殊儿童而言,沟通与交往能力的发展具有特殊的重要意义。提升特殊儿童的沟通与交往能力有助于他们更好地融入社会、实现个人价值,并为他们的未来发展奠定坚实基础。这不仅是对特殊儿童个体的关怀与支持,更是对整个社会多元化、包容性发展的贡献。

一、关于沟通

沟通(Communication)是人们相互之间传递、交流各种观念、思想、情感,以建立和巩固人际关系的过程。学术界对沟通的研究主要聚焦于其过程和方式,认为沟通是通过符号系统实现信息交流的,这些符号系统包括言语和非言语的形式。在沟通过程中,信息的传递需要发出者有意向地发出信息,并通过一定的途径和方式被接收者接收。因此,沟通的顺利进行需要发出者和接收者之间的合作和互动。在沟通过程中,言语和非言语形式是实现信息传递的关键,同时还需要考虑外在因素,如环境等,以确保信息的准确和顺利传递。这种信息传递的过程本身就是一种交往行为,体现了人与人之间的交流和互动。

二、关于交往

在心理学领域,沟通被视为交往的核心组成部分,交往的结构涵盖了沟通、相互作用和知觉这三个方面。沟通作为人与人之间信息交流的方式,帮助人们能够分享观念、思想和感情。在沟通过程中,双方互为主体,各自具有独特的动机、意图、期望、态度和生活经验,这使得交往过程变得极其复杂。除了沟通,相互作用在交往中同样扮演着重要角色。它涉及主体之间的行为动作交流,是共同活动得以有效进行的关键。通过相互作用,人们能够组织起共同的活动。在交往过程中,除了沟通和相互作用外,还伴随着人际知觉或社会知觉的发生,包括对他人的认识、理解和感知。总的来说,交往是沟通、相互作用和知觉这三个方面的有机结合。

心理学家们还认为交往具有三种基本功能。首先,交往具有信息沟通功能。交往是人们传递和接收信息的过程,通过交往,我们能够了解对方的观点和立场,并形成关于对方思想的推测。因此,交往对人们的认识活动可以产生重要影响。其次,交往具有调节沟通功能。通过交往，人们可以调节自身和他人的活动，接受来自他人的调节影响。在交往过程中，人们能够影响同伴活动的各个要素，实现活动的相互推动和校正。最后，交往还具有情绪沟通功能。交往是人的情绪状态的重要决定因素，人们的情绪在交往中产生和发展。交往条件对情绪的增强和缓和起着决定性作用。人们往往通过交往来改变自己的情绪状态。除了上述三种基本功能外，交往还具有形成和发展人际关系、使人们彼此认识和理解以及组织共同活动等功能。在实际的交往中，这些功能是相互统一、相互实现的。同一个交往过程对于不同的交往者可能实现不同的功能，一方可能实现了信息传递的功能，而另一方则可能实现了缓和紧张情绪的功能。

三、沟通与交往的关系

沟通和交往都是人际交往的重要组成部分，但它们有着不同的侧重点。沟通主要是通过语言、文字、手势等方式，与他人交流思想、情感和信息的过程，强调的是信息的传递和理解。而交往则是与他人建立、维持和发展关系的过程，更多地涉及社交技能、情感交流和互动合作等方面，强调的是人际关系的建立和维护。

特殊儿童可能面临各种障碍，如感觉障碍、认知障碍和肢体障碍等。这些障碍对儿童的发展产生不同的影响。例如，听觉障碍会对儿童的语言发展产生严重影响，使得他们在信息组织、传递和理解上遇到困难，从而导致沟通过程中存在阻碍。视觉障碍儿童由于视觉障碍的限制，他们可能对词义的理解出现偏差，导致人际交往中的误解。而孤独症儿童往往同时存在沟通与社交方面的困难，他们的人际交往可能会面临更多的挑战。因此，将沟通与交往区分开，有助于更深入地理解它们对特殊儿童发展的意义。这样可以帮助我们采取更有效的手段支持这些特殊儿童，促进他们的全面发展。

四、言语沟通与交往

沟通与交往是一个相互作用、不断发展的过程。从传递交流信息和建立发展关系的方式上看，可以分为言语沟通与交往和非言语沟通与交往[①]。

言语沟通与交往是通过语言这一媒介进行的人际沟通与交往，它是人们日常生活中最普遍、最熟悉的交往方式。语言是一种既成的符号系统，而言语则是一种动态过程，它们在沟通与交往中都扮演着不可或缺的角色。在言语沟通与交往的过程中，说者通过编码将思想转化为合乎语法的话语，而听者则需要对话语进行解码，理解其深层含义并做出相应反馈。这种过程确保了信息的有效传递，使得言语成为最重要的沟通与交往工具之一。然而，言语沟通与交往并非孤立存在，它需要与其他非言语符号系统相结合，才能构成一个完整的沟通与交往过程。因此，在实际的沟通与交往中，我们需要注意不仅要用言语来表达自己的意思，还要通过姿态、表情、动作等非言

---

① 李泽慧.特殊儿童沟通与交往[M].南京：南京师范大学出版社，2015：8-10.

语手段来补充和强化言语信息,以确保沟通的有效性和准确性。特殊儿童的言语沟通与交往中,需要着重关注口语、手语、书面语三种沟通方式①。

(一) 口语

口语是通过口头表达具有明确意义的词汇或句子。在信息传递过程中,使用口语这种沟通方式可以最大程度地减少意义损失。对于特殊儿童来说,口语沟通在他们的社交方式中占据重要地位,对其社会适应能力的发展具有重要影响。口语具有多种特点和优势。首先,口语具有有声性,它利用语音作为媒介,通过听觉来传达信息。口语不仅可以表达语言中的字、词、句,还能通过语调、语音、语速、节奏等声音技巧来传达丰富的信息。其次,口语具有即时性,与书面语不同,口语往往是在特定时间和地点进行的,需要说者具备一定的即时言语交际能力。最后,口语具有抽象性,它能够有效地描述和表达那些看不见、摸不着的抽象事物,相比其他语言形式,口语在表达抽象概念方面更具优势。

口语包括有声和无声两种情况。对于无声语言,我们并不需要获取声音材料,只需要观察对方的发声动作。其中,唇读(Lip-reading)是一种非常特殊的无声沟通方式。听觉障碍儿童会通过观察说话人的口唇发音动作、肌肉活动以及面部表情,来获取信息并与他人进行交流。当观察者看到说话人的口唇动作时,他们会形成连续的视知觉,并与大脑中储存的词语表象进行比较和联系。通过这种方式,他们能够理解说话人所表达的内容。这种技巧不仅适用于听觉障碍的儿童,对于其他人来说也是一种非常有用的沟通方式。

(二) 手语

手语是听障儿童最自然且常用的沟通方式,手语具有完整独立的体系,因此被认为是他们的母语。手语的沟通效率非常高,它能够帮助听障儿童在沟通和交往中充分表达自己的观点,已成为他们沟通和思维的主要工具。

手语包括手指语和手势语两种方式。手指语主要通过手指的指式变化和动作来代表字母,然后按照拼音顺序依次拼出词语。而手势语则是自然手势和人为手势的结合。自然手势起源于远古时代,人们用各种姿势来表示意思,具有指示性和形象性。人为手势则是一种具有语言性质的手势,它是在有声语言和文字的基础上产生的。由于手语自身具有的优势,也会被用于其他无语言特殊儿童的替代沟通方式。

(三) 书面语

书面语是一种通过书面文字作为媒介,实现人与人之间信息传递和思想交流的方式。书面语与口语关系密切,书面语一般都是口语的精炼和规范化表达。它是一种靠视觉感知的语言形式,阅读是理解书面语言最重要的方式。书面语的主要形式包括文件、报刊、书面报告、书信、便笺、邮件等。书面语具有正式、严谨的特点,能够更清晰、更有条理地表达意思,还具有记录和保存的功能。

---

① 雷江华.特殊儿童沟通与交往[M].上海:华东师范大学出版社,2017:28-29.

五、非言语沟通与交往

非言语沟通与交往指不通过语言文字进行的沟通和交往方式。这包括了动态无声沟通与交往、静态无声沟通与交往、副语言沟通与交往。这些方式在日常生活中都扮演着重要的角色,对于人际关系的建立和维护具有重要的作用。

动态无声沟通与交往指通过无声的动姿,即身势语,来表达观点、情感和意愿等。这些动姿包括点头、姿势转换、面部表情、手势、拥抱、眼神等。身势语是后天习得的,具有文化属性。静态沟通与交往指无声的静姿,包括人们在交往中所展现的静止姿态以及彼此间保持的空间距离。静态的体态不仅能够展现个体内心的情绪状态,揭示群体内的普遍倾向,还能反映出交往双方的社会背景、地位和学识水平等信息。副语言沟通(Paralanguage)是指除了语言本身,通过语音的音调、音量、节奏、速度、转音变调、停顿以及沉默等非语言特征来传达信息的方式,是口头交流的一个重要组成部分,可以表达说话者的情感、态度和意图,有时甚至比语言本身更能传达信息。副语言在人们的沟通与交往中扮演着至关重要的角色,常与言语相结合,帮助沟通双方更准确地表达意思。副语言不仅能够影响互动双方的知觉,还能有效地调节双方沟通与交往的状态。

在人际交往中,言语沟通与非言语沟通是相辅相成的,但也有传达信息不一致的情况,这时人们往往更倾向于相信副语言所表达的内容。而当副语言与面部表情不一致时,人们更可能接受面部表情所传递的信息。在特殊儿童的非言语沟通与交往中,需要着重关注面部表情和肢体动作的沟通方式[①]。

(一) 面部表情

面部表情是一种通过眼部、颜面和口部肌肉的变化来展现各种情绪状态的重要方式。眼睛是面部表情中最为关键的部分,能够最直接、最完整、最深刻、丰富地反映特殊儿童的精神状态和内心活动。即使他们词汇有限,眼睛也能代替言语,促成无声的交流。通过观察特殊儿童的眼神、瞳孔、目光和眉毛的变化,可以洞察他们的情感世界。嘴部表情则主要体现在口形变化上。不同的情绪会导致嘴角上扬、下撇、噘起或张口结舌等不同的表现。这些变化与眼睛的动作相互协调,共同构成了一个有机整体,准确地表达出特殊儿童的情感。面部肌肉的松弛与紧张也反映了特殊儿童的情绪状态。肌肉松弛通常意味着心情愉快、轻松,而肌肉紧张则可能表示痛苦、难过或其他复杂的情绪。总的来说,面部表情是特殊儿童情感表达的重要工具,通过细致观察和解读这些表情,我们可以更好地解读他们的内心世界。

(二) 肢体动作

肢体动作是具有一定的动机和目的并指向一定客体的运动系统。特殊儿童的肢体动作不是孤立的,而是包括在整体活动之中的。它以自觉的目的为特征,并且总是由一定的动机所激发,因而具有社会的性质。总的来说,特殊儿童的肢体动作大致有

---

① 雷江华.特殊儿童沟通与交往[M].上海:华东师范大学出版社,2017:29-30.

两类:手部动作和身体姿势。手部动作:有意触碰、抓、推或指向某人某物表示引起注意或表达需求。身体姿势:用身体摆出各种姿势来表达内心想法,如低头表示伤心。特殊儿童由于口语交往能力较弱,常常以动作实现沟通与交往。

特殊儿童的肢体动作包括手部动作和身体姿势。特殊儿童可能会通过有意触碰、抓、推或指向某人某物的方式来引起他人的注意或表达自己的需求;或者会采用各种低头、抬头、抱头等身体姿态来表达内心的想法和感受。口语交往能力不足的特殊儿童常常会借助肢体动作来实现与他人的沟通和交往。理解和解读这些肢体动作对提升与特殊儿童沟通与交往的有效性至关重要。

第二节 儿童沟通与交往发展的规律

沟通与交往能力的发展是儿童成长过程中至关重要的一环,这一能力也遵循着一定的发展规律①。了解这些规律,有助于我们更好地理解儿童的成长过程,并为他们提供合适的支持和帮助。

一、0—3 岁婴幼儿的沟通与交往发展

在出生头三年中,婴幼儿主要与父母和同伴等进行多种社会互动。随着活动的丰富性增加、认知能力提高、言语能力得到有效发展;随着沟通与交往范围扩大、时间频率增加,沟通交往的质量和复杂性提到提升。婴幼儿沟通交往技能从无到有,从简单到复杂逐步发展。

婴儿在出生后的 6 个月内往往能够展现一些基本的沟通与交往技能,如通过面部表情、声音和动作与母亲进行互动。婴儿天生具备一系列基本生存技能,如吸奶、抓握、注视他人、微笑等。他们还能表达各种情感,如高兴、愤怒、难过和惊奇,并对具有人类语言特征的声音特别敏感。例如,婴儿通过哭叫来寻求母亲的帮助,这是一种基本的沟通方式。同时,他们还会通过注视他人来增加积极刺激,如微笑,或移开视线来减少消极刺激。这些技能帮助新生儿与母亲建立互动关系。

6 个月到 12 个月期间,婴儿的社会指向行为和人际互动技能得到了初步发展,他们开始更频繁地与他人进行目光接触,并能够通过自己的行为与他人的行为建立联系,从而增强社交互动。社会指向行为(Socially Directed Behaviors,SDBs)在婴儿 1 岁前开始具备,涉及指向另一个人的具体行为,并通常伴随着对同伴的视觉注视。这些行为可以是近距离的身体接触,如触摸、依靠和抓握,也可以是远距离的行为,如微笑和发出声音。个体的社会指向行为随年龄增长而逐渐增多和变化,并表现出越来越多的复杂性。简单的社会指向行为是指单一的沟通与交往行为,如微笑;而协调

---

① 王雁,朱楠,王姣艳.智力障碍儿童社会技能训练[M].北京:北京师范大学出版社,2014:5-15.

的社会指向行为则需要婴儿协调两个以上的动作图式，如微笑和发声。这个时期婴儿与同伴和母亲在一起时，表现出的协调的社会指向行为逐渐增多。到1岁末，婴幼儿已能接近并接触陌生成人操作的玩具，同时微笑和发声，使其行为更具社会意义。他们还能对他人的交往行为作出反应，推动社交互动的发展。

1岁后的幼儿展现多种互动技能，包括发声，如哭、大笑；使用手势，如提供、指示、拿、推；身体接触，如触摸、打击等。这些技能影响幼儿间的互动结果。接近同伴的物品为幼儿提供了互动的共同参照点，促进信息交流和回应。共同的物品操作技能在1岁后迅速发展。围绕共同主题互动和进行社会性游戏也是幼儿的重要互动技能，表现为合作游戏中的轮流行为，如轮流拍墙、扔球、躲猫猫。

3岁前婴幼儿已经具备了一定的交流技能。虽然言语能力有限，但他们在交流中大量使用行为提议，这些提议可以有效地传递他们的要求，并被对方理解和服从。婴幼儿还能够用多种行为传递信息，满足自己交流的需要。婴幼儿正在发展的言语能力也在交流中表现出来，虽然言语在婴幼儿的交流中不占主要地位，但随着婴幼儿言语能力的提高，它在交流中所起的作用逐步增强。婴幼儿间的互动也能够促进他们的交流，如共同使用和操纵物品可以成为他们互动的主题，在共同使用物品中，婴幼儿向同伴发出交流的信号并回应同伴的信号。

随着年龄增长，婴幼儿与同伴的互动和冲突逐渐增多，其中大多数冲突都涉及物品的使用权和所有权。这主要是因为婴幼儿期的同伴交往大多围绕物品展开，而1岁后的幼儿对物品的所有权保护意识增强，导致围绕物品的冲突不断增多。学步期儿童的冲突中，至少有83%与物品有关。婴幼儿解决冲突的技能水平较低，常常使用初级优势规则，即身体强壮的婴幼儿更可能获胜。然而，婴幼儿也在逐渐形成更高级的解决物品冲突的社交规则——先前所有权规则，即如果拿物品者不久前玩过某一物品，他再拿这一物品的尝试就更容易成功。

经过三年的成长，婴幼儿末期的个体已经初步具备与他人进行互动、交流和解决冲突的能力，他们能够以自己独特的方式达到社交目的，如吸引他人的注意力、寻求帮助或获取心仪的物品。总体而言，该阶段婴幼儿的沟通与交往技能仍然相对有限。

二、3—6岁儿童的沟通与交往发展

3至6岁的儿童处于前运算阶段，主要依赖词语和形象思维来表征事物，但缺乏逻辑推理能力，自我为中心，自主性开始发展。

到4、5岁时，儿童开始迅速理解他人的情绪和意图，并能用因果联系来思考问题。他们的沟通技能变得越来越娴熟，包括表达、回应、轮流等。游戏方式从平行游戏转向合作游戏，这需要更多的沟通与交往技能参与，但此时游戏的主要目的是追求兴奋、娱乐和情感。他们的友谊通常是短暂的，认为朋友就是能在一起玩，有共同的活动和物品的同伴。此时，儿童已展现问题解决行为，以此获得玩具，或引起他人关注，寻求帮助等。不同的社交目标会影响问题解决的成功率，其中引起注意的社交目标比率最高。儿童运用多种策略实现目标，包括指令、建议、描述、声明、提出疑问、叫人、发出噪声、物品攻击、个人攻击、定向及接纳等。在遭遇失败时,约半数儿童会再次尝试,并调整策略,但策略的灵活性仍在发展初期。

在这一阶段,儿童在解决冲突的能力有所提高,他们不仅使用言语策略,还使用非言语策略,如手势和表情等。儿童更多地使用先前所有权规则,这可能是他们理解了物品所有权,较少去拿别人刚玩过的物品的原因。儿童已经能够使用各种策略,比如提出等待、简单要求、退缩、操作物品、群体定向的加入行为、破坏性的加入行为、求助于权威、言语或身体攻击等。但总体来说,这些策略不是很有效,并且存在性别差异。同时,随着儿童认知水平的提高和社交互动的增多,他们在解决与父母意见不一致的问题时也发展出了不服从策略,如直接对抗、简单拒绝、协商、消极不服从等。这是他们确定自己在亲子关系中的独立地位,并学会以社会接受的方式表达其独立意愿的方式。在儿童认知提升与社交互动增多后,不服从策略水平逐步提高;愤怒、攻击、有意对抗的直接对抗策略使用频率降低;较少激怒父母的抵抗策略增加。

总之,3—6岁儿童的沟通交往技能得到了显著发展。在解决问题时,他们能够达成个人目标;在处理冲突时,他们不仅能采用多种策略解决物品冲突,还能初步运用协商策略反抗父母的要求,但这些策略的灵活性和有效性仍有待提高。

三、6岁后儿童和青少年的沟通与交往发展

(一)小学儿童的沟通与交往发展

6—12岁的儿童处于具体运算阶段,虽未形成抽象思维,但掌握了可逆性、整体性和守恒等重要原则。随着社交活动的增多,他们的语言和沟通技能也在逐渐变得更加复杂和丰富,儿童的情感和观点采择能力逐渐增强,能更好地理解人的整体和同一性,以及人的内部状态。他们开始提出不同的解决策略来应对潜在的社交问题。手段—目的思维成为重要的人际问题解决技能。到了小学高年级,儿童期望同伴们能运用合作、有助于积极沟通的策略。

进入小学后,他们开始接触到家庭以外的更广阔的社交圈,逐渐形成了来自不同阶层的同伴群体。在这个过程中,幽默、闲聊、消极评价和欺负等行为也逐渐增多。虽然这些沟通和交往方式有时会带来负面的社交后果,但它们对于加强友谊和巩固某些群体关系却起着重要的作用。

儿童对友谊的理解随年龄增长逐渐改变。小学儿童重视互惠、平等和合作,6—8岁儿童认为朋友是玩伴,9—11岁理解为合作,这一阶段的儿童一般认为朋友就是能互相扶持、共同前行的人,这标志着他们在友谊观念上取得了显著的进步。青少年则更看重亲密性,信任、忠诚和坦诚成为他们友谊中不可或缺的重要元素。但各年龄段都认为互惠是基础,童年时期的友谊发展,很大程度上取决于他们能否得到同伴的接纳和认可,而青少年时期则理解为相互获得自我。他们越来越在意自己在他人眼中的形象,害怕被拒绝和孤立。

随着年龄的增长,儿童在人际冲突协商策略方面的能力逐渐提升。塞尔曼提出了人际协商策略模型(Interpersonal Negotiation Strategies Model),他认为人际协商

策略的发展水平可以分为以下五个层次①：

1. 水平0：冲动和身体的策略水平

个体通常表现出自我中心和非心理策略的特点。他们缺乏明确的问题识别能力，倾向于采取冲动和个人行为策略，而不考虑行为的理由和影响。儿童的感情表达也相对简单和未分化。

2. 水平1：单向命令策略水平

个体开始意识到自己的愿望，但仍然不考虑他人的需求和感受。他们通常采取冲动个人行为策略，缺乏深入的问题识别能力。判断策略的理由和影响时，他们往往缺乏充分的理由，并且未能预期到行为的影响。儿童的感情表达仍然相对简单且未分化。

3. 水平2：双向影响的策略水平

个体开始考虑自己和他人的问题，但主要基于权力来做出决策。他们倾向于根据最有权力者的愿望来考虑问题，并采取单方面的命令或要求。判断策略的理由和影响时，他们主要基于自我保护，而未能充分考虑到长期的影响。儿童的感情表达开始表现出一些自我保护色彩，但仍然相对简单和未分化。

4. 水平3：合作的策略水平

个体开始关注双方的需要，并寻求互惠的解决方案。他们考虑自己和他人关系的互惠背景，采取双向观点交流的方式来解决问题。判断策略的理由和影响时，他们开始基于关系或移情来做出决策，但仍然未能充分考虑到长期的影响。儿童的感情表达开始表现出一些移情色彩，但仍然相对简单和未分化。

5. 水平4：社会和习俗系统观点采择策略水平

个体能够参照双方的需要和愿望，全面考虑共同问题。他们采取与他人言语合作的方式来解决问题，并考虑长期关系的影响。判断策略的理由和影响时，他们能够全面考虑各种因素，并做出明智的决策。儿童的感情表达变得复杂、多重和变化，能够准确表达自己和他人的情感。

小学儿童基本上都能使用高于水平0的策略，但高水平3策略使用较少。尽管随着年龄增长，儿童更多采用高水平策略（水平2和水平3），但对较低水平策略（水平0和水平1）的使用并未显著减少。儿童选择的人际协商策略不仅受自身策略发展水平影响，还受具体环境制约。他们在不同冲突情境中或针对不同关系的冲突对象，使用的协商策略水平也会有所差异。

（二）青少年的沟通与交往发展

进入青少年阶段，个体开始掌握形式逻辑和心理加工的能力，能够处理抽象的事物，不仅能在认知和情绪层面进行更高层次的观点采择，而且移情能力也开始正式发展。随着语言能力的发展，青少年在沟通与交往中的复杂性也在不断增加。到了青

---

① 王美芳.儿童社会技能的发展与培养[M].北京：华文出版社，2003：60.

少年后期(16岁后),恰当的言语策略已经成为他们必备的沟通与交往技能。对社交问题提出不同解决策略的能力也变得愈发重要,复杂的手段—目的思维已经成为他们人际认知问题解决中最关键的技能。

青少年时期的友谊关系愈发复杂多样,他们更倾向于将朋友视为心灵相通、能在精神上相互支持的亲密伙伴。在青少年的眼中,朋友间的排他性和单方面的付出已不再占据主导地位。友谊对青少年的自我成长具有积极影响,他们通过朋友间的互动来探索自我、塑造自我。

在冲突解决策略方面,青少年的策略水平有了较大提升。他们的人际协商策略从双向影响策略水平逐渐发展到合作的策略水平。青少年后期(16岁后)人际协商能力表现出显著提高,但年龄并不是决定社会协商策略成熟的唯一因素。另外,年龄大的青少年在协商策略上更注重互惠和关系因素,并能表达更复杂的情感。然而,在采取行为的水平上,青少年的成熟速度相对较慢。人际协商策略也存在性别差异,女生普遍优于男生。

总之,青少年期儿童的沟通与交往技能显著提升,但存在显著的个体差异,部分儿童沟通交往能力出色,与同伴关系融洽,但也有相当部分儿童缺乏必要技能,处于同伴关系的不利地位。

孤独症、智力障碍、注意力缺陷多动障碍等发展性障碍儿童沟通与交往能力的发展顺序与普通儿童的发展是一致的,参考普通儿童的相关领域里程碑可以帮我们更好地了解特殊儿童发展处于何阶段,哪些能力有缺失,目标能力的前期能力基础以及后续发展如何,表1-1呈现了个体早期核心能力发展的里程碑,表1-2和表1-3分别呈现了个体社会交往能力与个体沟通能力发展的主要里程碑[①]。

表1-1 个体早期核心能力发展的里程碑

核心能力	月龄	核心能力	月龄
分享社会交往微笑 有分享注意的表现 对镜子感兴趣 重复自己被模仿的声音	3—6	模仿新动作 模仿单音 对产生因果效应的玩具表现出兴趣	6—12
发起共同注意 喜欢"躲猫猫"游戏 结合手势调节行为 指向自己感兴趣的物体 拉他人以获取关注 挥手再见 模仿脸部表情	6—12	对同伴感兴趣 喜欢逗别人笑 对成人的表扬有反应 能够把手势、眼神和语言相结合 指向或者展示感兴趣的东西 模仿两个音节的声音 模仿成人的行为来解决问题 探索用新奇的方式来组合玩具 重复一连串的玩具玩耍行为	12—18

---

① 奎尔. 孤独症儿童社会性和沟通能力干预指南[M]. 何正平,译. 北京:华夏出版社,2015:41-46.

(续表)

核心能力	月龄	核心能力	月龄
对成功表现出愉悦 安慰他人 和成人之间进行互动游戏 和同龄伙伴进行打打闹闹的游戏	18—24	沟通需要、兴趣和感受 开始平行游戏 开始模仿同伴 开始玩象征性的玩具	18—24

表1-2 个体社会交往能力发展的主要里程碑

社会交往能力	月龄
模仿简单的成人动作 对同伴的活动感兴趣 进行简单的互动游戏 喜欢听简单的故事 喜欢打打闹闹的游戏 平行游戏	12+
试图安慰情绪低落的人 开始象征性地玩玩具 开始和他人分享玩具 在游戏中扮演成人角色 模仿先前观察到的行为 参加有成人指导的小组游戏	24+
表现出对某些朋友的偏好 表达自己的感受 在游戏中假想各种角色 开始在游戏中懂得轮流 在成人指导下进行小组游戏	36+
有一个最要好的朋友 合作游戏 游戏中发起连串逻辑性活动 在简单游戏中遵守规则 知道他人需要帮助并提供帮助 不需提醒懂得分享和轮流	48+
对别人的好运气给予积极回应 有一群朋友 遵守集体规则 能扮演复杂的成人角色 能进行需要技巧和决策的游戏 能进行合作性的小组游戏	60+

表1-3 个体沟通能力发展的主要里程碑

沟通能力	月龄
断断续续地模仿声音 能够通过手势表达各种沟通目的 进行简单的互动游戏 能结合语言和手势完成基本沟通目的 当有选择余地时能根据喜好做出选择	12+
使用非言语方式发起同伴交往 评论和描述正在发生的事件 回答简单的问题 提出简单的问题 用非言语手段安慰他人 和成人进行简单的交谈	24+
看图片复述熟悉的故事 能根据要求联想往事 能表明自己的情绪 和同伴进行断断续续的交谈 能够进行简单的电话交谈 向同伴发起语言互动 用肢体语言和面部表情来传达信息	36+
与同伴交谈的能力得到扩展 复述熟悉的故事、电视片段和电影情节 运用社交短语（如"对不起"等） 能用组织化、符合逻辑的顺序来联系事件 懂得如何对他人的情感做出回应 开始解读听者的肢体语言	48+
就更广泛的话题进行沟通 开始考虑听者的观点 根据听者的需要调整交谈的过程 运用语言进行协商和妥协	60+

第三节 特殊儿童沟通与交往训练的理论基础

普通儿童通过语言和非语言的沟通与交往活动逐渐了解世界,并获得各种认知和生活经验,而孤独症、智力障碍等特殊儿童则由于自身障碍和养育环境等原因,其沟通与交往活动机会较少,方式单一,这影响了他们的语言、社会性和心理发展。因此,对于特殊儿童,需要提供更加多样化和个性化的沟通与交往机会和方式,以促进他们的全面发展。

开展特殊儿童沟通与交往训练,目前具有循证实践证据的方法主要是应用行为分析方法(Applied Behavior Analysis,ABA)、语言行为法(Verbal Behavior,VB)、结构化教学法、图片交换沟通系统等。其基本原理是基于斯金纳的操作性条件反射,即通过有计划、有步骤地训练让儿童习得恰当的沟通与交往行为,减少或消除不恰当的沟通与交往行为。除此之外,社会学习理论、生态系统观理论也是开展特殊儿童沟通与交往训练需要依据的理论基础。地板时光、人际关系发展干预法等主要依据了人本心理学理论开展训练,以建立情感、关系为最终目标;还有音乐治疗、马术治疗等方法主要依据了心理治疗理论来缓解情绪、建立情感和关系;听觉统合训练、经颅磁刺激技术等则是基于神经心理学理论改善大脑活动。但依据这些理论的上述方法普遍缺乏足够的循证实践证据支持。

一、操作条件反射原理

(一) 操作性行为

斯金纳将人的行为划分为两大类。一类是"应答性"行为,即经典条件反射下,由外部刺激所引发的反应。由于应答性行为对解释人类和动物的行为具有很大的局限性,他提出了另一类行为,即"操作性"行为,个体主动发起行为后,若有一个作为强化物的事件紧接着出现,那么该行为再次发生的概率就会大大增加。该理论对于理解人类大部分有意义的学习行为具有重要指导意义。操作性行为依据的是操作性条件反射原理。操作性条件反射是指环境中的外显事件与特定的目标行为改变之间建立的有意识的行为反应[1],外显事件可能是目标行为(Behavior)发生之前的事件,即前事(Antecedent),也可能是目标行为发生之后的事件,即(Consequence)。前事、行为、后果之间的关系构成了应用行为分析的基础。后果(C)决定了行为(B)在前事刺激(A)下再发生的概率,这三者形成的模式称为三期后效关联(Three-Term-Contingency)[2]。无论是发展新的行为技能,还是减少或消除问题行为,都是对这三

---

[1] 王辉.特殊儿童行为管理[M].南京:南京师范大学出版社,2015:36-39.
[2] 凤华,周婉琪,孙文菊,等.自闭症儿童社会—情绪教育实务工作手册[M].重庆:重庆大学出版社,2015:30-32.

者之间关系操作的结果。分析这三个基本成分,有时称为ABC分析。

(二) 刺激控制

基于操作条件反射原理的应用行为分析方法,在孤独症、智力障碍等特殊儿童的康复训练中,强调以刺激控制为核心,即通过特定的刺激物来控制和强化儿童的行为,以促进它们出现目标行为。刺激控制是指某一行为在特定刺激物呈现时的发生频率,比该刺激物未出现时要高。其原理是行为因某个刺激的存在而受到强化,从而产生刺激对行为的控制。以上课铃声为例,当铃声响起时,儿童会回到座位上坐好,这是因为铃声作为刺激物引发"座位上坐好"的行为,被进教室的老师面带微笑、赞扬等行为强化,使得铃声与"座位上坐好"建立起了关联。当铃声未响起时,儿童"回到座位上坐好"的行为未得到强化,因此出现的频率就会减少。

刺激控制的发展一般通过刺激辨别训练(Stimulus Discrimination Training)来实现,也就是通过对辨别刺激(S^D)的差别强化来实现的。在辨别刺激和干扰刺激($S^\triangle$)都会出现的情境中,儿童只在辨别刺激(例如:铃声响)下表现出特定的行为反应才会得到强化,而在干扰刺激(例如:广播响)情境下则可能不会。基于刺激控制原理发展出来的回合式方法(Discrete Trial Teaching,DTT)包括刺激(A)、行为(B)、后果(C)以及提示(Prompting)四个必备要素,以及教学间距,这几个要素构成回合式教学法的基本教学步骤,见图1-1。

$$S^D \longrightarrow R \longrightarrow S^R \longrightarrow ITI$$
$$S^P$$

图1-1 回合式教学法的基本教学步骤①

刺激控制的形成依赖提示的作用。提示(Prompting),也称为"辅助",主要用于增加行为正确表现的机会,进而稳固刺激与反应之间的联结。它分为两大类:反应提示和刺激提示。反应提示主要包括语言、示范和肢体提示等。这些方式通过直接或间接地指导,帮助儿童理解和模仿正确的行为模式。刺激提示则包括手势和位置等提示,为儿童创造有利于正确反应的环境条件。在系统的训练中,需逐步调整和控制这些提示,以促进目标行为的形成。在撤除反应提示时,通常遵循从多到少的撤出策略。此外,时间延迟也是一种常用的提示策略。在同一提示方式下,可以延迟1—3秒再给出提示,以观察儿童是否能独立或更快地作出正确反应。这种策略有助于促进学习自主性。

(三) 动机操作

强化在刺激控制中发挥关键作用。强化的效果与个体的动机状态有关,在三期

---

① 图1-1中刺激控制的各步骤含义指:S^D:辨别刺激;S^P:提示;R:反应;S^R:强化;ITI:教学间距。涉及的专业术语包括:刺激:Stimulus,辨别刺激:Discriminative Stimulus;提示:Prompting;反应:Response;强化:Reinforcement;教学间距:Inter-Trial Interval,指两个连续试验之间的时间间隔。

后效关联中增加动机操作的环节,形成四期后效关联,即在图1-1基本教学步骤中,在辨别刺激前增加动机操作环节。动机操作(Motivating Operation,MO)通常是指影响个体行为动机的一系列行为或过程,它可以分为建立操作(Establishing Operations,EO)和消除操作(Abolishing Operations,AO)。建立操作是指通过特定的环境设置或条件来增加某个刺激物作为强化物的效果,也能增加与该强化物有关行为的发生频率。如在准备使用玩具汽车作为强化物时,在开始训练前3小时以上避免儿童接触到,这会增加玩具汽车作为强化物的效果。消除操作是指通过特定的环境设置或条件来减少某个刺激物作为强化物的效果,也能减少与该强化物有关行为的发生频率。如开始训练前半小时,儿童已玩过玩具汽车,再将它作为强化物时,儿童的动机就会降低,导致强化效果变差。

在特殊儿童沟通与交往训练中,进行动机操作是有效的措施,可以提高训练的效率。在自然情境中特别需要依赖于儿童的动机开展教学。

二、社会学习理论

斯金纳认为人的所有学习几乎都与及时的直接强化有关。心理学家班杜拉提出的社会学习理论则强调观察、模仿和社会互动在学习过程中的重要性,强调间接强化的作用。

(一) 观察学习与榜样的作用

观察学习,作为班杜拉社会学习理论的核心概念,侧重于通过观察他人的行为及其后果进行学习。班杜拉坚信,儿童的大部分行为都是通过观察他人来习得的。这与刺激反应学习有着本质的不同。在刺激反应学习中,儿童是通过直接的反应和直接的强化来完成学习。观察学习中则不需要直接对刺激做出反应或直接体验强化,他们只是通过观察和模仿他人的行为来改变自己的行为。班杜拉也提出了观察学习中的特例——亲历学习的概念,它是个体直接对刺激做出反应并从结果中获取信息的过程,是将对他人行为的观察转化为对自身行为结构和环境信息的观察,个体可以从反应结果中获取关于行为的知识,这些知识又会指导后续的行为反应,使得学习成为一个持续不断的双向作用过程。

班杜拉认为观察学习包含四个阶段:注意、保持、生成和动机。注意阶段是观察者选择并关注示范行为,获取信息;保持阶段是观察者将信息转化为符号并储存在记忆中;生成阶段是观察者将符号转化为行为;动机阶段是观察者受到内在驱动力去实施行为。这四个阶段紧密相连,任何阶段的缺失都可能导致观察者无法成功模仿行为。在特殊儿童观察学习行为技能时,若儿童未达成目标,可从这四个阶段分析原因,并针对性地进行干预。

榜样的示范作用是观察学习的核心。榜样示范包括行为、言语、象征、抽象和参照等示范。儿童倾向于模仿与自己相似或被认为成功、有威信的人,而非受惩罚的人,这与行为主义观点相悖。模仿是儿童社会性发展的主要手段,通过观察榜样,他们学习新行为并在不同情境中实践。在自然情境中老师应以身作则,有意识地树立一些良好行为的榜样,为儿童营造具有良好行为的环境,为特殊儿童创造观察学习的环境。

(二) 三位一体的交互决定论

班杜拉提出"三位一体的交互决定论"(见图1-2),认为在任何一个系统中,都存在着三个相互关联、相互决定的要素:人、环境和行为。"交互"指因素之间的相互作用,也就是说,一个因素的变化会影响另一个因素的变化,它们之间是相互依存的。"决定论"指某些因素会导致特定的结果,这个结果是由这些因素所决定的。许多因素的综合作用也会常常导致一个特定的结果,这个结果是由多个因素共同决定的。这三个要素之间相互影响、相互作用,形成一个相互依存的整体。具体而言,人的心理、认知和行为都受到环境的影响,同时人的行为和认知也会改变环境。相反,环境也会影响人的心理和行为,而人的行为和心理状态也会对环境产生影响。这种相互作用的关系形成了一个不断变化的动态系统。因此,三位一体的交互决定论强调在分析和解决问题时,要综合考虑人、环境和行为三个方面的因素,而不能仅仅关注其中一个方面。只有全面考虑这三个方面的相互作用和影响,才能更好地理解和解决问题。

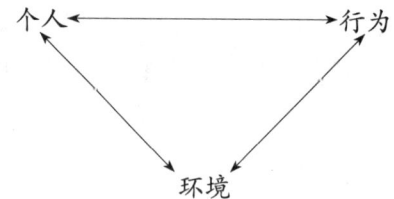

图1-2 三位一体的交互决定论

简言之,班杜拉的三位一体交互决定论强调了因果关系的复杂性和多重性,认为多种因素相互作用共同决定了行为和环境的结果。个体所掌握的知识和技能,往往超过了他实际表现出来的。如果特殊儿童在某些情况下没有展示出某种行为,这并不意味着他们没有掌握或学会这种行为。因为个体是否选择展现其观察到的行为,受到诸多因素的影响,包括他们的动机、兴趣、外部环境刺激、内在需求、生理状态,以及来自社会和环境的压力。

三、生态系统理论

美国学者布朗芬布伦纳(Urie Bronfenbrenner)提出的生态系统理论,主张儿童的发展受到一系列相互交织的生态环境影响。这些环境,无论是直接关联的家庭、幼儿园、社区,还是间接影响的媒体、社会、文化等,都如同心圆般层层嵌套,共同塑造着儿童的成长轨迹。儿童身处其中,既受到这些系统的影响,又在与环境的互动中获取力量。具体来说,包括以下五个系统。

微观系统(Microsystem):是儿童日常生活的核心领域,涵盖了家庭、幼儿园和社区等直接影响儿童成长的环境。这是儿童接触最早、影响最深远的系统。

中间系统(Mesosystem):连接着家庭与幼儿园、家庭与社区等环境之间的关系。这一系统的作用在于协调各方资源,为儿童创造更加和谐、统一的成长环境。

外层系统(Exosystem):指父母的工作场所、家庭的社会经济地位等间接因素,都在潜移默化中影响着儿童的成长轨迹,但不直接作用于儿童。

宏观系统(Macrosystem):儿童成长的宏观背景,涵盖了文化、信仰、历史、政治、经济和社会机构等多个层面。在不同的文化背景中,儿童的成长路径和价值观也会有所不同。

时序系统(Chronosystem):反映了儿童所生活的时代特征和社会历史事件。这些历史事件不仅塑造了儿童成长的社会环境,也在某种程度上决定了他们的命运和人生轨迹。

在生态系统中,儿童并非被动的接受者,而是积极的参与者。他们通过与环境的互动,不断塑造自己,同时也为环境带来变化。这种双向的互动关系,使得儿童的发展成为一个动态、复杂而又充满可能性的过程。总的来说,布朗芬布伦纳的生态系统理论为我们提供了一个生态视角,让我们更加深入地理解儿童与环境之间的复杂关系。通过这一理论,我们可以更加全面地把握儿童发展的脉络,为他们的成长提供更加精准、有效的支持。在特殊儿童沟通与交往训练过程中,不仅要关注微观系统的直接影响,还需充分考量其他系统的间接作用。以特殊儿童为主体,各系统共同作用,为特殊儿童创造一个有利于沟通与交往的环境。

第四节 特殊儿童沟通与交往训练方法

特殊儿童沟通与交往训练的方法较多,可基本归纳为行为取向方法、认知取向方法、情感与关系取向方法等,其中行为取向方法、情感与关系取向方法最受关注,各有支持者。

一、行为取向方法

行为取向方法主要以应用行为分析为代表,该方法有不同发展分支,目前运用较多的是回合式教学法、关键反应训练法、语言行为法等。以下主要介绍回合式教学法和关键反应训练法。

(一) 回合式教学法

回合式教学法(Discrete Trial Teaching,DTT),也称离散单元教学法、单一尝试教学法、分解式操作教学法,是由学者 Lovaas 在 20 世纪 60 年代发展而来,其核心是通过结构化的学习和重复的练习来教授新技能,由指令、反应、强化和停顿四个必备步骤(见图1-1)构成一个基本教学单位,即一个回合,通过不断重复回合来学习新的技能或行为。回合式教学是一项基础的教学方法,用于简单任务教学。如果是复杂任务,需先采用任务分析法将其分解为简单任务进行教学。回合式教学法在语言、认知、社交技能、日常生活技能和职业技能等方面有广泛的应用。

回合式教学的主要策略包括以下方面:① 实施小单元教学,即将复杂的技能分解成小单元,方便儿童在能力范围之内学习。② 一次只教一个技能,直到儿童完全掌握,并且达到熟练水平。③ 教学内容和步骤都是预先计划好的,每个教学回合都有明确的开始和结束。每个教学回合通常持续几秒到几分钟,以保持儿童的注意力和兴趣。④ 在每个回合结束后,教师会立即给予反馈,帮助儿童知道他们的表现是否正确。一般使用正强化增加其正确反应,使用削弱减少不正确反应。⑤ 在儿童不能独立完成时,需要进行提示,并逐步撤除提示。⑥ 教学过程中还要即时记录儿童的反应和学习进度,以评估教学效果和调整教学计划。

回合式教学法具体的应用思路是先采用最大程度的提示进行零错误学习,之后可以逐步降低提示程度,直到儿童能独立完成,如儿童仍出现错误,可采用纠错程序巩固技能。各阶段的基本教学步骤见表 1-4①。

表 1-4 回合式教学法的基本教学步骤

教学阶段		S^D	R	S^R	ITI
零错误学习		刺激 (0秒延迟提示, 提示由多至少)	正确反应	强化	教学间距 (老师记录、准备下个回合、儿童享用强化物)
提示后独立	提示	刺激 (0秒延迟提示, 提示由多至少)	正确反应	小程度强化或描述	教学间距
	独立	刺激 (2—3秒延迟提示)	正确反应	大程度强化	教学间距 (记录、准备下个回合、代币)
独立		刺激 (无提示)	正确反应	大程度强化	教学间距 (老师记录、准备下个回合、儿童享用强化物)
错误纠正	错误反应	刺激 (无提示)	不正确反应	不强化	教学间距 (老师纠错)
	提示	刺激 (0秒延迟提示)	正确反应	描述	教学间距
	转换	刺激 (2—3秒延迟提示)	正确反应	描述	教学间距
	干扰	其他刺激 (熟练技能)	正确反应	描述	教学间距
	检查	刺激 (无提示)	正确反应	强化	教学间距 (老师记录、准备下个回合、代币)

---

① 凤华,孙文菊,周婉琪,等.自闭症儿童社会情绪及语言行为教学实务手册[M].2版.台北:心理出版社,2019:50-57.

1. 零错误学习阶段

零错误学习是为了保证特殊儿童积累的都是正确的学习经验。零错误学习阶段一般发生在特殊儿童从无到有形成一个新目标行为的过程中。一般从最大程度的提示开始,如全肢体提示、全语言提示,根据不同的学习内容采用恰当的提示方式,帮助儿童逐步掌握目标行为,并逐渐积累成功经验。当儿童在提示下出现的目标行为达标后,逐步减少提示,如从全肢体提示转为部分肢体提示,或过渡到手势提示等提示程度更低的方式。

2. 提示后独立阶段

在提示后独立阶段,在"提示"环节的操作与零错误学习阶段操作流程一样,先通过0秒延迟提示帮助儿童完成正确反应,不同于零错误学习阶段的是正确反应后给予强化程度相对较小,或只需给予描述性回应。"提示"环节后立即给予儿童独立尝试机会,记录儿童独立尝试的表现。该阶段主要以0秒延迟提示儿童正确反应来引发儿童的自主表现。在"独立"环节,可延迟3秒等待儿童尝试自主反应,如没有及时反应再给予提示。对儿童独立尝试的正确反应,给予较大的强化以促进儿童更多的自主表现,为独立反应奠定基础。如儿童能通过零错误学习直接过渡到独立阶段,提示后独立阶段可省略。

3. 独立阶段

在独立阶段,提示手段均已被撤除,儿童出现至少连续2次的独立反应,视为儿童独立掌握了该目标行为。当儿童初次独立正确反应时,也需要进行差别强化,给予较大程度的强化,鼓励他们出现更多的独立正确反应。任何一个技能的学习都需进入无提示的独立阶段。一般每个教学单元进行5或10个教学回合,判断儿童正确反应的标准可以是连续出现2次或3次正确反应为达成目标,或者设定一个达成百分比,如80%的回合是正确反应即达成目标。

4. 错误纠正阶段

当在独立阶段出现错误反应或无反应时,即进入错误纠正阶段,一般遵循"提示—转换—干扰—检查"四个环节进行纠错,"提示"环节需给予儿童0秒延迟提示帮助其正确反应,"转换"环节给予儿童2—3秒延迟提示促进其主动反应,这两个环节均只需进行描述性回应。"干扰"环节可执行一个儿童已学会的其他听指令行为,"检查"环节与独立教学阶段步骤一致。当然,可以结合儿童的实际能力水平,将纠错步骤简化,比如只执行提示、干扰和检查环节。

对于某些难度较大的目标行为,可以在初始阶段给予0秒延迟提示,然后通过延迟给予提示的时间,如延迟2—3秒给予提示,有助于增加儿童的主动性。给予儿童提示时,需考虑提示程度由大到小的变化,逐渐减少提示也可以帮助儿童逐渐独立思考和完成动作,培养其自主性和自信心。

回合式教学法依据操作条件原理通过强化等外部刺激来影响个体的行为,从而建立起某种行为模式或习惯,被广泛应用于特殊儿童沟通与交往训练中。尽管回合式教学法在某些情况下非常有效,但也存在一些争议,一般批评该方法过于机械和重复,限制了儿童的自然学习过程。另外,在教学中如果忽略儿童的内在动机,使其行为技能获得过于依赖外部刺激,而未发展出基于内驱力的行为,可能会使其缺乏自主性等。因此,应根据儿童的个别需要和实际情况科学、灵活地谨慎运用,并与其他教学方法结合使用,以达到最佳教育效果。

(二) 关键反应训练法

关键反应训练法(Pivotal Response Treatment,PRT),也称核心行为训练法、关键技能训练法等,是一种基于应用行为分析的方法,由凯格尔(Koegel)等人在20世纪70年代发展而来,在21世纪进一步完善。它是基于应用行为分析原则,系统地开展儿童关键能力的训练,旨在增强儿童的动机和参与学习的积极性,有针对性地提高沟通、游戏、社交和学业能力等。

1. PRT的基本主张和措施

PRT主张在自然环境中基于应用行为分析原理开展训练,坚持以儿童的兴趣为导向,利用儿童的自然动机,通过增强儿童的内在动机来提高学习效率,大人在其中扮演辅助和配合的角色,需要他们灵活应变,根据儿童的兴趣随时调整教学方案。尽管要尊重儿童的兴趣,但并非完全放任自流,需要进行适当的控制和引导,以确保训练能够达到预期效果。所采用的措施包括:① 利用日常生活环境,如把儿童喜欢的东西放在可望而不可即的地方,儿童必须开口要求才能得到训练人员的帮助。② 创造激励条件,如安排一些有趣的活动,但故意遗漏某些物品,使得活动无法继续,以激励儿童主动寻求大人帮助。③ 给儿童选择机会。如提供两至三种物品或活动供儿童选择,促进儿童主动表达。

2. 关键技能

PRT主张通过教导儿童关键技能,以此促进对其他领域技能的学习和迁移。关键技能主要包括四类:① 动机引发。动机引发的方式包括减少反应时间、变化教学材料、变化教学的速度、从儿童有兴趣的活动开始、创设自然强化的机会。② 对多重线索(Multiple Cues)的反应。逐渐增加有关物品的线索,通过刺激辨别训练开展。③ 主动性。主要通过给予提示和逐步撤除提示的步骤促进儿童的主动行为。④ 自我管理。主要通过自我监控、自我记录、自我评估、自我强化等方式促进自我管理能力的提升。除此之外,共同注意、假装游戏、同理心等也属于关键技能,它们在儿童的整体发展中都起着关键作用,也影响儿童其他领域技能的学习与掌握。

3. 七个操作技巧

实施PRT时需掌握七个操作技巧:① 教师或家长的指令或问题应简短清晰,需先引起儿童注意后再发出指令。② 培养儿童对多重线索的注意,如随着训练进展,教师的指令应变得更丰富多样。③ 穿插训练新旧技能或变化任务,以保持和提高儿童的学习动力和自信心。④ 分享控制权,给予儿童选择机会。防止大人为儿童安排好一切,儿童只能听从指令;避免放任儿童,不做任何控制。⑤ 采用差别强化,对儿童所表现出来的技能和为此所做的努力给予立即强化,之后逐渐减少强化频率和数量。应避免有意或无意地强化不适当的行为。⑥ 运用自然强化物,使儿童的行为在行为的自然后果中得到强化。在训练初期可使用非自然强化,之后应逐步过渡为自然强化。⑦ 奖励儿童的合理努力,只要儿童有努力,不一定完全符合目标行为的形态,即可给予强化。

PRT 的运用强调家长和照顾者参与教学过程,以确保技能的泛化和维持,但需要对他们进行培训,以便他们能够在日常生活中支持儿童的学习。还要持续地评估和记录儿童的学习进度,以便监测效果并调整教学计划,并根据儿童的进展持续评估和调整教学方法。该方法需要教师和家长具备一定的应用行为分析知识和技能。

4. PRT 和 DTT 的异同

PRT 源自 DTT 但又不同于 DTT,是对 DTT 模式的继承和发展,均以行为主义理论为基础,不存在矛盾和对立。两者的区别是:① 在学习环境方面,DTT 的学习环境具有高度结构化,一般开展一对一高强度高密度的训练。PRT 主张在自然情境中学习,提高儿童学习动机,通过主动学习促进技能的迁移。② 在目标行为方面,DTT 学习的目标行为一般是小单元行为,在训练时先帮助儿童注意到刺激,然后在刺激、反应、强化、停顿的干预模式下进行反复学习。PRT 主张学习关键技能,进而增强沟通、技巧、游戏技能、社交行为、自我监控能力等。训练的重点是提高儿童的沟通能力。③ 在教学者和学习者关系上,DTT 的操作程序较为机械,教师作为主导者,操纵整个训练活动,儿童被动接受,家长参与程度有限。PRT 则以儿童为主导,老师和儿童共同选择符合儿童兴趣的、能激发其动机的物品或活动,师生关系更和谐。家长的参与必不可少,需同时对家长进行培训。④ 在强化方面,DTT 采用实物强化物、社会强化物或代币较多,而 PRT 一般采用自然强化物。⑤ 在适用对象上,在训练初期使用 DTT 较多;儿童障碍程度较重,对 PRT 的干预较少有反应,则使用 DTT 效果更好。如果儿童对玩具较感兴趣,愿意接触他人,不回避与他人的视线接触,刻板行为较少,则更适合运用 PRT,效果也相对更好。

二、认知取向方法

认知取向的方法以社会故事法(Social Stories)、心理理论训练(Theory of Mind)等为代表。以下主要介绍社会故事法。

社会故事法是由 Carol Gray 在 1991 年开发的,其目的在于帮助孤独症儿童及其他社交障碍的儿童、成人理解社会情境和行为准则。社会故事是由父母或老师针对特殊儿童的学习需求撰写的简短故事,描述一个社会情境,其中涉及相关社会线索及合适的反应。它不直接教导社交技能,而是通过社会故事来叙述特定的社交情境,为儿童提供有关适当行为和反应的信息,帮助他们认识情境的相关线索,并学会合适的应对技巧。该方法适用于能理解简单符号和简单语句的智力障碍者、孤独症等特殊儿童。

特殊儿童通过对社会故事的学习、理解、记忆,逐步在大脑中建立一个有序的"社会性数据库"。存在社交障碍的儿童缺乏有效加工和处理各类社会信息的能力,导致他们头脑中存储的社会性资料呈现杂乱无章状态,在需要时则无法从该"社会性数据库"中有效提取相关信息,从而难以做出恰当的社会反应。通过阅读、背诵和理解社会故事,特殊儿童逐步将社会故事的内容通过内部思维过程内化,不仅有助于加深他们对社会规则和行为准则的理解,还能够培养其独立思考和解决问题的能力。

(一) 社会故事的内容和构成

社会故事的内容包括描述具体社交情境、社会规范、普遍的观点及预期反应、行为模式及态度等,以此解释或说明日常生活中的各种社交情境、社交技巧,从而促进儿童理解社交情境中的必要信息。具体包括:① 事件发生的时间、地点、人物,以及事件的过程、原因等。② 描述及解释人们普遍期望的社交行为和态度。③ 描述各类具体社交情境的特征、线索等。④ 描述着重要关注的信息或儿童理解存在困难的信息,以及帮助儿童理解社交需要,帮助大人理解儿童的社交需要。总体而言,社会故事可以围绕儿童的学校生活、家庭生活、外出活动、人际交往、自我管理等各方面需求及需要解决的问题编写。

社会故事主要由基本句、附加句等构成,前者是社会故事中最基本、最重要的元素,后者在需要时使用,使用频率相对较低。

1. 基本句

社会故事基本句主要有四种句型。

(1) 描述句(Descriptive Sentence)

描述句用于描述事情发生时的情境、参与者、人物行为表现等。例如:"在教室里,同学们通常会安静地写作业。""超市是一个很大的市场,里面卖很多东西,有很多人经常在超市买东西。"一般会使用"通常""经常""有时候"等词汇。描述句是一则社会故事必不可少的句型,其作用是帮助儿童辨别环境中的各类信息,增强儿童的观察能力。

(2) 观点句(Perspective Sentence)

观点句也称透视句,用于表述人们在事情发生时的感受和看法,为何他们会作出描述句中的行为。例如:"妈妈知道在放学的时候来接我回家。""爸爸感觉工作很累。""同学们相信付出努力总有回报。"该句型的特点是使用一些心理词汇,如知道、愿意、感觉、相信等。该句型的作用是促进儿童理解他人的想法,发展出同理心。

(3) 指示句(Directive Sentence)

指示句也称引导句,用于引导儿童在不同的社交活动中应具有的行为和态度,提示他们做出适当的反应。例如:"在上课时,我可以尝试合上嘴巴,不发出声音。""想玩玩具时,我可以尝试说:'可以借我玩一玩吗?'"指示句中通常会使用"尝试"一词,避免儿童误解仅能作该反应,方便儿童学会灵活地处理信息。该句型主要用于帮助儿童针对具体社交情况作出恰当行为反应。

(4) 肯定句(Affirmative Sentence)

肯定句主要用于强调背景知识、社会情境的意义,并说明人们共有的观点或普遍价值理念、重要原则或社会规则等,表达大多数人对事件的共同意见。例如:"取得同意后再拿别人的东西是个好习惯,会得到大人的赞扬。""过马路等绿灯,妈妈夸我习惯好。"该句型主要作用是帮助儿童了解社会大众对某行为或某事件的看法。

社会故事还可以采用以下两种附加句:控制句和协助句。附加句不是必须使用的句型,可根据需要使用。

① 控制句(Control Sentence)。控制句对儿童的引导和指示效力高于指示句,一般在指示句无效时可以改为控制句。例如:当儿童学习了"我可以尝试坐在座位上,专心听老师讲课。"这句话。但在引导儿童行为时无法起效,可以进一步增加控制程度,改为"我要手抱臂放桌上,专心听老师讲课。"为了促进儿童接受控制行为的内容并执行,应尽可能与儿童一起设计,确保其内容符合儿童的特定需要,这有助于提高儿童的配合度及发展出自发行为。控制句通常是在儿童阅读故事后编写。如果不需要,编写社会故事时可以省略控制句。

② 协助句(Co-operative Sentence)。协助句也称合作句,其作用在于指出他人将如何帮助儿童,也可用于指导老师和家长记住自己在社会故事中所扮演的角色。例如:"老师会帮助我学习如何收拾书包。"协助句分为完整句和填充句。可以先使用完整句教学,之后过渡到填充句。填充句有助于了解儿童是否理解社会故事内容,并鼓励其去推测下一步骤或所对应的行为反应。例如:"_____会帮助我学习跳绳。"

2. 社会故事中的句型比率

基本句构成的社会故事句型比例:

$$\frac{2\text{句至}5\text{句 描述句、观点句、肯定句(填充/完整句)}}{0\text{句至}1\text{句 指示句(填充/完整句)}}$$

完整的社会故事句型比例:

$$\frac{2\text{句至}5\text{句 描述句、观点句、肯定句、协助句(填充/完整句)}}{0\text{句至}1\text{句 指示句或控制句(填充/完整句)}}$$

一般而言,每出现0句至1句指示句或控制句,就应有2句至5句描述句或观点句。1则社会故事中可以没有指示句或控制句。如果有,一般只有1句指示句或1句控制句。1则社会故事可以全部由描述句或观点句构成。1则社会故事一般由4—6个句子构成,不宜过长,否则影响学习效果。如果内容较多,建议编写成系列社会故事。以下两则社会故事供参考。

见到喜欢的小朋友,我可以怎样做?

人们见到喜欢的小朋友,通常会叫他的名字,或者和他挥手,或者看着他微笑。

这是有礼貌的做法。

我见到喜欢的小朋友时,我可以尝试叫他的名字,或者和他挥手,或者看着他微笑。

这样,小朋友会觉得我是友好的,愿意和我一起玩。

大人也会喜欢我这样做。

想玩别人玩具时,我可以怎样做?

游乐场里有各种不同的玩具。

小朋友想玩别人正在玩的玩具,通常会先问别人,或者等别人不玩时才玩。

如果没取得同意就拿走玩具,别人会不开心。

当我想玩别人的玩具时,我可以尝试等别人不玩时再玩,或者问别人:"我可以玩一会儿吗?"

别人同意后才拿别人的玩具玩,妈妈会夸我有礼貌。

(二)编写社会故事的注意事项

编写社会故事的注意事项包括:① 从特殊儿童的需要出发编写社会故事,故事内容涉及儿童关于社会规则、社交行为、社交情境、人物关系、观点等方面的内容,可以根据儿童的特定需求和经历进行编写或改编。② 一般以特殊儿童作为第一人称来编写,以方便在学习过程中进行内化。③ 社会故事的词汇和句子长短需适应特殊儿童的语言程度及能力,简明易懂,易于理解和记忆,应采用书面语编写。④ 应注意特殊儿童是否对故事中所含词汇具有不同理解,及时作出纠正及指导。⑤ 避免用过于绝对的词汇,如"必须",尽量使用"可能""有时"等,防止儿童机械背诵和刻板运用。⑥ 社会故事的标题需凸显故事内容的主旨,标题是对儿童需求、面临困难或问题的直接表述,通常使用问句句型。⑦ 社会故事法是通过故事形式向特殊儿童强调一些积极的行为和结果,用词尽量正面,避免使用负面或惩罚类的字词。⑧ 应从生活中寻找故事主题,方便特殊儿童把所学迁移到生活环境中。

(三)社会故事法的实施步骤

1. 观察儿童,确定主题

当确定采用社会故事法进行干预时,需要先观察、了解儿童的社交需要,了解他们的学习特点、理解能力、阅读水平等,了解他们是否能够看、听、阅读简单文字。根据观察结果确定教学目标,这样既可以把儿童已存在的困难社交情境及相关社会技能作为教学目标,也可以把未来可能存在的困难社交情境,或者新技能的习得作为教学目标。一般将儿童已掌握的社交情境作为儿童第一个社会故事的内容,有利于帮助他们建立自信心。

2. 收集资料

根据教学主题,收集开展社会故事教学所需要了解的资料。可以通过直接面谈儿童,或向熟悉儿童的照料者、老师等了解信息;可以采用访谈、观察方法,收集有助于解决目标问题的相关信息,包括事件发生时间、地点、问题表现、过程、发生原因,以及有助于儿童解决该问题的各类相关信息、儿童的好恶等,还要了解与目标问题相关的现场情境,关键社交线索或提示,各相关人员的想法等。

3. 选用、修改或编写社会故事

针对要解决的问题,结合儿童的理解能力编写或修改社会故事。如果儿童能力足够,可参与一起编写社会故事。编写或改写社会故事时,应考虑儿童的个人特点,结合其兴趣编写。如果选用已有的社会故事,应考虑是否符合儿童所需。

4. 制订社会故事训练计划

社会故事训练计划包括儿童背景资料、社会故事主题、训练目标、形式、教学步骤、阅读方式、时间、次数、学习起始时间、参与人员、成功标准、何时停止等。

5. 实施社会故事训练计划

按照阅读、背诵、模拟、推广、消退并迁移的思路实施社会故事训练计划。阅读社会故事应在轻松气氛中进行,大人可在儿童身边一起阅读故事,鼓励儿童自己翻页阅读,以及用手指着阅读。可以由儿童喜欢的人将故事录音播放,儿童听读。在阅读时,还应鼓励儿童注意关键线索,用问题引导儿童理解和思考,如"人们通常会怎么做?""你猜他会有什么反应?"等。背诵故事主要是为了促进儿童熟悉故事内容,促进内化。如果儿童背诵存在困难,可不做要求,通过反复阅读来促进儿童继续熟悉故事内容。在模拟阶段,主要是模拟目标行为所涉及的社交情境,尤其是模拟指示句所指引儿童应掌握的行为技能。儿童经过阅读背诵,对目标问题已具有一定的认知基础,可在指导下学习如何表现出故事中指引的社交行为。当儿童能在模拟情境中掌握所训练的内容时,可在其他情境中进行推广。如果儿童不熟悉,可以通过背诵故事来给予提示。之后,逐步撤销社会故事书的提示,进行迁移学习。如删去故事中的指示句或者重写,或者改成填充句。减少阅读次数,或者延长重复阅读的间隔时间。减少语言提示,为儿童提供自主思考机会等。最后,要使儿童不用阅读或背诵故事就可以直接表现出所指引的行为技能。还可以将同一个社交行为泛化到不同社交对象,或者重写社会故事,将所学社交行为应用于其他类似情境中。

6. 评估社交训练效果

评估可以从社会故事法实施程序以及实施效果两方面进行。实施程序的评估包括资料收集的方法是否恰当,资料是否全面;是否考虑到了儿童的特殊需要,社会故事的编写、选择是否充分考虑儿童的个别需要;对目标行为的表现、起因等是否分析准确;社会故事的内容和标题是否符合儿童的实际情况;社会故事训练的实施方法、活动组织方式是否恰当。实施效果的评估主要是评估儿童运用社会故事后对社会情境的认识、社交技能的运用等能力,如果没有效果则要及时改进社会故事训练计划及其实施措施。

(四)社会故事训练的注意事项

在运用社会故事法开展社交训练时应注意:① 训练前要和儿童建立良好的平等的关系。② 社会故事的形式可以是书本、录音、录像等,应尽量配合视觉教具帮助儿童理解,如图画、实物、相片等。可以加入儿童喜欢的动物、卡通或故事人物,采用儿童喜欢的视觉线索、物品或工具等,使故事更生动,更易于儿童理解。对缺乏独立阅读能力的儿童,除了说故事外,还可以将故事内容录音。录音的声音最好是家长或儿童熟悉的人。也可将社会故事拍摄成视频播放。③ 训练中应尝试采用不同的教学方法促进儿童理解故事的内容。但应注意不能刻意把儿童的注意力引到局部细节上,最好在儿童对故事内容有了一定了解后,再辅以表情、动作来促进儿童理解,并进行故事情景的模拟和表演。④ 可以加入一些有创意的活动,使社会故事活动形式丰富多彩,如角色扮演、在模拟或真实的情境中学习、创作与故事内容有关的活动或常规等。⑤ 阅读频率要根据故事本身内容、儿童的兴趣、注意力持续时间等因素综合考虑。每次只阅读一个社会故事,一个社会故事每次只读一至两次,以独自读为主,必要时伴读。⑥ 邀请其他家庭成员或相关教师,或故事中的人物一起开展和演练社会故事。⑦ 及时评估效果,根据儿童表现情况改变阅读方式或及时修订故事内容。⑧ 不强迫儿童阅读故事,避免在儿童不开心的时候读故事。

三、情感与关系取向方法

情感与关系取向的方法一般都指向儿童沟通与交往发展的最终目标,这类方法基本都是综合方案,基于儿童发展阶段和发展规律,融合了不同方法和技术,如地板时光、父母即教师提升方案、丹佛早期介入模式、人际关系发展干预方案、社交沟通、情绪调节和协作支持模式、社交技能教育与促进方案等。以地板时光为例进行介绍。它是由斯坦利·格林斯潘(Stanley Greenspan)博士和塞蕾娜·维尔德(Serena Wieder)在20世纪70年代开发,目的在于促进儿童建立关系,并通过游戏和日常活动促进儿童的社会情感、沟通和认知发展。地板时光法强调让儿童在互动中起主导作用,成人跟随儿童的兴趣和节奏,而不是强迫他们去适应成人的期望,鼓励儿童自主探索和尝试新事物,同时提供必要的支持,促进儿童通过语言和非语言等各种方式进行沟通,成人要观察儿童的兴趣、行为模式和沟通方式,以非指导性的方式加入儿童的游戏,为儿童提供情感上的支持,以使他们感到安全和被理解,通过与儿童的互动,建立双方的信任和亲密关系。在儿童的游戏基础上,适当扩展和增加复杂性,通过丰富的游戏和日常活动促进儿童的全面发展,加强儿童与成人之间的情感联系和信任。地板时光法的运用需要时间和耐心,因为这是一个长期的过程。成人应该具备观察和回应儿童行为的能力,能根据儿童的反应和进展灵活调整互动方式。

四、其他方法

除了上述三个取向的方法,还有一些其他康复方法供参考,如神经调控技术、神经反馈技术、动物辅助治疗、心理治疗等。

1. 神经调控技术

神经调控技术(Neuromodulation)是一种使用物理或化学手段来调节神经系统功能的医学方法,对神经系统直接进行干预,以调节神经活动,影响神经信号的传递。如经颅磁刺激(Transcranial Magnetic Stimulation,TMS)采用非侵入性的神经调控技术,通过在头皮上放置一个磁线圈产生短暂的磁场脉冲,这些脉冲能够穿透颅骨并诱导大脑皮质下的神经元产生电活动,有助于改善特殊儿童的情绪、注意、刻板等问题,为开展沟通与交往训练创造好的基础条件。

2. 神经反馈技术

神经反馈技术(Neurofeedback)是一种神经增强技术,基于大脑的可塑性原理,通过操作性条件反射原理,训练儿童自主控制脑电波模式,从而促进大脑功能的改善,并优化大脑的运作模式。如脑机接口技术(Brain-Computer Interface,BCI)通过提供神经反馈训练,帮助特殊儿童通过实时监测和反馈他们的脑波活动来改善大脑功能,其可与行为干预技术相结合,可以提高传统行为训练的效率,有助于改善特殊儿童的注意力、情绪调节、社交互动和沟通能力。

3. 动物辅助治疗

动物辅助治疗(Animal-Assisted Therapy,AAT)是一种将动物纳入治疗过程的干预方法,用以改善个体的身体、社会、情感和认知功能。可用于治疗的动物包括狗、猫、马、海豚、鸟等,在治疗中需要与动物直接互动,促进儿童的情感发展和社交参与。如果儿童喜欢动物,动物辅助治疗具有较大优势,可以提高儿童参与的动机,也能改善他们的情绪状态。该方法需要在专业人士的指导下进行。

4. 心理治疗

艺术治疗(Art Therapy)、音乐治疗(Music Therapy)、沙盘游戏治疗(Sand Tray Therapy)等心理治疗方法也可以用于特殊儿童的沟通与交往训练。艺术治疗是通过艺术创作的过程来促进个体的情感表达、自我探索和心理整合,帮助不善于表达的儿童通过艺术创作的过程促进情感表达和外界沟通。音乐治疗则帮助个体通过音乐表达自己的感受和想法,如通过集体音乐活动增强他们的社交技能和团体归属感,还可以调节情绪,加深自我认识。沙盘游戏治疗则通过创造沙盘世界、体验和重建沙盘世界、治疗性干预、记录沙盘世界、联结沙盘游戏体验和现实世界、拆除沙世界等阶段来促进个体在一个安全、受保护的环境中表达内心世界,促进与外界的沟通。

第五节　特殊儿童沟通与交往训练的意义

特殊儿童由于自身的特殊性，如智力障碍、行为问题等，常常面临着众多的沟通障碍和社交挑战，为他们提供专门的沟通与交往训练具有重要的意义。

一、有助于特殊儿童自身社会化发展

特殊儿童在社会化进程中面临着诸多独特的挑战，其中沟通与交往的障碍尤为显著。这些障碍不仅限制了他们与他人的有效互动，更在一定程度上阻碍了他们的社会适应。因此，为特殊儿童提供专门的沟通与交往训练，不仅是对他们个体发展的必要支持，更是对整个社会包容性和文明进步的积极贡献。

第一，特殊儿童沟通与交往训练能够帮助特殊儿童逐步克服语言和非语言交流中的困难，提升他们的社交技能。在这一过程中，特殊儿童将学习如何更有效地表达自己的需求、情感和想法，同时，也能够更好地理解和回应他人的意图和信号。这样的训练不仅有助于特殊儿童建立更为健康的人际关系，还能够在一定程度上增强他们的自尊和自信，从而更积极地参与社会生活。

第二，特殊儿童沟通与交往训练还能够促进特殊儿童的社会化进程。通过与其他儿童的互动，特殊儿童能够不断习得、内化更多的社会规则和行为规范，并最终以这些道德准则来指导自己的行为，从而不断实现自身的社会化，进而更好地融入社会。同时，专门的训练也有助于培养特殊儿童的同理心和理解力，使他们能够更好地理解他人的感受和需求，进而建立更为和谐的人际关系。

第三，特殊儿童沟通与交往训练对特殊儿童的自我意识发展具有积极的推动作用。通过训练，特殊儿童可以逐渐认识到自己的优点和不足，学会正确看待学习生活中的成功与失败，能够对自身行为和心理活动进行自觉观察，学会自我调整和自我控制，获得更全面的自我体验，更容易感受到自信、自尊、成就感和满足感等。

第四，特殊儿童沟通与交往训练还有助于特殊儿童实现人生价值。在训练中，特殊儿童可以学习如何与他人建立联系、如何表达自己的需求和情感，在与他人和社会的沟通与交往中，从他人和社会那里获得需求的满足，实现个人层面的价值。在与父母、同伴、教师等人沟通与交往中，通过自身的存在和实践活动来满足他人和社会的需求，从而实现社会层面的价值。通过训练，特殊儿童可以不断发掘自己的潜能，实现自我价值。

二、有助于构建人类命运共同体

特殊儿童沟通与交往训练在构建人类命运共同体的进程中扮演着至关重要的角色，不仅为特殊儿童提供了融入社会的机会，同时也造福了他们的家庭，更是对整个社会和谐、包容、进步的重要贡献。开展该领域的训练在多个层面上具有重要意义，

从心理、社会到教育等多个方面都为特殊儿童及其家庭带来了积极的改变。

从心理层面来看,特殊儿童沟通与交往训练有助于减少他们对社交的恐惧和焦虑,建立自信心和自尊心。通过训练,这些儿童能够逐渐学习与他人交流互动的技巧,实现高层次自我需求的满足,不仅有助于他们的个人成长,还能增强他们与社会的连接,提升生活质量,为未来的生活奠定坚实基础。

在社会层面,特殊儿童沟通与交往训练促进了社会的包容性和多元化。特殊儿童作为社会大家庭的一员,他们的成长与发展直接关系到社会的和谐与稳定。随着特殊儿童能够更好地融入社会,人们对特殊群体的接纳和理解也会更加深入,社会的整体氛围将变得更加和谐。这种社会环境的改善有助于构建人类命运共同体,实现社会的共同进步和发展。

从教育层面来看,特殊儿童沟通与交往训练为特殊儿童提供了平等的教育机会,人们能够更加深入地了解特殊儿童的需求和挑战,从而为他们提供更多的关爱和支持。通过与普通儿童的互动,特殊儿童能够在学习和生活中获得更多的支持和帮助,从而实现自身的潜能和价值。这种融合教育的环境不仅有助于特殊儿童的成长,也有助于促进教育领域不断进行新的思考和改革。特殊儿童沟通与交往训练还能促进全社会对特殊儿童及其家庭的理解和支持。这种全社会共同关注和支持的教育氛围,有助于构建更加和谐、包容的人类命运共同体。

特殊儿童沟通与交往训练在构建人类命运共同体的过程中具有不可替代的作用。它不仅关乎特殊儿童自身的成长与发展,更是对整个社会和谐、包容、进步的积极推动。因此,我们应该高度重视这一领域的工作,为特殊儿童提供更多的支持与帮助,共同构建一个更加美好的和谐社会。

三、有助于践行社会主义核心价值观

特殊儿童沟通与交往训练在践行社会主义核心价值观方面发挥着至关重要的作用。这一训练不仅关注特殊儿童的语言和社交技能发展,更致力于培养他们成为具有社会责任感、尊重他人、关爱他人的公民。通过沟通与交往训练,特殊儿童能够更好地融入社会,与他人建立和谐的关系,从而传递社会正能量,践行社会主义核心价值观。

沟通与交往训练对于特殊儿童而言具有特殊的意义。这些儿童可能由于身体或心理条件的限制,在社交方面面临诸多挑战。通过专门的训练,他们可以学习如何与人交流、分享感受、理解他人的需求,进而建立起自信、自尊和自爱的品质。这样的品质将有助于他们在社会中发挥积极作用,成为传播正能量的使者。

在沟通与交往训练过程中,特殊儿童将学习到尊重他人的重要性。尊重是社会主义核心价值观的基石之一,它要求人们在交往中平等对待、互相关心。特殊儿童通过训练,他们将逐渐理解并实践尊重他人的原则,学会倾听他人的意见、关注他人的需求,从而建立起良好的人际关系。

沟通与交往训练还有助于培养特殊儿童的关爱之心。关爱是社会主义核心价值

观的又一重要内容,它强调人们在生活中要关心他人、帮助他人。通过训练,特殊儿童将学习关注他人的情感需求,提供力所能及的帮助,从而在实践中践行关爱他人的价值观。

总之,特殊儿童沟通与交往训练在践行社会主义核心价值观方面具有重要意义。开展特殊儿童沟通与交往训练,特殊儿童不仅能够提升沟通和社交技能,还能有望成为具有社会责任感、尊重他人、关爱他人的公民。这将有助于他们在社会中发挥积极作用,传播正能量,共同构建和谐美好的社会环境。

思考题

1. 沟通、交往的含义是什么?它们之间的关系是什么?
2. 儿童沟通与交往发展的一般规律是什么?跟踪观察一名特殊儿童,思考其沟通与交往发展水平分别处于该里程碑的哪个阶段,并说明理由。
3. 请谈一谈生态系统理论对特殊儿童沟通与交往技能训练有何启示?
4. 请在培智学校或康复机构中观察教师或康复训练教师是如何对特殊儿童的沟通与交往技能进行训练的,思考他们的训练策略都是基于哪些理论基础,并给出依据。
5. 回合式教学法和关键反应训练法有何异同?请简要阐述。
6. 社会故事的基本句型有哪些?举例说明。
7. 你认为开展特殊儿童沟通与交往训练的意义是什么?

第二章
特殊儿童沟通与交往特点

内容提要

了解特殊儿童沟通与交往特点有利于科学地开展训练。本章介绍了智力障碍儿童、孤独症谱系障碍(孤独症)儿童、注意缺陷多动障碍(ADHD)儿童、脑瘫儿童等沟通与交往特点。特殊儿童虽然在沟通与交往方面存在发展障碍,但需要基于他们的需要,保障他们参与社会生活的权利,提供必要的支持,使他们学习掌握与他人沟通与交往的必要技能,学会建立有利于自身发展的情感和社会关系。

学习目标

1. 描述智力障碍儿童沟通与交往特点,归纳智力障碍儿童的语言沟通与交往、非语言沟通与交往特点;
2. 归纳孤独症儿童沟通与交往特点,并举例说明;
3. 归纳 ADHD 儿童沟通与交往特点,比较 ADHD 儿童和孤独症儿童沟通与交往特点的差异;
4. 了解脑瘫儿童、听障儿童和视障儿童的沟通与交往特点。

思维导图

- 特殊儿童沟通与交往特点
  - 智力障碍儿童沟通与交往特点
    - 智力障碍儿童的语言
      - 语言理解
      - 语言表达
    - ★智力障碍儿童的语言沟通与交往
      - 缺乏沟通与交往技巧
      - 忽略沟通与交往对象的身份
      - 忽略沟通与交往的情境
      - 忽略沟通与交往对象的感受
    - ★智力障碍儿童的非语言沟通与交往
      - 水平低、品质差
      - 不当行为较多
  - ★孤独症谱系障碍儿童沟通与交往特点
    - 孤独症儿童的沟通
      - 语言沟通、非语言沟通障碍明显
      - 缺乏沟通动机
      - 回声式语言
    - 孤独症儿童的社会交往
      - 社会交往障碍是核心障碍
      - 异常行为表现影响社交表现
      - 与心理理论发展障碍有关
  - ★注意缺陷多动障碍儿童沟通与交往特点
    - ADHD儿童的沟通
      - 口语表达较好，语言组织和运用效果欠佳
      - 书面语运用困难
      - 非语言沟通水平低
    - ADHD儿童的社会交往
      - 多动、冲动影响社会交往
      - 社会规则意识不足
      - 社会技能缺乏
  - 其他特殊儿童沟通与交往特点
    - 脑瘫儿童沟通与交往特点
    - 听觉障碍儿童沟通与交往特点
    - 视觉障碍儿童沟通与交往特点

第二章　特殊儿童沟通与交往特点

第一节　智力障碍儿童沟通与交往特点

2006年第二次全国残疾人抽样调查把智力障碍定义为：智力明显低于一般水平，并伴随适应行为障碍。由于神经系统结构、功能障碍，使得个体活动受到限制，需要为他们提供全面、广泛、有限和间歇的支持。智障儿童指在智力功能和适应性行为上同时表现出显著的限制性，主要体现在概念的、社会的以及应用性三方面的适应技能障碍，一般在18岁以前发生①。智力障碍儿童也称智障儿童。智障儿童在沟通和社会交往方面存在显著障碍，不同障碍程度的儿童表现出明显的个体差异。

一、智力障碍儿童的语言

语言是最主要的沟通与交往媒介。智障儿童的语言发展既有普通儿童的共性，又有着其独特性。尽管遵循着与普通儿童相似的路径和规律，但其速度却相对迟缓，且在某些方面的发展质量也有所不足。随着智力障碍程度的加重，儿童的语言发展水平呈现出逐渐降低的趋势。智障儿童语言的不同维度发展趋势也有所不同，语言理解能力优于语言表达能力更为出色。

（一）语言理解

智障儿童在语义理解上的挑战源于他们自身的认知障碍。相较于普通儿童，他们的语义理解能力发展步伐较为缓慢，这主要体现在语义的获得与加工两大环节。尽管智障儿童与普通儿童在早期的词汇发展上有着相似之处，但他们依然展现了一些独特的特点。在词汇的掌握上，智障儿童首先倾向于掌握那些表示称谓、事物、生活用品等的名词，以及表示动作行为和愿望的动词。他们还会优先掌握那些容易观察和分辨的形容词，如大小、好坏、多少等。接下来，他们逐渐掌握表示身体部位、空间位置的名词，具有判断意义的判断动词，以及涉及心理活动和呈现、消失等抽象意义的动词。同时，他们也开始理解那些表示干净、可爱、对错等抽象意义的形容词。简而言之，智障儿童对于日常生活中经常接触的词汇掌握得相对容易，而对于抽象和陌生的词汇则感到更加困难。他们可能无法准确理解"光荣""尴尬"等词的抽象含义，对带有明显的感情色彩和褒贬作用的词汇容易产生误解或困惑。智障儿童在语义的储存方面与普通儿童相比存在明显的不足。在相似的语义储存结构中，普通儿童由于拥有丰富的知识，能够进行语义的自由联想。而对于轻度智障儿童来说，要达到这一水平需要长时间的学习和积累；对于中重度智障儿童来说，他们几乎无法达到这一水平。

智障儿童在理解较长且信息量丰富的句子时面临困难，这表明他们对句子的理

---

① 威廉.L.休厄德.特殊需要儿童教育导论[M].8版.肖非，译.北京：中国轻工业出版社，2007：123-126.

解能力发展相对迟缓。智障儿童对于句子的语义理解模式却与普通儿童无异,当句子的表述顺序与事件发生的顺序相吻合时,智障儿童更易于理解;反之,当两者顺序不一致时,他们则表现出理解困难。智障儿童在句子理解中更加注重语言本身的规范性和顺序性,而普通儿童则更倾向于关注语义和概念,对语言的规范性和顺序性不太关注。与普通儿童相比,智障儿童在理解词与句之间的关系方面存在困难。但当词之间的联系增强,且背景信息与句子高度相关时,智障儿童能够利用这些背景信息来理解句义,从而缩小与普通儿童之间的差距。随着句子长度的增加和信息量的扩大,智障儿童往往只能对句子中的局部信息进行理解。

（二）语言表达

智障儿童在语言表达方面因智障程度的不同而呈现出明显差异。轻度智障儿童的语言表达能力明显优于中重度智障儿童,这主要体现在语音的清晰度与准确性、词汇的丰富程度与运用得当、句子的长度与连贯性等方面。中重度智障儿童在语言表达中所犯的错误明显较多。

词汇量直接影响语言表达的水平。普通儿童的词汇量随着年龄的增长呈现出稳步增长的态势,他们在1岁左右便能掌握完整词汇,到了3岁,词汇量跃升至1 000个,4岁时增至1 700个,5岁可达到2 600个,到了6岁攀升至3 600个。智障儿童的词汇量却相对较少,生理年龄10岁左右、智龄为4岁左右的中重度智障儿童的表达性词汇总量平均700个,其中名词最多。随着智龄增长,其表达性词汇的发展特点与普通儿童呈现出一定的相似性,且接受教育的时间与词汇表达能力之间存在着明显关联。智障儿童抽象思维能力发展相对缓慢,导致他们在语言表达中更倾向于使用描绘具体事物的名词、刻画具体动作的动词,以及描绘事物具体特征的形容词。相反,抽象词汇、感受性词汇或者连接词的使用频率则相对较低。与普通儿童相比,智障儿童在年龄较大时才开始逐渐掌握代词、量词及介词的使用。相对而言,中度智障儿童对于人称代词掌握情况相对较好,但对于"这""那"以及量词等理解和运用则显得较为困难。

智障儿童语言表达时,所说的句子长度与普通儿童存在明显差异。随着年龄增长,轻度智障儿童的句子长度逐渐接近普通儿童,中度或重度智障儿童则差距加大。10岁左右中度智障儿童自发性语言平均句子长度为6个音节左右,他们更倾向于使用2—10个音节的句子,尤其是3—8个词汇组成的句子最常用,相当于普通儿童4—5岁水平。智障儿童句法习得顺序遵循普通儿童的一般发展规律,从简单单句开始,逐渐过渡到复杂单句,之后发展为复句。尽管他们随着年龄增长,表达不完整的句子逐渐减少,语句的连贯性也在逐渐增强,但仍存在诸多问题。比如,他们的句子往往只能揭示事物表面联系,而无法深入揭示其内在联系;句子中停顿多,叙述缓慢,重复多,不够流畅;连接词的使用也常出现多用或错用情况;整个语句的组织性也显得较为松散。智障儿童在使用句法时,也常会出现明显错误。其句子结构往往过于简单,甚至可能以词代句;句子成分省略过多,尤其是谓语部分;在句子中随意添加成分,导致句子意义混乱;疑问句和反问句运用存在困难,陈述句相对掌握较好;关联词使用较少；句子的逻辑关系常出现错误；语序混乱等。智障儿童一般都无法用语言较清晰完整地描述和表达不熟悉的事物、场景或情感，或回溯对过去发生的事情的感受。

二、智力障碍儿童的语言沟通与交往

语言沟通与交往能力的发展与儿童的认知发展紧密相关，依赖于语言理解和语言表达能力的发展。智障儿童由于认知能力的局限，面临着语言理解和语言表达能力发展不足的挑战，这进一步导致他们在语言沟通与交往方面表现出明显的发展滞后和不当行为。

（一）缺乏沟通与交往技巧

智障儿童不懂得如何进行一来一往的沟通与交往，他们可能会单方面地讲述或者单方面地倾听，缺乏互动和轮换。由于智障儿童存在语言表达障碍，他们在沟通与交往中可能会突兀地中断或转换话题，延续话题的能力较差。智障儿童在沟通与交往中还可能出现一些不适当行为。如模仿说话、自言自语、重复用词、混淆代词、异常音调或韵律、口头语过多甚至说脏话等行为。

（二）忽略沟通与交往对象的身份

大部分儿童在与他人沟通与交往时需要关注和识别对方的身份。通过观察对方的语言、服饰、行为等细节，可以更好地理解对方，这需要敏锐的观察能力和分析判断能力。然而，智障儿童由于智力发育障碍、社会接触有限、语言环境单一、言语发展迟缓等原因，他们在沟通与交往中往往无法选择合适的交往策略。比如，他们可能会对不熟悉的人使用命令的语句。

（三）忽略沟通与交往的情境

沟通与交往的情境涉及人文环境、社会契约、文化传统、事件发生场所与时机等。智障儿童由于社会认知能力不足，他们可能无法充分理解这些情境，因此在沟通与交往中常常会给人不合时宜的感觉。如有些智障儿童可能会在公开场合说隐私话题。

（四）忽略沟通与交往对象的感受

尊重并顾及沟通与交往对象的感受有利于人际关系的建立。但智障儿童可能会表现出傲慢、不谦虚、喜欢夸大自己、重复说自己优点、只喜欢说不懂倾听等特点，这样的行为往往会引起沟通与交往对象的不满，损坏双方的关系。

三、智力障碍儿童的非语言沟通与交往

智障儿童的非语言沟通与交往普遍表现为水平低、品质差，沟通与交往技能掌握不足、行为表现不当等。非言语沟通与交往技能的发展是通过日常的有意识观察、模仿和巩固等方式来获得，其受到多种要素的影响，包括特定的语言环境、交际双方、事件和心理状态等，社会认知能力起着重要作用。智障儿童通常不善于观察、思考和理解社会情境中的线索及各种情感、社会关系，这往往导致他们在非语言沟通与交往方

面存在障碍。

（一）非语言沟通与交往水平低、品质差

高品质的非语言沟通与交往具有双向性、即时性、多变性、连续性等特征。智障儿童在这些方面存在明显不足。非语言沟通与交往需要双方的共同参与和互动。信息的发出者和接收者必须相互理解和沟通，才能达到有效的交流效果。智障儿童在沟通与交往过程中经常出现忽视对方存在的情况，他们常难以迅速注意到对方，注意转移速度较慢、反应迟钝、注意力不够集中，难以抓住主要的非语言沟通与交往信息，加上智障儿童的认知发展障碍也使他们难以准确理解他人的非语言沟通与交往信息，这些都导致他们在沟通与交往过程中，不能及时地、灵活地、有效地接收、处理社会信息。社会认知水平受限对其沟通与交往水平有根本性的影响，智障儿童很难根据时间、地点、场合等因素的变化改变自己的交往方式，也难以连续不断地传递、加工各种非言语信息。一般认为，智障儿童相对容易接收到一些夸张的、多次重复的非言语信息，能加工简单的、单线的社会线索等，整体非语言沟通水平较低。

（二）非语言沟通与交往中不当行为较多

非言语沟通与交往包括表现恰当的面部表情、身体动作，适应场景环境等。智障儿童在日常沟通与交往中常表现出一些不当行为。表情和动作等显得相对单一和刻板，缺乏细腻的变化，可能面无表情，或者表现出过于夸张和刻板的表情，如无缘无故的大笑等。他们可能无法通过正确认知与人的角色和关系来采用恰当的非语言技能，缺乏与人相处的分寸感、距离感。如年龄较大的智障儿童，在和人说话时显得过于亲热、身体距离过近、站立时过于靠近他人，甚至把脸贴近陌生人的胳膊，这种无意识的亲近行为会让不熟悉的人感到不适。他们还表现出在不同场景环境中的适应能力不足，缺乏依据场所环境的特殊性来选择恰当沟通与交往方式的能力。他们还可能过度寻求他人的注意、缺乏耐心、情绪变化快、容易紧张与好动。某些儿童可能会反复摆弄手中的物品，无意识地模仿他人的动作，或是过于痴迷于某种想法或活动。在青少年时期，智障儿童的非言语沟通与交往技能的缺乏，会导致他们在异性交往中面临诸多问题。

第二节　孤独症谱系障碍儿童沟通与交往特点

《精神疾病的诊断和统计手册》(Diagnostic and Statistical Manual of Mental Disorders)第五版明确了孤独症谱系障碍(Autism Spectrum Disorders)的最新诊断标准，包括持续存在的社会交往和沟通缺陷，以及受限的、重复的行为、兴趣或活动，症状在3岁前开始出现。沟通与交往是孤独症谱系障碍(以下简称孤独症)儿童的核心症状，且存在个体差异，不同程度的障碍对其社交能力、沟通方式和日常行为都会产生影响。

一、孤独症儿童的沟通

从语言学的角度看,孤独症儿童的语音、语法、语义和语用等都存在质和量的问题,常常表现为语调缺乏抑扬顿挫,发音不清晰,说话音量偏低;语法发展比同龄儿童缓慢;倾向于从字面意义解读,难以把握成语、谚语等隐含的意义;难以理解文章的深层含义等。而语用方面的问题最为明显,出现语言运用技能不足,语言运用不当等各类问题。由于他们可能难以理解他人的意图、情感表达和面部表情、身体语言等社交暗示,这也会导致他们在对话中表现出困惑或不适当反应。

孤独症儿童的非语言沟通障碍表现得明显。许多孤独症儿童难以与他人保持正常的眼神交流,这可能被误解为不感兴趣或不尊重;他们的面部表情可能较少,或者与他们所表达的情感不匹配,导致其他人难以理解他们的感受;身体姿态和动作可能显得笨拙或僵硬,或者不恰当地使用手势来辅助沟通。他们难以理解和响应他人的肢体语言和面部表情,从而影响情感共鸣和社交互动。

孤独症儿童在语言沟通方面的核心问题往往在于缺乏主动沟通的欲望和动机。尽管他们可能已经学会了使用口语或肢体动作来表达需求和请求,但在日常生活情境中,并不总是会自觉地运用这些技能。他们不仅缺乏主动发起交流的意愿,也不太愿意对他人发起的沟通进行回应。孤独症儿童使用口语的频率远低于普通儿童,通过动作或语言进行响应的频率也相对较低。孤独症儿童在语言理解和语言表达方面表现出显著的个体差异。有些孤独症儿童难以识别日常生活中的物品名称,而有些儿童却能理解简单的古诗词。有些孤独症儿童可能完全无法发音说话,而另一些则具有流畅的语言表达能力,能够流畅地讨论他们感兴趣的主题。代名词的使用困难也是孤独症儿童的常见语言问题,可能他们在实时对话中处理信息的速度不够快,导致在使用代名词时出现延迟或无法正确使用。对于具备会话能力的孤独症儿童来说,他们在语言交流中遇到的问题包括无法理解对方的沟通意图,以及无法感知对方的信念和想法。这导致他们在回应时可能出现不回应、回应迟缓或回应不当等情况。由于他们的认知灵活性不足,加上对情绪的觉知能力较弱,常常形成"鸡同鸭讲"、无效沟通的局面。

有些孤独症儿童的语言使用方式可能会采用特殊的、不符合传统语法规则的语言结构,重复特定的词汇或短语,或者以独特的方式进行语言表达。如回声式语言(Echolalia),主要特征是重复他人的话而不加以改变,有时是逐字重复,有时是重复整个句子或短语。又如脚本化语言,即运用看似流利但缺乏个人特色的词汇和句子,通常与特定主题或兴趣相关。孤独症儿童的自言自语、不断提问、模仿性语言等现象过去被认为没有意义,但学者们现在认识到这些非传统的语言形式实际上具有多种功能性,孤独症儿童可以通过这些方式来表达自己的意图和进行人际交流。但是,这些非传统的沟通方式并不总是被周围的人理解和接受。

二、孤独症儿童的社会交往

社会交往是孤独症儿童的核心障碍,他们在情感表达、人际关系、合作与分享等方面的能力比语言理解和语言表达的能力更弱,与普通儿童之间的差距最大。他们的社会认知发展不足,不易理解或运用社会交往中涉及约定俗成的社会仪式或涉及人际互动的知识和惯例,如打招呼、问候、道别、保持微笑等,不擅长理解不同角色之间的关系,缺乏共情能力,难以理解他人的情感和感受。孤独症儿童缺乏社会交往技能,他们可能难以及时发现社交信号,可能不知道如何开始或维持互动,难以解读身体语言、面部表情和语调变化,不会主动分享个人经历或情感,较少与他人共享物品或活动,更倾向于独自游戏或活动,较少与他人合作。主动性不足是孤独症儿童社交中最显著的问题,他们不会主动与他人建立联系,主动发起互动或主动参与社交活动。孤独症儿童在建立和维持友谊、参与社交互动和发展深度的人际关系方面均面临困难,导致孤立和社交隔离。

眼神接触是社会交往过程中的必要环节,它可以传达关注、理解和兴趣等信息。许多孤独症儿童在眼神接触方面存在困难,无法进行视线注视、视线追随等。他们一般都存在明显的共同注意困难,不会主动跟随他人的视线或指向,也可能不响应他人企图引导他们注意力的行为。由于共同注意的困难,他们在社交互动中可能无法理解重要的非言语线索,比如,指点、眼神交流或者面部表情,这会阻碍他们与他人建立有效的交往。

孤独症儿童因自身的某些特质或行为特点导致他们在社会交往过程中存在困难。有些孤独症儿童在社交场合中表现出重复性的动作或语言,如摇摆、拍手或重复某个单词或短语。有些孤独症儿童可能只对特定的兴趣或话题感兴趣,并且在社交场合中重复这些兴趣或话题,不管其他人是否感兴趣或困惑。这会导致他们的行为怪异,难以被人接受。一些孤独症儿童对日常生活的变化非常敏感,任何小的变化都可能导致他们极大的不安;一些孤独症儿童可能对触觉、视觉、听觉等感官刺激过敏或不敏感;一些孤独症儿童可能在社交情境中感到焦虑或压力,尤其是那些需要适应新环境或面对许多人群的情况,这些都会限制他们主动去参与社交活动。

美国约翰·爱尔德·罗宾逊所著自传回忆录《看着我的眼睛——我和阿斯伯格综合征》中这样描写自己参与社交活动的感受,可以帮助我们更形象地理解其社交特点:"在匹兹堡,我终于学会了如何交友。我懂得了儿童和狗狗是不一样的。我不再像对待宠物一样爱抚小朋友,或用小棍子捅他们。我懂得了怎样和其他儿童交谈。我突然明白了,当一个儿童跟你说'看我的卡车'时,他期盼有人回应。在我明白这个道理之前,听到上述话,我的回应可能是:我有一架直升机;或我想要曲奇饼;或我妈今天对我非常生气;或我在集市上骑马了。我一直以来习惯于生活在自己的世界里，因此总是想到哪儿答到哪儿。假如我当时正在回忆在集市上骑马的事儿，这时有个儿童走过来跟我说话，不管他说'看我的卡车。'还是'我妈妈住院了！'我都会回答：'我在集市上骑马了。'其他儿童的话不会改变我的思路。简直就像我没听到他说话一样。但在一定意义上，我的确听到了他说话，因为我回应了，虽然这种回应对跟我说话的人来说毫无意义。"

一般认为，孤独症儿童的社交能力缺陷与其心理理论发展存在障碍有关。心理理论是指个体能够理解和解释他人的心理状态，包括他们的想法、感受和意图。这是一种复杂的认知能力，涉及对他人行为和环境的观察、推理和预测。孤独症儿童可能无法正确地解释他人的表情、手势、身体语言和语音线索。如他们可能无法理解为什么人们会笑或皱眉，或者为什么人们会指向某个物体或做出某种手势，或者无法理解他人的暗示或玩笑。由于无法理解他人的心理状态，进而无法预测他人的行为，也无法理解他人的意图，影响其社交互动和沟通能力。

第三节　注意缺陷多动障碍儿童沟通与交往特点

注意缺陷多动障碍（Attention Deficit Hyperactive Disorder，以下简称ADHD）是一种在智力上正常或接近正常，主要表现为注意力难以集中、多动和冲动，可能伴有知觉和认知障碍、中枢神经失调的综合征。ADHD儿童常常难以维持注意力，容易分心，且难以完成需要持续注意的任务。这类障碍主要包括三个亚型：注意力分散型、多动—冲动型和综合型。注意力分散型的主要表现是无法专注于任务，缺乏持久性，难以维持注意力，并且表现出杂乱无章的行为。这种注意力不集中并非由于违拗或缺乏理解力所致。多动—冲动型的主要表现是在不适当的时候表现出过多的身体运动，坐立不安，手脚活动频繁，或讲话过多，或表现出一些冲动行为，可能对个体造成较大的潜在伤害。而综合型则同时具有注意力分散、多动和冲动症状。

一、ADHD儿童的沟通

ADHD儿童的口语表达能力相对较好，能够在多数沟通场合清晰地表达自己的想法，但一些儿童表现出计划和组织语言的困难，这导致他们在表达思想时显得杂乱无序。他们可能在理解和使用复杂的语言结构方面遇到挑战，尤其是在需要高层次的抽象思维和概念化的情况下，在理解诸如反问、讽刺或双关等复杂语言情境时也常常遇到困难。他们可能用词不当，语句结构混乱，导致信息传达不清；可能表现出话多、话题跳跃性大、难以维持对话主题以及缺乏轮流交谈的能力。他们的语言可能显得过于直接或不经修饰，可能会脱口而出未经思考的话语，且常常不顾后果。当谈及感兴趣的话题时，他们可能会过于兴奋，手舞足蹈；而在想反驳对方时，可能会大声吵闹,甚至出现攻击性行为,直至对方让步。这些情况可能与他们的思维跳跃性有关,使得他们在组织语言时难以按照逻辑顺序进行。他们可能在倾听技能上也存在问题,表现出冲动性,常常打断他人的发言或插嘴,对于不感兴趣的谈话内容表现出不耐烦,无法倾听或回应,也难以长时间集中注意力于他人的讲话,导致对信息的接收和处理出现偏差。这可能进一步影响他们理解他人的话语和回应问题的即时性,也难以充分理解他人的观点和感受,影响了有效沟通的建立。

ADHD儿童对书面语的掌握存在困难,缺乏书写、阅读和作文技巧,在这些活动中吃力、速度慢、困难多,阅读常常出现遗漏字词、添加多余字词或读错字、断句不当等问题,写作和书写尤其困难。由于不能胜任这些任务,他们往往对作文和默写等作业感到抵触。

在非言语沟通方面,ADHD儿童可能展现较少的眼神接触、身体语言控制不佳以及难以解读他人的肢体信号。这些非言语沟通的障碍可能导致他们在社交互动中遇到困难,难以建立和维持同伴关系。他们的肢体语言和动作表达也可能过于冲动,没有发挥应有的非言语沟通作用,反而成为他们宣泄情绪和表达不满的方式。

语言理解和运用能力的不足对ADHD儿童的沟通与社会交往产生了显著影响,这不仅使他们难以把握复杂的语言环境,错过重要的沟通与交往信息,而且还导致了在学校学习中遇到难题,这进一步可能引发与教师、同龄人及家长之间的冲突和摩擦。控制力不足是ADHD儿童核心的障碍,这与执行功能障碍密切相关,他们可能事后能认识到自己的不适当表现,并可能感到懊悔,但在下次类似情境中仍可能重复这些不适当行为。

二、ADHD儿童的社会交往

注意缺陷与多动、冲动对儿童的影响和危害非常显著,严重阻碍了他们人际关系的正常发展。这些影响在ADHD儿童的低龄阶段就已经显现,并可能持续到成年。25%至50%的ADHD儿童可能在成人阶段存在人格障碍、易冲动和反社会行为,他们在学习和事业上的成就明显低于同龄人。

在社会认知方面,ADHD儿童对社会规则缺乏深入的理解,规则意识淡薄,难以认识到规则在建立稳定人际关系中的重要性,他们更关注当前的交往情境,而较少考虑人际关系的长远发展,因此容易忽视规则。他们在和人互动过程中,可能会突然转向另一件事情,也更倾向于即时满足自己的需求,而不是等待未来的更大奖励。他们经常以自我为中心,喜欢发号施令,难以站在对方的角度思考问题,这导致他们难以理解对方的情绪。

ADHD儿童社会交往技能缺乏、交往水平低。由于其注意集中困难、多动和冲动等障碍,他们往往难以静下心来与他人进行深入的互动,在交往过程中易分心,无法持续,不利于人际关系的建立和发展。他们的交往方式往往显得不够成熟,很少考虑对方的感受或是否合适,这使得他们在社交环境中显得不受欢迎,并引发许多冲突。他们在感觉统合方面也存在障碍,可能无法正确评估动作的危险性,从而容易导致自我伤害或伤害他人。

ADHD 儿童在与人交往过程中表现出的问题行为限制了人际关系的建立与发展。他们常表现出许多小动作，如扭动身体、离开座位、玩弄手指或玩具等，他们可能无法与对话者进行眼神交流，目光游离，这会让互动对象感觉到不被尊重。为了吸引注意，他们可能会采取激进的方式，如破坏别人的游戏或进行过度的身体接触。他们的多动和冲动行为不分场合、时间和地点，他们往往随心所欲，不遵循社会规则和游戏规则，这种行为模式使得他们容易成为游戏的终结者和破坏者，给他们的社交关系带来负面影响。他们的自我中心主义和情绪调节困难也使得他们在社交互动中容易出现冲突和误解。

ADHD 儿童的沟通与社交问题可能会进一步引发更多的情绪问题。由于问题行为较多而受到排斥，他们常常体验到消极的情绪和负面反馈，自尊心可能会受到严重打击，情感也会逐渐变得冷漠。他们也不擅长表达和调控自己的情绪。长期处于不利环境中，这些儿童可能会陷入自暴自弃的境地，进而出现暴躁、易怒和挑衅的行为，甚至可能变本加厉地欺凌弱小、养成恶习和违反纪律。部分 ADHD 儿童容易感到恐惧和焦虑，担心受到惩罚或被排斥，却又无法改变现状，可能会导致不良的心理应激反应，如退缩和回避、孤独和幻想、掩饰和否认等。有些儿童甚至可能完全否认自己的不良行为，将失败归咎于家长的打骂、老师的不关心或同学的不友善。

ADHD 儿童和孤独症儿童是两种不同的神经发育障碍，他们的沟通与交往特点有相似之处，也存在差异。他们都存在沟通、社交上的能力发展不足，表现出明显的沟通与交往障碍，在注意、控制力、冲动性等方面存在共性。但在具体表现上存在一些差别，如孤独症儿童的沟通与交往异常主要表现在主动性缺乏，存在共同注意障碍，情感反应不足等；ADHD 儿童以注意和冲动、多动为核心特点，主要是控制力存在明显问题。在这两类儿童的干预思路和方法上，要尊重各自的差异，针对性地开展干预，对其共性问题，也存在一些相互借鉴之处。

第四节　其他特殊儿童沟通与交往特点

除了上述三类特殊儿童，脑瘫、听觉障碍、视觉障碍等儿童的沟通与交往障碍也值得重视，也需要关注他们沟通与交往表现，有针对性地开展训练。

一、脑瘫儿童沟通与交往特点

脑瘫（Cerebral Palsy）是一种非进行性的神经肌肉疾病，主要由脑部中枢受损引起。脑瘫儿童通常在动作、感觉和知觉发展方面存在迟缓，导致他们在功能发展和社会适应等方面存在多重障碍。当然，他们的沟通与交往问题也不容忽视。

脑瘫儿童的中枢神经系统和周围神经系统异常，言语运动控制力有所欠缺，使得他们在沟通上遭遇重重挑战，如言语功能的不足、语言表达的困难、节奏的紊乱以及

发音的不清晰、伴随着口吃或类似口吃症状等。但不同程度的脑瘫儿童沟通障碍程度表现不一，有的可能只是轻微障碍，几乎不影响沟通；有的则可能严重到完全无法理解，甚至可能完全无法开口说话。约一半的脑瘫儿童在语言表达上存在明显的问题。鉴于脑瘫儿童的主要困扰在于运动障碍，他们在声韵层面的受损情况尤为明显，如音调、重音或是音节之间的连接，也可能体现在语音的演变过程中。运动障碍还限制了他们对周围环境的探索，对其认知发展造成了不利影响，从而影响语言功能发展。他们普遍面临着视觉、抽象思考以及情绪上的困扰，这影响着他们视觉和语言的发展，对参与阅读和书写活动造成不利影响。所以，脑瘫儿童的沟通能力发展还需要心理层面的支持，这与他们的认知、情绪、适应能力和经验紧密相关。

徐动型和痉挛型脑瘫儿童在语言表达上会出现说话不顺和节奏异常的现象。他们由于呼吸问题和喉部功能的异常，在发声时常常会拉长声音。徐动型脑瘫儿童的音量通常较弱，有时会因为横膈膜不自主的痉挛而不规则增大音量，在词句末尾或像耳语一样收尾，语调较平、缺乏变化，或习惯发出较高的音。熟悉儿童的家长会逐渐能掌握脑瘫儿童的发音习惯，听懂他们说的话。随着人工智能技术的进步，研究者正在开发针对这类特殊人群的语音识别技术，通过采集障碍人群的异常语音样本，用智能化手段恢复他们的错误表达，以此改进其与他人的沟通效果。

由于缺乏有效的沟通方式，脑瘫儿童可能会存在普遍的交往困难，在交往中体验到更多挫败感。当他们不够自信时，过于关注沟通的细节，如舌头、下巴、口腔的动作以及字词的选择，这会使得他们在面对人多或熟悉场合时，可能会突然感到不知所措，从而影响与人的交往。他们的身体姿势异常外显，可能使他们对环境变化更加敏感，即使是微小的变动或他人的无意识行为，都可能给他们带来巨大压力，进而加剧他们的社交困扰。对于某些重度脑瘫儿童而言，他们或许因缺乏交往技巧、外观和行为的特异性还可能让其他儿童感到局促不安，这无疑加剧了双方交往的难度。在教师和家长的帮助下，脑瘫儿童实际上与成人的互动机会相对较多，但与同龄人的交往频率相对较低。

二、听觉障碍儿童沟通与交往特点

听觉障碍（以下简称听障）儿童是指在出生时或之后因各种因素导致听力受损的儿童。他们难以听到或听清传递过来的声音信息，这在"收码"和"解码"的过程中产生了障碍，导致整个沟通过程的中断。由于早期干预效果很好，一些听障儿童通过佩戴助听器或植入人工耳蜗等辅助手段可以实现与健听人群的正常沟通与交往，一些听障儿童虽然达不到接近于普通儿童的语音水平，但能实现基本的沟通。如果完全无法借助助听设备，这会使得他们难以习得有声语言，也难以进行有效的语言沟通与交往。

听力损失直接且严重地影响了听障儿童自然习得有声语言的能力。在"咿呀学语"的关键阶段，尽管他们的发声构音系统完好无损，但由于缺乏听觉反馈，他们无法进行有效的自我模仿和语音模仿。这导致语音信息的输入严重不足，他们的口语发展因此受阻或迟缓。若不及时进行干预,他们可能会错过获得语言沟通能力的最佳时机。一些听障儿童在语音、词汇、语法和语用等方面都存在明显问题。他们的构音问题主要表现为发音部位和发音方法错误,气流和气压不稳定,以及构音器官动作不协调。这些问题导致他们的发音不准确或变形,经常出现替代、遗漏、添加、扭曲等构音问题,在音高、音强、音色等方面也存在明显不足。一些听障儿童在训练中未能充分与健听人群进行语言交流练习,这导致他们对正常人群语流中的语言节律学习模仿不够,难以形成正确自然的语言节律,影响沟通效果。

听障儿童在词汇量及种类上明显落后于同龄健听儿童。他们不仅容易对词汇产生概念误解或理解不全,还经常混淆一词多义或同音词,导致在词汇学习上学得慢且忘得快。对于那些使用手语沟通的听障儿童,他们的直观形象思维占优势,这使得他们在理解和运用词汇时偏向直观性。由于词汇量的不足和表达上的困难,听障儿童经常采用简单句、词语堆砌、语序混乱,无法掌握复杂句,难以理解抽象概念,不会运用虚词,难以理解和运用习惯用语,不能借助语境理解词汇,对字面意义之外的引申义或比喻义难以理解。听障儿童的语言表达还常常显得刻板,不善于根据语境的需要灵活转换句型或选择恰当的词语,也不善于根据对方的反馈灵活调整话题。听障儿童在语言理解能力,尤其是在阅读理解能力方面,与同龄健听儿童相比存在明显差距。对于那些无法获得或严重缺乏有声语言输入的听障儿童来说,他们在阅读过程中往往难以准确理解语意,这进一步阻碍了他们阅读能力的发展。

听力受损导致的语言沟通困难会明显影响听障儿童的人际交往。构音异常特征外显,会导致他们可能被排斥、嘲笑,这会加剧他们的心理压力,有可能导致攻击、退缩、仇恨或焦虑等负面情绪。由于手语形象思维的限制,抽象思维发展水平不足,会阻碍他们的社会认知发展,影响他们对健听人群人际关系的认知,影响道德判断能力的发展,容易出现挫败、自卑、自我封闭等心理问题。在这一过程中,听障儿童的成长环境可能会发挥关键作用,如大人的过度保护可能导致听障儿童变得固执、自我中心,缺乏自我控制力和抗挫折能力;而周围人的拒绝态度则可能使听障儿童产生认同感缺失,导致消极抵抗、自我否定、过分依赖等不良情绪。在人际交往中,听障人群形成了"聋文化"群体现象,强调手语的母语地位,展现听障人群间的相互认同和情感联系,这有助于他们建立安全感和形成自身独有的次文化。然而,在与健听人群的交往中,他们仍面临着主动性不足、交往障碍等问题。

三、视觉障碍儿童沟通与交往特点

视觉障碍(以下简称视障)儿童是指在出生时或之后因各种因素视力受损的儿童。他们难以看到或看清传递来的信息,因此与视觉有关的认知活动受到影响,影响相关的语言理解和表达。由于视障特征外显,由此可能会引发一些社会交往过程中的心理问题。

视障使得儿童在感知经验的获取上显得尤为不足,他们无法通过视觉获取丰富的信息,影响了他们语言的发展。视障儿童缺乏视觉形象的支撑,对一些与特征、属性有关的词汇的理解导致出现偏差,造成语义不符的表达,使得信息传递不畅或对信息和情感的理解产生歧义。由于盲文的拼音不标音调,这使得视障儿童在理解同音词时面临挑战。如"志愿""支援""职员"和"只缘"等词语,在盲文中点字符形完全相同,容易混淆词义。在与明眼人交往时,视障儿童可能会因为对词语理解的偏差而造成沟通上的尴尬。

视障儿童的语言表达能力和交谈技巧有待提高,也不太擅长利用非语言信息进行交流,如面部表情、肢体语言等。这些因素都限制了他们在社交场合中的表现。视障儿童无法看见他人的面部表情,他们可能无法及时捕捉到对方对某个话题的不感兴趣,这可能导致他们持续谈论某个话题,让对方产生不适,从而影响双方的交流。在社交场合中,视障儿童有时可能会倾向于详细地描述事件,却忽略了对于视觉感知丰富的明眼人来说,过于细致的描述会显得有些啰唆。视障儿童在与人交往时,会积极地通过触觉来感知和识别一些近身的环境信息,如可能会通过触摸对方的物品、触摸面孔来认识人,有些明眼人可能会因此感到不适,从而影响双方关系的建立和发展。

视障儿童的社交目的性较强,缺乏轻松愉快的社交体验。他们依赖于电话或盲文书信这样的传统方式,这种交流方式限制了他们获取信息的渠道和范围,使得他们的社交内容往往显得较为匮乏。他们主要的社交对象局限在同学、家人和其他视障人士之间,这种相对封闭的环境也使得他们的社交内容和形式显得单一。他们的社会交往状况受限于生活范围,大多在学校和家庭之间活动,对独自外出与人互动抱有抵触情绪。视障儿童参与社会性活动的热情并不高,这可能与他们的自信心不足、社交技能欠缺以及缺乏合适的社交机会有关。

思考题

1. 智力障碍儿童的沟通与交往特征主要表现是什么?
2. 孤独症儿童和注意缺陷多动障碍儿童在沟通与交往方面的表现有何异同?
3. 观看《自闭历程》传记电影片段,描述天宝成年后的沟通与交往特点,思考天宝的经历对开展孤独症儿童沟通与交往训练有何启示?

第三章
特殊儿童沟通与交往评估

内容提要

开展特殊儿童沟通与交往评估是开展训练活动的前提。评估中需遵守动态评估、过程性评估和生态评估等原则,还需确保评估的有效性、适当性以及符合道德准则。特殊儿童沟通与交往评估方法包括常模参照测试和非正式评估,使用调查问卷、评估量表、检核表等工具以及访谈等间接方法在实际工作中运用非常广泛;观察法作为直接评估方法更值得重视,根据评估目的和数据分析方法的不同,可采用定性或定量的方式进行观察。本章还介绍了可用于特殊儿童沟通与交往的评估工具,目前得到较广泛应用的教育评估工具包括心理教育评估表、语言行为里程碑评估及安置计划等。

学习目标

1. 了解特殊儿童沟通与交往评估目的,解释特殊儿童沟通与交往评估理念,关注特殊儿童沟通与交往评估的注意事项,重视和遵守特殊儿童沟通与交往评估的道德规范;

2. 概述特殊儿童沟通与交往评估方法,会使用观察法、测量法开展特殊儿童沟通与交往评估;

3. 整理特殊儿童沟通与交往常用评估工具,会应用心理教育评估表和语言行为里程碑评估及安置计划开展特殊儿童沟通与交往评估。

思维导图

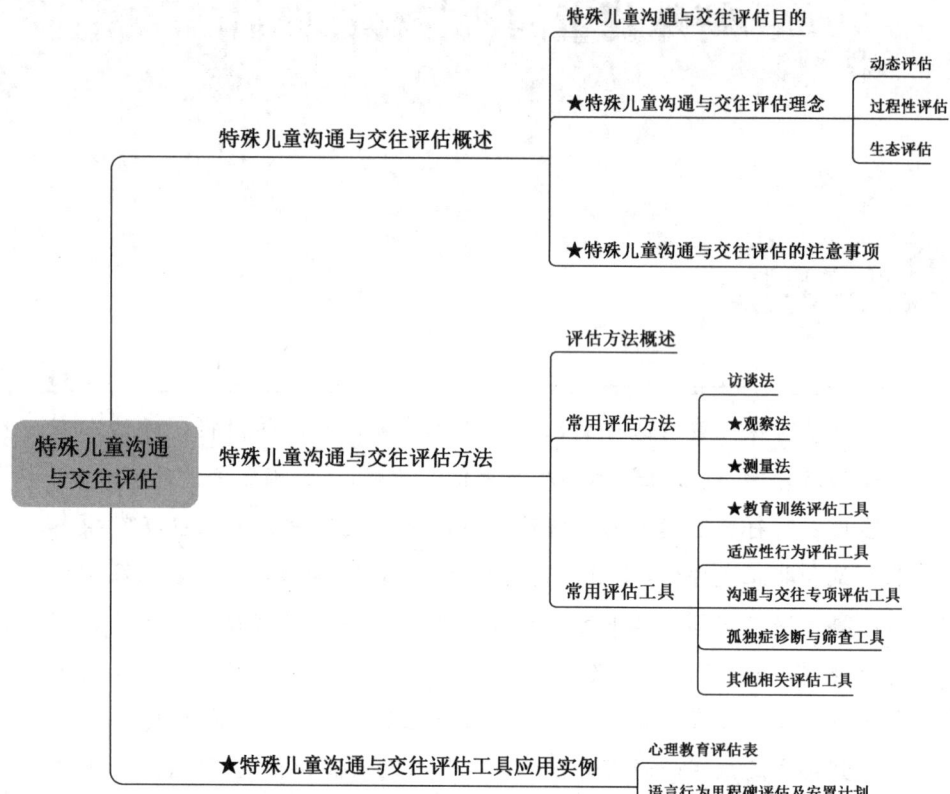

第一节　特殊儿童沟通与交往评估概述

开展特殊儿童沟通与交往的评估具有重要意义,应重视评估工作,采用科学的评估理念,开展科学的评估,这样才能使特殊儿童沟通与交往训练工作有的放矢地开展。

一、特殊儿童沟通与交往评估目的

特殊儿童沟通与交往的评估是一个重要的环节,既是开展训练活动的前提,也是对训练活动开展一段时间后的总结和优化,贯穿了全过程。具体而言,开展特殊儿童沟通与交往评估,主要有三个目的。

(一) 了解特殊儿童的发展情况

全面审视特殊儿童在沟通与交往方面的现状及其发展潜能。鉴于沟通与交往技能对于特殊儿童的社会参与、人际关系建立和社会适应能力至关重要,评估能够揭示他们在社交互动中可能遇到的障碍,并据此提供必要的支持。这不仅涉及提升特殊儿童的沟通技巧,也包括优化他们与同伴的互动质量,从而增强其社交参与度,帮助特殊儿童更顺利地融入社会环境。

(二) 为干预计划提供依据

通过评估,能够精确识别特殊儿童在沟通和社交技能上的特定需求,包括非言语交流、言语表达、沟通效果、社交技能、人际关系等。评估所获得的数据对于制订和完善教育训练方案至关重要,有助于满足特殊儿童个别化发展需求,并提供相应的支持和资源。评估结果对于选择最合适的教育训练方法和辅助技术也具有指导意义,以促进儿童沟通与交往技能的进一步发展。

(三) 对干预效果进行监测

评估还具有记录特殊儿童发展和进步、监测训练效果的作用。阶段性的沟通与交往技能评估是评价教育、训练成效的关键步骤。通过对比不同时间点的评估数据,能够评估特定干预措施的有效性,并据此调整训练方案。这种动态、持续的评估和反馈对于保障干预措施的持续改进和最终成功至关重要。

二、特殊儿童沟通与交往评估理念

特殊儿童的沟通与交往技能直接影响着他们的社会适应情况。在评估这些技能时,不能仅仅关注儿童本身,而应采用动态评估、过程性评估和生态评估理念,以更全面、科学地理解特殊儿童[1]。

---

[1] 王雁,朱楠,王姣艳. 智力障碍儿童社会技能训练[M]. 北京:北京师范大学出版社,2014:81-85.

(一) 动态评估

动态评估是一种质性评估方法,它的核心目的并非仅仅评定个体的能力水平,而是通过纵向的个体发展比较,预测其潜在的最大发展潜能。该方法侧重于识别和改进个体认知功能的策略,通过对个体在认知及其他发展过程中的表现细致地观察和记录,揭示其优势与不足,并据此提供定制化的治疗方案。动态评估还分析个体当前功能水平成因,评估教学干预措施的有效性,并据此调整辅助教学计划,以促进个体技能的进一步发展。动态评估的显著特点包括其与教学的紧密结合,它基于个体能力可塑性的理念,通过"前测—中介—后测"的流程,将教学干预自然融入评估过程中。这种方法不仅重视结果,更侧重于学习过程,强调对个体认知策略的培养和潜能开发。动态评估还考虑了社会文化背景、生活环境、动机和人格等因素,展现了良好的生态效度,并在评估过程中充分体现了文化公平性。动态评估超越了对个体历史学习经验的评估,更加关注个体的学习方式和通过学习带来的变化,为智力障碍、孤独症等特殊群体的教育与康复提供了新的视角和希望。

(二) 过程性评估

过程性评估是一种在教学过程中实施的评估方法,它通过测验和检查等手段,持续地明确儿童当前的学习水平,及时发现学习过程中的问题并据此对教学活动进行实时的调整和修正。该评估方法强调从促进儿童学习的角度出发,将教学、学习和评价过程融为一体,其中儿童的个体学习过程被视为核心。过程性评估的核心在于其对学习效果的质性评价,它不仅超越了对学习过程的微观评价,也不单纯追求结果,而是将学习动机、过程和效果视为一个整体,从而进行综合性评价。这种评价方式不仅关注儿童已经表现出的学习行为,而且在此基础上为儿童的持续学习提供反馈和指导,帮助儿童了解自己的学习状况,从而促进其学习过程的不断优化和发展。在特殊儿童教育和康复领域,过程性评估特别重视对儿童个体行为模式的观察,如微笑或注意力分散等,这些行为变化被视为儿童对刺激事件反应表征。即使在无法应用常规评估方法的情况下,过程性评估也能够为评估者提供对儿童能力的重要信息。过程性评估重视儿童的纵向发展,而非仅仅与同伴的横向比较。该评估理念采用多样化的评价手段,从多个角度和维度收集儿童的发展信息,并通过实时性的评估为特殊儿童的教育和康复提供及时反馈,促进评估与干预的有机结合,为特殊儿童的教育和康复发展创造有利条件。

(三) 生态评估

生态评估通过在儿童的家庭、学校和社区等自然生活环境中的观察与评价,分析儿童展现的各种能力。该评估方法承认环境对儿童行为的显著影响,并旨在通过多途径、多情境的测评方式,提高评估的社会效度,特别适用于特殊儿童教育和康复领域。布朗芬布伦纳的人类发展生态学理论是其中的代表,它强调了环境与个体行为的交互作用,并为特殊儿童的教育和康复工作提供了理论支持。生态评估的首要目标是揭示环境因素如何塑造个体行为,并识别出可调整的环境要素,以优化儿童与环境的互动。评估过程中,观察者在减少对儿童自然行为干扰的前提下,记录儿童的行为模式,分析行为顺序,并检验环境对行为的具体影响。此外,生态评估采用生态量表等工具,帮助儿童适应不同的环境。生态评估的特点在于其对自然情境的强调、减少对先前设定标准的依赖、最小化对儿童活动的干扰,以及在观察后进行行为与环境相互作用的推测分析。此评估方法不仅关注儿童当前的行为表现,而且重视其在生态环境中的全面发展。在特殊儿童的沟通与交往技能评估中,生态评估尤为重要。它不仅关注儿童的技能本身,还考察这些技能如何在不同的社会环境中发挥作用,收集儿童在社会背景中的行为信息,以识别和培养那些对儿童社会生活至关重要的沟通与交往技能,有助于制订出符合儿童实际需要的教育目标和训练计划。

三、特殊儿童沟通与交往评估的注意事项

在开展特殊儿童沟通与交往技能评估时,为确保评估的有效性、适当性以及符合道德准则,需注意以下事项。

（一）获得同意与知情权

必须确保特殊儿童及其家长对评估的所有方面有充分的了解,包括目的、程序、使用的工具和结果的潜在用途。这一步骤不仅是获得评估同意的基础,也是尊重家庭和遵守相关伦理道德的体现。

（二）明确评估目的

在评估活动开始之前,应明确界定评估的具体目标。这有助于确保评估活动有的放矢,避免对儿童造成不必要的压力,减少资源的浪费,并保证评估结果能够针对性地回应实际需求。

（三）全面收集各方面信息

评估不应局限于单一维度,而应广泛搜集与儿童沟通和交往能力相关的多方面信息,包括生理、心理和教育等多个层面,以及个体和环境因素。综合运用观察、访谈、测验等多种方法,以获得对儿童能力的全面认识。

（四）综合运用评估方法

除了传统心理计量工具外,应采纳包括生态取向、质性取向等多种评估理念和方法,以增强评估的多维度视角和深入性。强调动态评估、过程性评估,持续进行评估—干预—再评估,关注儿童学习过程中的动态变化和潜能开发。

（五）考虑环境和年龄因素

儿童的沟通与交往能力受到其环境背景、年龄等因素的显著影响。特别是非本土研制的测量工具在不同的文化背景中使用可能会产生误差,评估时应充分考虑各种因素,选择和调整评估工具和方法,以确保评估结果能够真实反映儿童的水平。

（六）合理运用评估结果

评估结果应直接指导制订教育和训练方案,确保评估与教学训练活动紧密结合,

以促进特殊儿童沟通与交往技能的实质性提升。

特殊儿童沟通与交往技能的评估是一个需要细致考虑和综合运用多方面因素的过程。通过精心设计的评估方案和方法，可以更准确地把握儿童的需求，为其提供更为合适的教育和支持服务。

特殊儿童沟通与交往评估需遵守哪些道德规范？

在进行特殊儿童沟通与交往技能的评估时，确保评估过程遵循一系列专业和道德准则至关重要，以保障评估的安全性、专业性、准确性和有效性。

1. 评估的安全性是评估过程中的首要关注点。评估者需确保所使用的测试工具具备准确性和可靠性，同时在评估前避免向特殊儿童或其家长透露测试内容，以防误导或造成倾向性，影响评估结果的客观性。评估环境的选择也极为关键，应选择能够为特殊儿童提供安全感和舒适感的正规评估场所。此外，评估者应严格管理评估资料，确保其隐私和保密性，仅允许特殊儿童、家长及符合规范的专业人士查阅，以维护特殊儿童及其家庭的合法权益。

2. 坚持评估的专业标准同样重要。应根据国际标准进行评估，如美国教育研究协会、美国心理协会、全美教育测量协会等机构共同发布的《教育与心理测验标准》手册，为评估工具的编制和评估人员的执行提供了标准化的指导。在执行标准化评估时，应严格遵循正规流程和标准，以降低误差，确保评估结果的真实性和准确性。

3. 评估者应意识到个人能力和专业知识的局限，并在必要时寻求专业支持。评估者应通过自我评估，明确自己的能力范围，并避免承担超出个人能力范围的评估任务。特殊儿童的沟通与交往评估往往需要跨学科团队的合作，包括特殊教育教师、康复教师、专业医生等，以确保评估的全面性和准确性。

4. 评估者应对评估结果负责，并提供合理的解释。评估结果可能对特殊儿童的教育和生活产生深远影响，因此评估者必须对评估行为的后果承担责任。当特殊儿童或家长对评估结果有疑问时，评估者应耐心地传递相关信息，详细解释评估结果的含义及其可能的误差范围，避免误解。

第二节 特殊儿童沟通与交往评估方法

特殊儿童沟通与交往评估既可以用标准化评估工具进行，也可以开展非正式的评估，如观察、访谈等。运用工具进行评估时，可以直接采用一些专项的沟通或交往评估工具，还可以灵活地使用综合性评估工具中涉及沟通与交往的相关项目，或自编项目进行评估。

一、评估方法概述

在对特殊儿童的沟通与交往技能进行评估时,主要采用两种基本方法:常模参照测试和非正式评估。

常模参照测试(Norm-Referenced Test)是一种标准化评估工具,它遵循预先设定的规则和程序,能够提供定量的评估结果。这种测试将特殊儿童的沟通与交往能力表现与一般儿童的能力发展标准进行比较。但一般情况下,这类评估工具是综合的、多个维度的,其中包含了沟通与交往的项目。通过评估,可以准确地了解特殊儿童在沟通和交往以及其他方面的能力表现与标准化样本的相对水平。

相较之下,非正式评估不遵循严格的标准化程序,其结果更侧重于与实际训练活动的直接联系。非正式评估主要用于训练课程的个性化安排,旨在确定适合个体的教学内容,并记录儿童在沟通与交往技能方面的进步。通过非正式评估,教师可以为特殊儿童建立个人档案,详细记录他们已经掌握的技能,确定通过训练可达成的预期目标。这种评估不是将特殊儿童与其他儿童进行简单的横向比较,而是更加注重制订个性化的干预计划。非正式评估的方式多种多样,包括直接观察儿童的行为表现、进行特定的技能抽样,以及利用调查问卷、评估量表、检核表等工具,通过与熟悉儿童的家长或教师进行访谈来间接评估儿童的沟通与交往能力。这些非正式评估方法在实际工作中运用更广泛,可以方便及时、灵活地了解特殊儿童的信息及需求,为干预工作提供参考。

二、常用评估方法

(一)访谈法

访谈法作为一种评估儿童沟通与交往技能的重要手段,涉及对儿童本人、其父母及教师的直接沟通,以收集关于儿童在不同社交场合中的沟通行为和交往能力的信息。这种方法包括结构化访谈、半结构化访谈以及自由交谈。由于父母对儿童的评价可能带有主观色彩,具有一定理解和表达能力的儿童可直接作为访谈对象,对主要照料者的访谈则是对儿童访谈内容的重要补充。对于特殊儿童而言,由于他们可能缺乏一定的沟通技巧,在进行访谈时可能会遇到抵触或回避。这就要求访谈者具备较好的访谈技巧,能够创造一个无压力的访谈环境,使用温和的语言和技巧使儿童感到自在。提问应简单明了,以简化儿童的回应过程。访谈者还需展现对儿童行为的接受和理解,运用适当的技巧减轻紧张气氛,如允许儿童自由活动或提供食物和游戏材料,以促使他们在访谈中展现真实行为。访谈法的优点在于简便性,能够使儿童在访谈过程中主动表达自己在人际交往中的困难和冲突,并提供问题发生的具体情境。访谈过程中还可以通过角色扮演等方式,对儿童的关键沟通行为进行模拟观察,为评估提供更丰富的信息。在比较正式的访谈时,一般会设计访谈提纲或编制访谈问题,进行系统、全面地数据收集。如果已有访谈问卷可根据需要直接使用,如功能评估访谈问卷(Functional Assessment Interview,FAI)等。

（二）观察法

观察法在特殊儿童沟通与交往技能评估中的应用广泛，它要求评估者通过系统化的观察来收集和记录儿童的行为数据。观察法可以根据评估目的和数据分析方法的不同，分为定性观察法和定量观察法两种主要类型。为了有效运用观察法，评估者需根据评估目的和儿童特点选择合适的方法。

1. 定性观察法

定性观察法侧重于理解行为的意义和背景，而不是量化行为的频率或强度。这种方法强调对行为的深入描述和行为发生情境的全面理解。定性观察通常是开放式的，允许研究者探索和记录行为的多样性和复杂性。在特殊儿童的沟通与交往技能评估中，定性观察法可以用来捕捉儿童的非言语沟通行为、社交互动的质量和情感表达的细微差别，适合于长期跟踪观察和捕捉具有特殊意义的行为事件，如日记记录、轶事记录、实况记录。日记记录法适用于对特殊儿童进行连续的行为跟踪，而轶事记录法则更灵活，侧重于记录那些特殊的沟通与交往行为事件。实况记录法则要求详细记录儿童在一段时间内的所有行为和情境，可以通过录音或录像辅助完成，以确保信息的完整性。定性观察数据的分析通常涉及内容分析、主题编码和情境分析等技术，旨在揭示行为背后的动机、情感和社会关系。评估者将通过综合和系统地分析收集到的资料，使用描述性语言对特殊儿童的沟通与交往技能进行定性评估，描述儿童的沟通意愿、社交技能、礼貌行为、同伴和亲子关系等，以及影响这些技能发展的内外部因素，也需解释儿童沟通与交往技能的基础、存在的问题、取得的进步和发展趋势，为训练效果的总结性评估或制订训练方案提供依据。

A—B—C观察记录表是观察和分析特殊儿童问题行为最常用的一个工具。它通过直接观察来收集与特殊问题行为相关的情境事件，来分析其功能，有助于准确判断问题行为的原因，从而开展有针对性的干预工作。具体而言，行为前事（A）指要对行为发生之前的环境事件进行客观描述，要确切地描述行为发生以前的物理环境和其他人的行为等，并考察这些行为前提事件是否对行为产生影响；目标行为（B）是要对目标行为进行客观描述，了解特殊儿童的目标行为在沟通与交往情境中的表现；行为后果（C）是要对行为发生之后的环境事件进行客观描述，要了解行为发生后的物理环境和其他人的行为等，并考察它们是否对行为有影响。一般要持续进行至少3—5天观察记录，这样有利于发现问题行为最可能发生的时间、地点，伴随问题行为发生而出现的行为或事件，以及问题行为维持所导致的行为后果等，在此基础上分析问题行为的功能并制订干预对策。在实际操作中，教师可能需要观察多个目标行为或进行更详细地记录。如果通过功能分析能确定特殊儿童缺乏哪些功能的沟通与交往技能，就能有针对性地帮助他们发展和改善那些所需的技能。A—B—C观察记录表（见表3-1）可根据需要自行设计，既可以直接按照ABC框架进行记录，也可以设计更详细的记录项目，方便清晰呈现。

表 3‑1　A—B—C 观察记录表

日期	出现时间		情境	前事(A)	行为(B)	后果(C)
	开始	停止				

2. 定量观察法

与定性观察法不同,定量观察法侧重于观察行为的可测量特征,如行为发生的频率、持续时间和强度。定量观察法是通过操作性定义来指导和记录个体的外显行为表现,通过标准化的记录程序来收集数据,并进行量化分析,以便于对行为进行精确的测量和分析。这种方法适用于需要进行统计分析和实验控制的研究,能提供关于行为模式的客观和可重复的证据。

在定量观察法中,常用的记录技术包括时间取样、事件取样。时间取样是指在固定时间间隔内记录目标行为的出现情况,事件取样则是每当目标行为出现时进行记录,前者适合高频但持续时间短的行为,后者适合有明确开始和结束的行为。观察时间和单位时间长度的确定应基于行为的性质和发生频率。定量观察法收集的数据通常用于计算发生率、持续时间和其他统计指标,这些指标可以用来评估干预效果或进行比较分析。对观察数据进行定量分析时,可从数据变化上来解释目标行为的特点、趋势,分析其原因等。为了提高评估的可靠性,建议至少有两名评估者同时进行观察,并对比分析他们收集数据的一致性,以确保记录的信息更加客观和准确,从而提高评估的可信度。

定量观察法在特殊儿童沟通与交往技能的评估中具有显著优势。例如,可以通过明确的次数或持续时间显示行为的数量或程度,减少主观推测;数据的变化趋势可以敏感地展示出沟通与交往技能干预效果;通过持续的观察和数据分析,可以监控训练效果并及时调整训练策略;对实录视频进行观察时,可以连续和重复地观察;经过训练的观察者所收集的数据信度较高,且不易受到偏差的影响。尽管定量观察法具有上述优点,但也存在局限性。如观察环境的限制可能导致重要行为的遗漏;发生频率较低的行为可能在单位时间内难以获得准确数据;年长儿童的行为可能因观察者的存在而变得不自然;需要大量训练有素的观察者。

在实际应用中,定性观察法和定量观察法可以互为补充。定性观察法的叙述性记录和访谈能够深度揭示儿童在沟通与交往中的个性化特点,而定量观察法则通过行为的频次、持续时间和强度等指标,提供可进行量化分析的数据。结合使用这两种方法可以更全面地理解特殊儿童的行为表现,为康复训练提供依据。

(三) 测量法

除了访谈和观察,还可以采用测量法进行特殊儿童沟通与交往技能评估,包括检核表和等级评定表等。除此之外，一些综合评估工具中也采用了测量法。

检查表是一种广泛应用于行为观察的记录表，它包含预定项目的清单，评估者据此判断儿童是否展现了特定的行为或特征，并相应地做出标记，通常采用"是"与"否"或"有"与"无"表示。检查表操作简便，使用效率高，能迅速收集到大量关于特殊儿童行为的信息。检查表法适合作为初期筛查工具，以快速识别出在沟通与交往技能方面可能需要更深入评估或额外支持的儿童。检查表不仅可以为干预工作提供参考，还可以用于监测儿童在特定技能上的进步，评估干预措施的有效性。在实际应用中，可以根据需求选择合适的检核表，也可以根据个体沟通与交往领域的里程碑(可参见表1-1至表1-3)、发展规律等自编检核表检核，表3-2至表3-4特殊儿童沟通与交往核心能力检核表供参考①。

表3-2 特殊儿童沟通与交往核心能力检核表

A 非言语社会交往能力	是否具备
社会交往关注	
1. 别人呼唤名字的时候，能够停止活动或者看着呼唤者	是　否
2. 能够看向别人所指的物品	是　否
3. 能够参与熟悉的一对一活动达＿＿分钟	是　否
4. 能够参与新的一对一活动达＿＿分钟	是　否
双向互动	
1. 运用眼神注视维持社会互动	是　否
2. 重复自己的行为来维持互动	是　否
3. 重复玩具玩耍动作来维持社交游戏	是　否
社会交往调控	
1. 手势：能够推、拉或者操控他人来提出要求	是　否
2. 手势：给出或者操控物品来提出要求	是　否
3. 指向物品来提出要求	是　否
4. 结合眼神和手势来提出要求	是　否
共同注意	
1. 在玩具/物品和他人之间转换眼神	是　否
2. 给出玩具/物品来分享兴趣	是　否
3. 指向玩具/物品来分享兴趣	是　否
4. 在分享兴趣之前先获得别人的关注	是　否

---

① 奎尔.做·看·听·说：孤独症儿童社会性和沟通能力干预指南[M].何正平，译.北京：华夏出版社，2015:58-66.

(续表)

B 模仿能力	是否具备
肢体模仿	
1. 用玩具模仿一个动作	是　否
2. 模仿单个肢体动作	是　否
3. 模仿2个连续的肢体动作	是　否
4. 模仿3个或以上连续的肢体动作	是　否
5. 在熟悉的活动中模仿一个新动作	是　否
6. 在新场景中模仿	是　否
7. 模仿先前活动中的动作（延迟模仿）	是　否
语言模仿	
1. 模仿嘴部动作/发音	是　否
2. 模仿词句	
a. 在唱歌、手指游戏、讲故事过程中	是　否
b. 在常规的社交活动中	是　否
c. 在运动类活动中	是　否
d. 在所有活动中	是　否
3. 在要求下模仿词句	是　否
4. 重复歌曲、书本或者游戏活动中的词句（延迟模仿）	是　否
C 行为组织能力	是否具备
空间方面	
1. 为活动准备场地/材料（椅子、外套）	是　否
2. 把玩具/材料放在指定的位置	是　否
3. 把材料归位，结束游戏	是　否
选择	
1. 在活动中做出选择	是　否
2. 在两个物品/活动之间做出选择	是　否
3. 在多个物品/活动之间做出选择	是　否
时间	
1. 参与活动直至结束	是　否
2. 在引导下等待	是　否
预期能力	
1. 独立于熟悉的活动	是　否
2. 在新游戏中听从指令	是　否

(续表)

C 行为组织能力	是否具备	
转换		
1. 在引导下转换到下一个活动	是	否
2. 能够接受活动被中断并转换到下一项活动	是	否
3. 当发生意料之外的变化时,能够进行转换	是	否
所有权		
1. 识别出自己的东西(我的)	是	否
2. 识别出他人的东西(你的)	是	否
3. 识别出共享的东西(我们的)	是	否
安慰		
1. 能够接受安慰	是	否
2. 能够自我平复	是	否

表3-3 特殊儿童社会交往能力检核表

A 游戏能力	是否具备	
独自游戏		
1. 功能性:对某一玩具,采用某种玩耍动作	是	否
2. 功能性:封闭式结尾的活动	是	否
3. 功能性:开放式结尾的活动	是	否
4. 象征性游戏:常规脚本式的	是	否
5. 象征性游戏:创造性的	是	否
6. 独立玩耍____分钟	是	否
社交游戏		
1. 用自己的一套玩具/材料平行玩	是	否
2. 用组织化的玩具/材料平行玩	是	否
3. 参与合唱等集体活动	是	否
4. 和一个搭档进行可预期的轮流游戏	是	否
5. 在集体游戏中进行可预期的轮流游戏	是	否
6. 分享材料	是	否
7. 和一个搭档进行合作性游戏	是	否
8. 在结构化的小组里进行合作性游戏	是	否
9. 在非结构化的小组里进行合作性游戏	是	否

(续表)

B 集体活动能力	是否具备
参与情况	
1. 在用餐期间(点心时间、午餐时间)	是　否
2. 在结构化的项目中(艺术类活动、劳动)	是　否
3. 在聆听活动中(听故事、音乐)	是　否
4. 在结构化的游戏中(棋盘游戏、户外游戏)	是　否
5. 在游戏活动中(游戏场所、休闲场所)	是　否
6. 在讨论活动中(在围圈活动中、会议中)	是　否
等待情况	
1. 坐着等待集体活动	是　否
2. 举手以得到轮换机会	是　否
3. 排队等待	是　否
轮流	
1. 在结构化的活动中轮流	是　否
2. 在非结构化的活动中轮流	是　否
听从集体指令	
1. 非言语指令(安静的手势、关灯)	是　否
2. 获取注意力的指令(请大家_____)	是　否
3. 常规的言语指令(收拾干净、排队)	是　否
4. 在熟悉的场景中听从言语指令	是　否
5. 在新场景中听从言语指令	是　否
C 社区社会交往能力	**是否具备**
购物	
1. 百货店	是　否
2. 玩具店	是　否
餐厅	
1. 快餐店	是　否
2. 坐下就餐	是　否
室内休闲活动	
1. 看电影	是　否
2. 游泳池	是　否

(续表)

C 社区社会交往能力	是否具备
室外休闲活动	
1. 结构化运动	是　否
2. 操场上的活动	是　否
做客拜访	
1. 亲戚	是　否
2. 邻居	是　否
安全感	
1. 室内	是　否
2. 街上	是　否
3. 汽车/校车上	是　否
保健	
1. 看医生	是　否
2. 体检	是　否
其他场合	
1. 理发店	是　否
2. 照相馆	是　否
假日	
1. 生日	是　否
2. 寒暑假	是　否
3. 春节	是　否
学校活动	
1. 聚会	是　否
2. 防火演习	是　否
3. 春游、秋游	是　否

表 3-4　特殊儿童沟通能力检核表

A 基本沟通能力	是否具备
表达需求	
1. 表达还要	是　否
2. 选择更喜欢的一个（提供选择的情况下）	是　否
3. 食品/饮料	是　否

(续表)

A 基本沟通能力	是否具备
表达需求	
4. 物品/玩具	是　否
5. 喜欢的活动	是　否
6. 结束一个活动(都干完了)	是　否
7. 求助	是　否
对他人做出回应	
1. 回应呼唤名字(哦、什么、嗯)	是　否
2. 拒绝物品	是　否
3. 拒绝活动	是　否
4. 回应问候	是　否
5. 回应游戏邀请	是　否
6. 确认同意/接受(好的、是的)	是　否
7. 对个人问题做出回应(你叫什么名字)	是　否
8. 对他人的评述做出回应	是　否
评述	
1. 对意料之外的事情作出评述(啊、哦)	是　否
2. 命名物体	是　否
3. 标识自己的物品	是　否
4. 称呼熟悉的人	是　否
5. 描述动作	是　否
6. 描述地点	是　否
7. 描述特性	是　否
8. 描述过去的事情	是　否
9. 描述未来的事情	是　否
获取信息	
1. 获得注意力(叫某人名字)	是　否
2. 关于事物的信息(什么)	是　否
3. 关于人的信息(谁)	是　否
4. 关于动作的信息(在干什么)	是　否
5. 关于是/否问题的信息	是　否
6. 关于地点的信息(在哪儿)	是　否

(续表)

A 基本沟通能力	是否具备
获取信息	
7. 关于时间的信息（什么时候）	是　否
8. 关于原因的信息（为什么）	是　否
B 社会交往情感能力	**是否具备**
表达感情	
1. 不舒服的时候请求休息一会儿	是　否
2. 不舒服的时候要求安慰性的行为	是　否
3. 请求需要放松	是　否
4. 喜欢/不喜欢	是　否
5. 愤怒/生气	是　否
6. 高兴/悲伤	是　否
7. 平静/放松	是　否
8. 受伤/生病/劳累	是　否
9. 自豪（我做到了）	是　否
10. 愚蠢	是　否
11. 害怕/紧张	是　否
12. 困惑（我不知道）	是　否
亲社会的表达	
1. 要求进行更多的社交游戏/互动	是　否
2. 要求情感性的行为（拥抱、亲吻）	是　否
3. 要求他人参加游戏	是　否
4. 礼貌（谢谢、对不起）	是　否
5. 分享（给他人自己的食品/饮料/物品）	是　否
6. 果断地表达（走开、不要这么干）	是　否
7. 表示情感（我爱你）	是　否
8. 提供帮助	是　否
9. 提供选择项（要这个还是那个）	是　否
10. 当他人受伤、悲伤的时候提供安慰行为	是　否
C 基本交谈能力	**是否具备**
语言交谈能力	
1. 用获取他人注意力/呼唤名字的方式发起交谈	是　否

(续表)

C 基本交谈能力	是否具备
语言交谈能力	
2. 常规脚本式地结束交谈	是　否
3. 常规脚本式地分享信息来维持交谈	是　否
4. 通过重复来澄清或坚持	是　否
5. 当同伴对互动内容进行结构化时，维持交谈	是　否
6. 用常规脚本来发起交谈	是　否
7. 通过发出反馈来维持交谈（我懂、嗯、好的）	是　否
8. 在新场景中维持交谈	是　否
9. 用合适的话题进行交谈	是　否
非言语交谈能力	
1. 关注/转向说话者	是　否
2. 和说话者之间保持自然的亲近距离	是　否
3. 在交谈中区分恰当和不恰当的肢体接触	是　否
4. 根据情形调整音量	是　否
5. 在继续说话之前，观察和等待听者的确认信息（点头、微笑）	是　否

等级评定法是要求评估者对儿童展现的特定行为或特征的程度、频率等进行量化评价，以此来衡量行为的质量。等级评定法一般设定等级来评定行为的发生频率或强度。如，频率的等级划分可能包括"从不""极少""有时""经常""总是"，而强弱程度的等级可能包括"完全不""比较不""一般""比较""完全"。等级评定通常设计为三级、五级或七级量表等，以适应不同的评估需求。等级评定法因其施测简便、评分直观、重测信度和评分者信度良好而在多种场合得到广泛应用。它不仅能有效预测直接行为观察的结果，还能辅助诊断性分类，并与同伴间的沟通与交往测量结果相吻合。等级评定法的局限性主要在于：无法准确详细地指出沟通与交往障碍表现；是由教师和家长等进行的间接评估，会受到主观因素的影响；可能存在评定者偏差，不同评定者的特点和具体项目的选择都可能影响评定结果的一致性。为了提高等级评定法的有效性，该方法应结合其他评估工具和方法，如直接行为观察或功能性评估，以获得更全面和深入的儿童行为信息。

此外，如果要了解特殊儿童的沟通与行为表现，或者群体表现，还可以采用调查法，自编问卷或采用已有的合适问卷进行调查，收集相对比较全面的数据。

三、常用评估工具

用于特殊儿童沟通与交往的评估工具很多，但直接针对沟通与交往开展评估的工具不多，有些是针对沟通与交往领域的某个单项能力或技能的，有些是综合评估工具，如适应行为评估工具，沟通与交往相关的能力是其中的重要构成模块。另外，沟通与交往是孤独症儿童的核心障碍，不论是孤独症诊断或筛查工具，还是为孤独症儿童教育训练提供依据的发展评估工具，都对沟通与交往方面的评估项目进行了全面、详细地呈现，可为特殊儿童沟通与交往评估工作提供参考。

（一）教育训练评估工具

目前得到较广泛应用的教育评估工具包括心理教育评估表、语言行为里程碑评估和安置计划等，这些工具不仅适用于孤独症儿童，还适用于其他发展障碍儿童。大陆学者和台湾学者也在尝试编制本土化孤独症教育训练评估工具，如学龄孤独症谱系障碍儿童教育评估系统、孤独症儿童发展本位行为评量系统，但由于发表时间较短，还需要继续在实践中检验和完善。这些综合工具中评估项目中涉及的语言、沟通、社交等领域的项目均可以为开展相关的沟通与交往训练活动提供依据。

1. 心理教育评估表（Psycho-Educational Profile，PEP）

该工具有内地版（Chinese Version of Psycho-Educational Profile，C-PEP）和香港版（Psycho-Educational Profile-Third Edition，PEP-3）两种中文修订版，是一种评估儿童发展水平和行为特点的综合性评估工具，适用于评估生理年龄2岁以上，发展年龄为6个月至7岁半的个体，特别适用于孤独症、发展迟缓或其他特殊教育需求的儿童。它包含多个发展领域的评估，如认知、语言和沟通、精细运动技能、粗大运动技能、社交互动、模仿行为、情感反应以及日常生活技能等。它能提供儿童的优势和弱势信息，其结果为确定训练目标、制订教育训练方案、确定训练策略提供依据，还可以用于监测儿童的发展情况，在实践工作中运用广泛。

2. 语言行为里程碑评估及安置计划（Verbal Behavior Milestones Assessment and Placement Program，VB-MAPP）

该工具适用于评估语言发展年龄为0—48个月的婴幼儿和儿童，特别是需要进行语言和沟通技能评估的孤独症儿童，也可用于评估其他有语言发展迟缓或沟通障碍的个体。它包括里程碑评估、障碍评估和转衔评估。里程碑评估部分涵盖170个语言和学习里程碑，包括提要求、命名、仿说、对话、阅读、社会性行为和社会性游戏等关键的沟通和交往技能。它有助于帮助专业人员识别儿童在语言和沟通方面的优势和劣势，以及可能影响他们学习的具体障碍，为制订个别化教育干预计划、选择或调整适合儿童当前需要的教学策略和教育安置提供依据。

3. 基础语言和学习技能评估（Assessment of Basic Language and Learning Skills-Revised，ABLLS-R）

该工具是基于应用行为分析原理，为孤独症和其他发展障碍儿童设计的评估与课程向导工具。适用于评估发展年龄为0至12岁婴幼儿和儿童每日生活、学习所需的语言和学习技能，包括合作、模仿、语言、提要求、游戏和休闲、遵循班级常规等不同领域的基础学习技能，阅读、数学、写作和拼写等学习技能，穿衣、进食、梳洗和如厕等自理技能以及精细运动、粗大运动等运动技能,涉及孤独症儿童的关键技能和领域,有助于帮助专业人员识别儿童在语言和学习技能方面的优势和不足,对制订个性化教育计划、确定干预目标和监测干预效果具有重要的作用。

4. 学龄孤独症谱系障碍儿童教育评估系统

该工具由大陆学者研发,是为学龄孤独症儿童提供全面的能力水平评估的一个本土化工具,评估涉及感知觉、运动能力、情绪管理、常规执行、兴趣与行为、社会交往、言语沟通以及认知与学业等八大领域,分为基本生理需求、基本发展需求和较高发展需求三个层次,评估结果通过软件进行科学性的量化分析,为每个儿童生成个性化的能力水平档案,并支持个性化教学和治疗计划的制订。

5. 孤独症儿童发展本位行为评量系统

该工具由台湾学者研发,为发展年龄 0 至 12 岁的孤独症儿童提供全面的行为和发展评估,涵盖沟通、社会情绪、认知、适应行为和动作发展等五大发展领域。各评估项目以发展阶段为基础,考虑孤独症儿童的核心需求,并结合语言行为理论、情绪发展、心理理论和认知发展等理论框架进行设计。该工具有助于识别儿童在各个发展领域的发展强项和弱项,提供精准的评估,并根据评估结果设计个别化干预方案。

(二) 适应性行为评估工具

适应行为量表一般包括沟通、社交等方面的评估指标,在儿童适应社会过程中所需的沟通与交往技能可以通过适应行为评估获得一些数据,作为教育训练的参考。

1. 文兰适应性行为量表第三版(Vineland Adaptive Behavior Scales-Third Edition, Vineland-3/VABS-3)

该工具适用于从出生至 90 岁全年龄段个体的适应性行为,特别适用于那些可能面临智力和发育障碍、孤独症、注意缺陷多动障碍等个体。它包括沟通(接受性、表达性、书写能力)、日常生活技能(个人、家庭、社区)、社会活动(人际关系、休闲与娱乐、应对技能),以及可选的运动技能(精细运动、粗大运动)和非适应性行为(内化、外化)。这些领域与美国智力与发展障碍协会(AAIDD)和 DSM-5 诊断智力障碍的要求相对应。量表通过半结构化访谈形式集中讨论和收集深度信息,不仅有助于专业人员识别和诊断适应性行为障碍,而且为制订教育训练计划提供依据。

2. 儿童适应性行为量表(Adaptive Behavior Assessment System-Second Edition, ABAS-II)

该工具用于评估 6 岁至 18 岁智力障碍、孤独症等特殊儿童的适应性行为,包括沟通技能、社交技能、生活自理能力等。它包括涉及语言、阅读、写作和数学等学业技能的概念技能,涉及与他人互动、建立和维持友谊、遵守社会规则等方面的社会技能,涉及日常生活自理,如穿衣、进食、个人卫生和使用金钱等方面的实用技能三个领域,为评估和支持儿童的适应性行为提供了一个标准化和多维度的方法,有利于为特殊儿童提供更加个性化的支持和服务。

3. AAMR适应性行为量表学校版(AAMR Adaptive Behavior Scale-School, Second Editon, ABS-S:2)

该工具适用于6岁至21岁的在校学生,覆盖了多个适应性行为领域,如独立生活能力、语言发展、自我管理、责任心、社会化等多个领域。它特别适用于那些可能存在发展障碍或其他适应性挑战的个体,对于制订个别化教育计划、确定必要的支持服务以及监测干预效果有参考作用。

(三)沟通与交往专项评估工具

1. 社交反应量表(Social Responsiveness Scale, SRS)

该工具是一种用于评估4岁至18岁儿童和青少年社交行为的筛查工具。第二版包含了学龄前、学龄期、成人的各年龄组,能识别2岁5个月至成年个体的社交障碍,特别适用于在社交互动、沟通和行为方面可能表现出挑战的个体,包括但不限于孤独症谱系障碍的评估。具体项目包括社交互动、情感表达、社会沟通、兴趣和活动范围等,旨在捕捉个体在社交情境中的各种反应和行为模式。评估结果对于诊断、制订训练计划、监测进展和研究社交障碍具有重要意义。

2. 社会技能评定系统(Social Skills Rating System, SSRS)

该工具适用于评估3岁至18岁的儿童和青少年,特别适用于在社交互动、同伴关系、学校行为和日常生活中可能需要额外支持的儿童,涵盖了多个社交技能领域,如沟通技能、合作游戏、同伴关系、自我管理和遵守规则等。主要评价儿童和青少年的社会行为和社交技能,识别儿童在社交技能方面的优势和挑战,为教育和干预提供依据。

3. 社交沟通问卷(Social Communication Questionnaire, SCQ)

该工具适用于所有年龄段的个体,主要用于筛查孤独症谱系障碍,涵盖了广泛的社交沟通行为,包括社交互动、沟通技能、兴趣和行为模式等,有助于专业人员快速识别社交沟通障碍的迹象,为进一步的评估和干预提供方向。

4. S-S语言发育迟缓评价法(Sign-Significance,简称S-S法)

该方法适用于1岁半至6岁半的儿童,尤其是在语言理解和表达、词汇量、语法能力以及交流技能方面显示出迟缓迹象的儿童。该方法评定了多个与语言发展相关的项目,如词汇理解、句子结构、叙事能力、跟随指令以及非言语交流等,通过一系列标准化的语言任务来评估儿童的语言能力,包括对语言理解和表达的测试,用以衡量儿童的整体语言发展水平。该方法能提供关于儿童语言发展水平的详细信息,对制订训练方案、明确干预目标和措施具有重要作用。

5. 汉语沟通发展量表(Mandarin Communicative Development Inventory, MCDI)及改良版短表(Simplified Short Form of MCDI, SSF-MCDI)

该工具是专为评估儿童早期语言发展而设计的评估工具,基于汉语语言环境,适用于8月龄至30月龄的婴幼儿,能够为专业人员提供关于儿童早期理解性和表达性语言发展的详细信息。SSF-MCDI包括婴儿表和幼儿表两个分量表。婴儿表涵盖常用的手势、词汇量表和能听懂的短语;幼儿表则包括词汇量表、句子和语法部分。该工具是儿童早期语言发展的筛查工具,还可以用于监测语言发展的进步和评估干预措施的效果。

(四) 孤独症诊断与筛查工具

孤独症儿童筛查与诊断量表不直接用于教学实践,但由于他们基本围绕孤独症的社会互动、语言、沟通、人际关系、情感等方面开展,对沟通与交往的项目探索深入、细致,为实践工作者更好地了解或设计沟通与交往障碍评估工具提供借鉴。

1. 孤独症诊断访谈量表修订版(Autism Diagnostic Interview-Revised,ADI-R)

该工具是广泛使用的标准化访谈工具,是孤独症诊断的"金标准"之一。它可用于2岁以上的儿童或成人的评估,各个项目评分有差异,一般按0—3四个等级评分。包含56个项目,分为三个核心部分,分别是社会交往(16项)、语言和沟通(13项)、刻板重复行为(8项)。还包括判断起病年龄(5项)、非诊断项目(8项)以及特殊天赋(6项)。

2. 孤独症诊断观察量表(Autism Diagnostic Observation Schedule,ADOS)

该工具是广泛使用的标准化评估工具,用于观察和评估个体的社交互动、沟通能力和刻板行为等核心症状,适用于从幼儿到成人各年龄段,包含一系列标准化的评估活动,如自由玩、结构化任务和社会互动游戏,评估结果从沟通、社交互动、游戏或想象性游戏等,以及对刻板动作和受限兴趣特定行为等方面进行呈现。一般与ADI-R等其他诊断工具结合使用。

3. 儿童孤独症量表(Childhood Autism Rating Scale,CARS)

该工具适合2岁以上的儿童使用,其内容涉及15个领域,覆盖人际关系、模仿、情感反应、身体使用、语言、听者反应、情感交流、感觉反应、过去和现在的异常行为模式、总体印象等方面。采用4级评分制,量表总分范围是15分到60分。总分低于30分通常被认为没有孤独症;30—37分为轻到中度孤独症;37分以上为重度孤独症。

4. 改良婴幼儿孤独症筛查量表(Modified Checklist for Autism in Toddlers,M-CHAT)

该工具可用于16—30月龄婴幼儿孤独症的筛查。量表共包括23个项目,其中有7个核心项目,包括社交互动、沟通技能、模仿行为、游戏技能以及刻板行为等。采用"是"或"否"选项,如果儿童有2个以上核心项目或任意3个以上项目不通过,则提示有孤独症风险。

5. 孤独症儿童筛查评估工具(Screening Toll for Autism in Two-year-old,STAT)

该工具适用于对2—3岁的儿童进行孤独症筛查,共有12个项目。一般由专业人员使用,评估者观察儿童在自然游戏情境中对玩具的兴趣、模仿能力、对他人情感的反应,以及使用玩具进行社交互动等。评估者会观察儿童在自然游戏情境中的行为,并记录其表现。

6. 孤独症行为评定量表(Autism Behavior Checklist,ABC)

该工具适用于3岁以上的儿童,主要用于筛查孤独症,共有57个问题,涵盖感觉、交往、躯体运动、语言、生活自理和认知等六个领域。如果回答"是",则根据问题的严重程度,按权重1到4进行计分。

(五) 其他相关评估工具

1. 以游戏为基础的跨学科评估(Transdisciplinary Play-based Assessment,TPBA)

该工具适用于从出生到6岁的儿童评估,在儿童与成人引导者、父母和伙伴进行游戏时进行一个小时至一个半小时的观察,从认知、社会与情感、交流与语言以及感知运动领域的发展为儿童提供机会。评估时,将儿童置身于结构性或非结构性游戏情境中,在不同时间,由成人引导者、父母、其他一个或多个儿童参与,它既是评估方案,也是干预过程,其结果为跨学科团队针对存在困难的儿童制订方案与实施方案提供依据。

2. 卡罗来纳特殊教育课程(The Carolina Curriculum for Infants & Toddlers with Special Needs, CCITSN; The Carolina Curriculum for Preschoolers with Special Needs,CCPSN)

该工具是一套完整的评估及干预系统,适用于从出生至5岁发育迟缓的婴幼儿,包括自我—社交、认知、沟通、精细运动、粗大运动等领域,通过发展任务序列,将评估和教学、干预联系起来,鼓励家庭介入,将干预融入儿童日常生活,从而有针对性、有成效。机构、学校及家庭均可使用该课程进行评估和教学。

3. 象征性游戏能力测试(Symbolic Play Test,SPT)

该工具用于认知或语言年龄在1岁—3岁的幼儿,通过对幼儿在结构化场景中的自发性非语言游戏活动进行评估,包括使用物体的非典型方式、角色扮演,以及创造和参与虚构故事情节的能力等评估项目,以此确定儿童的象征性游戏技能和想象力水平,这些技能对于儿童的认知发展和社交能力至关重要。

4. 沟通和象征性行为量表(Communication and Symbolic Behavior Scales Developmental Profile,CSBS-DP)

该工具适用于发展年龄6—24个月,生理年龄大约6个月到6岁个体的沟通和象征性行为发展的筛查,特别适用于可能表现出沟通延迟或需要早期干预的儿童。它包括多个与沟通、语言和象征性行为相关的项目,测查婴幼儿在情绪、凝视、交流、手势、发声、词汇、理解和物体使用等方面的发展水平,为识别儿童的发展需求、制订干预措施提供依据。

第三节 特殊儿童沟通与交往评估工具应用实例

心理教育评估表(PEP-3)和语言行为里程碑评估及安置计划(VB-MAPP)是目

前应用最广泛的两种综合评估工具,适用于对孤独症、发育迟缓等儿童综合能力评估,在制订训练方案,评估训练效果,监控训练过程中发挥重要作用。

(一) 心理教育评估表

1. 评估领域和项目

PEP-3 共包括两部分,分别是发展及行为副测验以及照顾者报告。发展及行为副测验共包括 10 个副测验,包括认知(语言/语前)、语言表达、语言理解、小肌肉、大肌肉、模仿(视觉/动作)、情感表达、社会互动、行为特征—非语言和行为特征—语言。前 6 个副测验评估儿童的发展能力,而余下 4 个副测验则度量儿童的不良行为表现。这些副测验合并后可以显示三个合成分数:沟通、体能及行为。所有项目的分数分为 0、1 和 2,副测验的分数可相加并转换为标准分和百分比级数。可用以协助诊断、确定发展及适应程度,并比较样本与其他孤独症儿童的差异。表 3-5 列举了 PEP-3 社会互动副测验条目。

表 3-5　PEP-3 社会互动副测验条目

测试项目	材料	方法	标准
(20)与手偶做假想游戏	手偶:猫和狗	把一个手偶交给儿童戴上,测试员则戴上另一个手偶,说:"我们玩什么?"鼓励儿童用手偶与测试员演出故事 若儿童未能开始任何活动,测试员可让手偶握手、跳舞、睡觉,或去商店买冰激凌	2—在活动中表现假想力及提出创意的玩法 1—儿童没有提出新创意的玩法,但能跟随测试员的活动及提议 0—未能或没有进行假想活动
(51)主动重复社交游戏	软布	鼓励儿童参与婴儿游戏,如躲猫猫或点虫虫游戏 —躲猫猫:把软布盖在儿童头上问:"××(儿童名字)在哪里?"当儿童或测试员拉下软布时说:"bu 唧。"然后挠痒儿童。重复游戏,注意儿童是否有拉开软布和希望重复游戏的意图 —点虫虫:把儿童双手的手指放在胸前,说:"点虫虫,虫虫飞。"然后挠痒儿童。重复游戏,注意儿童是否有将双手放在面前及希望重复游戏的意图 对年纪较大的儿童,可在整段测试时间观察他们是否有任何模仿动作,以作评分	2—明白及对其中 1 项游戏有反应,并主动要求重复(主动把手放在胸前、拉下软布) 1—明白及对其中 1 项游戏有反应,但没有主动要求重复游戏或自己做动作(即把手放在胸前或拉下软布) 0—对所有游戏均不感兴趣
(52)主动与测试员有社交沟通	无	观察: —儿童是否会主动及自发地与测试员作社交沟通,如提出问题、参与交谈、出示测试材料、分享食物或爬到测试员的膝盖上等	2—会主动与测试员作口语或非口语的沟通 1—察觉到测试员的存在,但没有主动沟通 0—没有与测试员作任何形式(口语或非口语)的沟通

(续表)

测试项目	材料	方法	标准
(98)轮流摆放积木进盒中	积木(6块)及罐子	进行第(97)项后,测试员把积木留在桌子上,把一块积木放入盒内,然后指示儿童与测试员轮流摆放,直至所有积木放入盒内为止	2—儿童愿意等候并能和测试员逐一轮流摆放积木入盒 1—需在测试员多次指示下,才能轮流摆放积木入盒内 0—在测试员多次指示下,仍未能轮流摆放积木入盒内
(116)测试员向儿童说话时儿童能望着测试员的脸	无	观察: —当测试员向儿童说话时,儿童是否望着测试员的脸?	2—当测试员向儿童说话时,儿童能常常望着测试员的脸 1—当测试员说话时,儿童偶尔会望着测试员的脸 0—当测试员向儿童说话时,儿童没有望着测试员的脸
(154)与测试员合作	无	观察: —儿童是否未能对测试员的要求作出合作的表现? —当儿童不明白或未能做到测试员的要求时,能否作出明确的表示?	2—除非该儿童未能明白或未有能力做到测试员的要求,否则儿童均能执行测试员的要求及尝试与测试员合作。当项目太困难或不清楚时,儿童会作出明确表示 1—中度的反抗;或儿童的合作表现显得古怪或反复 0—过分反抗;或儿童的合作表现显得古怪或反复,极少尝试与测试员合作
(166)保持眼神接触	无	观察: —儿童是否有逃避与测试员的眼神接触?	2—有足够的眼神接触 1—当儿童有兴趣交往时,眼神接触也是短暂及不稳定的 0—持续或过分逃避与测试员眼神接触
(167)对测试员的声音有反应	无	观察: —在测试过程中,儿童能否对测试员的声音作出反应? —儿童是否能在测试员呼唤下作出适当的回应?	2—对测试员的声音作出适当的(口语或非口语)反应(如眨眼、转头望向测试员、回答测试员"好"、返回座位等) 1—对测试员声音回应不稳定,偶尔会留意测试员的声音,或相隔一段时间才回应 0—未能对测试员的声音作出适当的反应,包括未能以口语/非口语表达其听到测试员的声音
(168)向测试员求助	无	观察: —儿童是否未能或拒绝就测试项目及个人需要(系鞋带、索取饮品、要求物品、如厕等)用语言或手势求助? —根据儿童的年龄,儿童是否在这些事情上要求过多的协助?	2—适当地以说话或手势提出要求 1—即使在有需要时,甚少以说话或手势提出要求;或间接以手势求助 0—从不以说话或手势求助;或过多地求助

(续表)

测试项目	材料	方法	标准
（170）能恰当地回应测试员	无	观察： —儿童是否未察觉到测试员的存在？ —儿童是否未能对测试员的声音、眼神接触、赞赏及微笑作出反应？	2—对测试员的声音、眼神接触、赞赏及微笑作出适当反应 1—稍欠缺社交反应，包括眼神接触；或甚少引发社交接触，必须由测试员介入才能引发交往 0—不察觉到或甚少对测试员作出反应，表现孤僻，对测试员视而不见，经常需测试员介入才能引发交往
（171）对物质奖励有反应	无	观察： —儿童是否对物质奖励（例如：玩具、书本、糖果、果汁、小吃等）有兴趣及因物质奖励而增强动机？ —儿童是否从把玩物件或感官刺激中获得满足感？	2—对物质奖励表现出一致及恰当的兴趣和反应，儿童经奖励后，他们的表现会因此更佳；或儿童存有内在动机，可以在不期待和不需要奖励的情况下完成测试 1—对物质奖励的反应前后不一，儿童对测试项目的兴趣会因奖励而暂时提高，但不持久 0—不会为物质奖励所吸引，利用食物或儿童喜欢的物件也不能提升儿童对测试项目的投入程度
（172）对社交赞赏有无反应	无	观察： —儿童对测试员的社交赞赏是否留意及感兴趣？	2—享受而且会因社交赞赏的鼓励而加强动机 1—对社交赞赏的反应轻微或前后反应不一 0—对社交赞赏缺乏反应或有负面的反应

2. 评估案例

下面将详细介绍运用 PEP-3 对一名孤独症儿童进行社交和沟通能力评估的案例。一名 6 岁的儿童豆豆（匿名）接受了康复团队的 PEP-3 评估。表 3-6 为 PEP-3 的测试员记录册计分项目，篇幅所限，仅展示第一、第二、第三部分。第一部分是儿童的基本资料，包含姓名、性别和年龄等基本信息。第二部分用以记录儿童副测验分数，这些分数包含原积分、发展年龄、百分比级数和发展/适应程度。原积分为 PEP-3 所有该副测验的得分总和。发展年龄是由副测验的原积分转化成以正常发展人士样本为依据的发展年龄的换算值。百分比级数是以孤独症样本为依据的换算值。发展/适应程度分为恰当、轻微、中度和严重四个程度，是由百分比级数转化而来。百分比级数≥89，表示发展/适应程度为恰当，75—89 表示轻微，25—74 表示中度，<25 表示严重。第三部分是沟通、体能及行为三个合成分数，其中标准分是由原始分转化而来，合成分数的百分比级数是要将合成分数内的标准分相加，并以总和直接换算百分比级数。使用 PEP-3 进行能力评估时，需要关注儿童的强弱项，通过项目和部分通过项目的分析以及行为副测验模式的检视。

（1）第一部分数据

本部分需要准确计算儿童的年龄，从而确定正确的年龄组，便于后期发展年龄、百分比级数、标准分分数的转化。此处豆豆的年龄为 3 岁 3 个月 11 天，所以在之后的换算中选择 3 岁 0 个月—3 岁 5 个月年龄组别。

（2）第二部分数据

本案例第二部分数据记录，以语言表达副测验为例，此处得分为 18，即 PEP-3 语言表达副测验项目得分总和为 18。接着根据豆豆的年龄组换算成发展年龄，此处为 23，表示豆豆的语言表达能力相当于 23 个月的正常儿童。测试员可通过发展年龄确认儿童发展的强弱项，豆豆的小肌肉副测验的发展年龄为 35，表示小肌肉发展相对较好，但认知能力相当于 18 个月正常儿童，语言理解能力相当于 19 个月正常儿童的。这样的情况下，我们可以使用适合于一岁半儿童的游戏技能和语言水平与豆豆互动，一起玩搭积木的游戏。根据豆豆的年龄组还可以将原始积分换算成百分比级数，以社会互动副测验为例，换算后的百分比级数为 17，表示有 17% 的孤独症比较样本儿童在豆豆的社会互动能力之下，发展/适应程度为严重。百分比级数和发展/适应程度给我们提供了豆豆的发展适应技能与同年龄孤独症儿童相比较的情况。值得注意的是，孤独症比较样本的副测验分数呈现非正态分布，所以由此衍生的百分比级数，其解释仅仅用于研究或管理用途下的补充分析。

（3）第三部分数据

本案例第三部分合成分数中，以行为为例，行为合成分的百分比级数低于 90 更倾向将豆豆纳入孤独症谱系障碍的诊断，高于 90 则不一定会被列入孤独症谱系，仅仅表示展现孤独症特质。个别行为副测验和行为分数可用于估计非典型行为的严重程度。此处豆豆的行为合成分的百分比级数为 7，表示豆豆与孤独症儿童相比，表现出更为明显的非典型发展和孤独症特征。

另外，PEP-3 可以检视每个副测验下的通过项目和部分通过项目获取对儿童更为详细的判断。如表 3-7 呈现的是社会互动副测验各项分数，分析可知豆豆没有通过的项目，说明社会互动能力整体偏弱。有六项部分通过的条目，表示豆豆有一定对外界关注能力，并且对物质奖励和社交赞赏有一定反应。所以可以对豆豆的目标社交行为即时强化，并设计有趣的粗大运动和精细运动游戏与之互动，提高豆豆对外界的关注。

表 3-6 PEP-3 测试员记录册计分项目

第一部分:儿童资料					
姓　　名:豆豆		性　　别:	☒男	□女	
			年	月	日
中心/班级:＊＊＊特殊教育学校		评估日期:	2024	2	10
测 试 员:陈老师		出生日期:	2020	10	29
备　　注:无		年　　龄:	3	3	11

第二部分:副测验分数	原积分	发展年龄	百分比级数	发展/适应程度
发展及行为副测验①				
1. 认知(语言/语前)(CVP)	16	18	35	中度
2. 语言表达(EL)	18	23	78	轻微
3. 语言理解(RL)	12	19	45	中度
4. 小肌肉(FM)	34	35	87	轻微
5. 大肌肉(GM)	27	33	89	轻微
6. 模仿(视觉/动作)(VMI)	11	27	47	中度
7. 情感表达(AE)	3		6	严重
8. 社会互动(SR)	6		17	严重
9. 行为特征—非语言(CMB)	7		10	严重
10. 行为特征—语言(CVB)	10		25	中度
儿童照顾者报告副测验②				
1. 问题行为(PB)	7		14	严重
2. 个人自理(PSC)	7	20	14	严重
3. 适应行为(AB)	10		20	严重

第三部分:合成分数													
	标准分 Standard Scores(SSs)									标准分总和	百分比级数	发展/适应程度	发展年龄
	CVP	EL	RL	FM	GM	VMI	AE	SR	CMB	CVB				
1. 沟通	9	13	10								32	50	中度	17
2. 体能				14	14	11					39	88	中度	27.7
3. 行为							6	7	5	10	28	7	严重	

① 认知(语言/语前):Cognitive Verbal/Preverbal,CVP。语言表达:Expressive Language, EL。语言理解:Receptive Language,RL。小肌肉:Fine Motor,FM。大肌肉:Gross Motor,GM。模仿(视觉/动作):Visual Motor Imitation,VMI。情感表达:Affective Expressive,AE。社会互动:Social Reciprocity,SR。行为特征—非语言:Characteristic Motor Behaviors,CMB。行为特征—语言:Characteristic Verbal Behavior,CVB。

② 问题行为:Problem Behavior,PB。个人自理:Personal Self Care,PSC。适应行为:Adaptive Behavior,AB。

表 3-7 PEP-3 社会互动副测验项目得分

项目	2分	1分	0分
(20) 与手偶做假想游戏			√
(51) 主动重复社交游戏		√	
(52) 主动与测试员有社交沟通		√	
(98) 轮流摆放积木进盒中			√
(116) 测试员向儿童说话时儿童能望着测试员的脸			√
(154) 与测试员合作			√
(166) 保持眼神接触		√	
(167) 对测试员的声音有反应		√	
(168) 向测试员求助			√
(170) 能恰当地回应测试员			√
(171) 对物质奖励有反应		√	
(172) 对社交赞赏有无反应		√	

（二）语言行为里程碑评估及安置计划

1. 评估领域和项目

VB-MAPP 共包括五大部分：里程碑评估，障碍评估，转衔评估，任务分析和技能追踪和个别化教育计划 IEP 的建议。里程碑评估共有 170 个重要的学习和语言里程碑，跨越三个发展阶段（0—18 个月，18—30 个月，30—48 个月）。评估方法共 4 种，E 表示观察测试均可；TO 表示限时观察；T 表示测试；O 表示观察。每个技能项目的计分有三个选项：0 分、1/2 分或 1 分。VB-MAPP 社会行为与社会游戏里程碑项目见表 3-8。

表 3-8 VB-MAPP 社会行为—与社会游戏里程碑项目

里程	评估内容	评估方式	评分标准
1M	能够至少 5 次用目光接触来表示一种要求(TO：30 分钟)	TO	1分：5次 1/2分：2次
2M	2 次表达要别人抱或想玩身体接触类的游戏(TO：60 分钟)，如爬到妈妈腿上玩跷跷板的游戏	TO	1分：2次 1/2分：1次
3M	自发地看其他的儿童 5 次(TO：30 分钟)	TO	1分：5次 1/2分：2次
4M	在自由游戏的场合，能够自发地在其他儿童周围进行平行游戏 2 分钟(TO：30 分钟)，没有大人的安排，自己在玩其他儿童过来时并没有异常反应	TO	1分：2分钟 1/2分：1分钟

(续表)

里程	评估内容	评估方式	评分标准
5M	自发地跟随同伴或模仿他们的粗大动作2次（TO：30分钟）	TO	1分：2次 1/2分：1次
6M	发起与同伴的形体互动2次（TO：30分钟），负面的如推人不计分	TO	1分：10个 1/2分：5个
7M	自发地向同伴提要求5次（TO：60分钟），包括任何类型	TO	1分：100个 1/2分：50个
8M	在没有大人的辅助或强化下，能持续地与同伴们进行社会游戏3分钟（TO：30分钟）	TO	1分：10个 1/2分：5个
9M	自发地回应来自同伴的要求5次（E）	E	1分：5个 1/2分：2个
10M	能自发地要求同伴一起参与到各种活动和社会互动2次（TO：60分钟）	TO	1分：300个 1/2分：200个
11M	自发地与一个同伴合作以达到一个具体的目标5次	E	1分：5次 1/2分：2次
12M	自发地使用特殊疑问句向同伴提要求5次（TO：60分钟）	TO	1分：5个 1/2分：2个
13M	能回答同伴的5个不同的问题或陈述（E）	E	1分：5个 1/2分：2个
14M	不需大人的辅助就能与同伴进行想象性的社会性游戏活动达5分钟（O），如假装看病的游戏	O	1分：5分钟 1/2分：2分钟
15M	就5个主题，能与同伴进行各4个回合的语言交流（O）	O	1分：5个主题，各4个回合 1/2分：5个主题，各2个回合

2. 评估案例

下面将详细介绍使用 VB-MAPP 对一名孤独症儿童进行社交和沟通能力评估的案例。案例中元元接受了康复团队 VB-MAPP 评估。表3-9是元元的里程碑评估记录表。

表 3-9　VB-MAPP 里程碑评估记录表

姓名：	元元
出生日期：	2020年6月8日
测试时年龄：	4岁

第三阶段

第二阶段

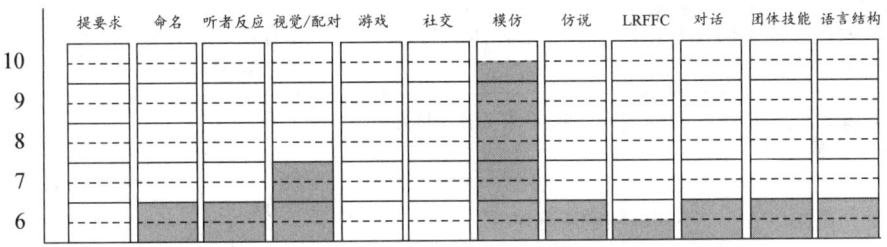

第一阶段

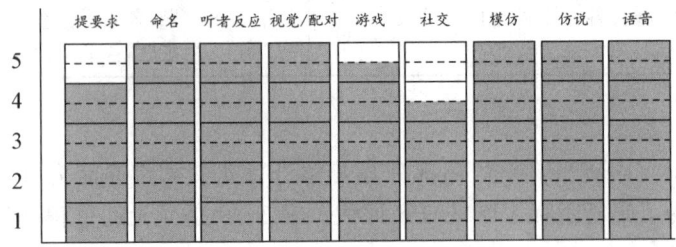

首先要确定儿童的一般水平，根据元元领域得分的主要分布情况，判断元元处于VB-MAPP 第二阶段。接着，可以分析儿童的强项和弱项，确定对儿童而言是否有某个领域可帮助儿童受益，是否存在某个领域的弱势需要解决。在本案例中，元元具有优势的领域是模仿以及视觉/配对领域，薄弱的领域为社交、游戏和提要求领域。表3—10 针对元元的三个领域制订的训练目标进行举例。第三步是分析每一个相关技能领域及其与其他领域的关系，为干预方向提供思路。本案例中，元元的提要求能力相对较弱，而命名能力相对较强，因此，对元元提要求领域的训练需要着重于提高儿童的动机,可以增加提要求的数量、频率、复杂程度和泛化能力。元元的模仿能力较强而游戏技能较弱,我们可以为元元提供各种机会去模仿更多的功能性游戏或物品操作。

表3-10 根据评估结果制订的训练目标举例

序号	训练目标
1	元元可以在无辅助情况下,提出30种不同的要求,所需物品不在眼前
2	元元可以在日常生活情境中,要求他人做出10种不同的动作
3	元元可以独立的情况下,根据功能使用玩具或物品达到10种
4	元元可以有创意地使用日常物品进行游戏,共达5项
5	元元可以在游戏活动中和同伴发生互动,自发地向同伴提要求达到5次,自发地回应同伴的要求达到5次

思考题

1. 特殊儿童的沟通与交往评估注意事项有哪些?
2. 如何理解特殊儿童沟通与交往评估中的伦理道德?
3. 参考普通儿童的沟通与交往发展水平自行编制一个用于评估孤独症儿童同伴关系水平的等级评定问卷。
4. PEP-3、VB-MAPP这两个工具中针对特殊儿童沟通与交往部分的评估项目如何操作?
5. 收集某个特殊儿童10分钟的沟通与交往游戏或活动视频,围绕互动行为确定一个具体目标行为,采用定量观察法进行记录和分析目标行为的表现水平。

第四章

特殊儿童沟通与交往准备技能训练

📖 内容提要

　　特殊儿童沟通与交往训练需要以兴趣拓展、口语引发、模仿、共同注意等能力为基础。兴趣拓展对特殊儿童沟通与交往能力的发展有重要意义,通过训练帮助儿童对原本不感兴趣的人的声音、玩具或故事书等产生兴趣,既拓展了儿童的兴趣,也拓宽了强化物的选择范围。共同注意训练是特殊儿童沟通与交往训练的核心技能,是开启沟通与交往的前提,可以从视线注视、视线觉察、应答性共同注意、自发性共同注意等方面开展训练。

📖 学习目标

1. 了解刺激配对、强化在特殊儿童兴趣拓展训练中的应用;
2. 解释共同注意的内涵,了解共同注意的发展;
3. 能模拟进行特殊儿童视线注视训练、视线觉察与意图训练、共同注意训练;
4. 了解共同注意训练的总体思路,会设计共同注意训练活动方案并在实践中灵活运用。

第四章 特殊儿童沟通与交往准备技能训练

思维导图

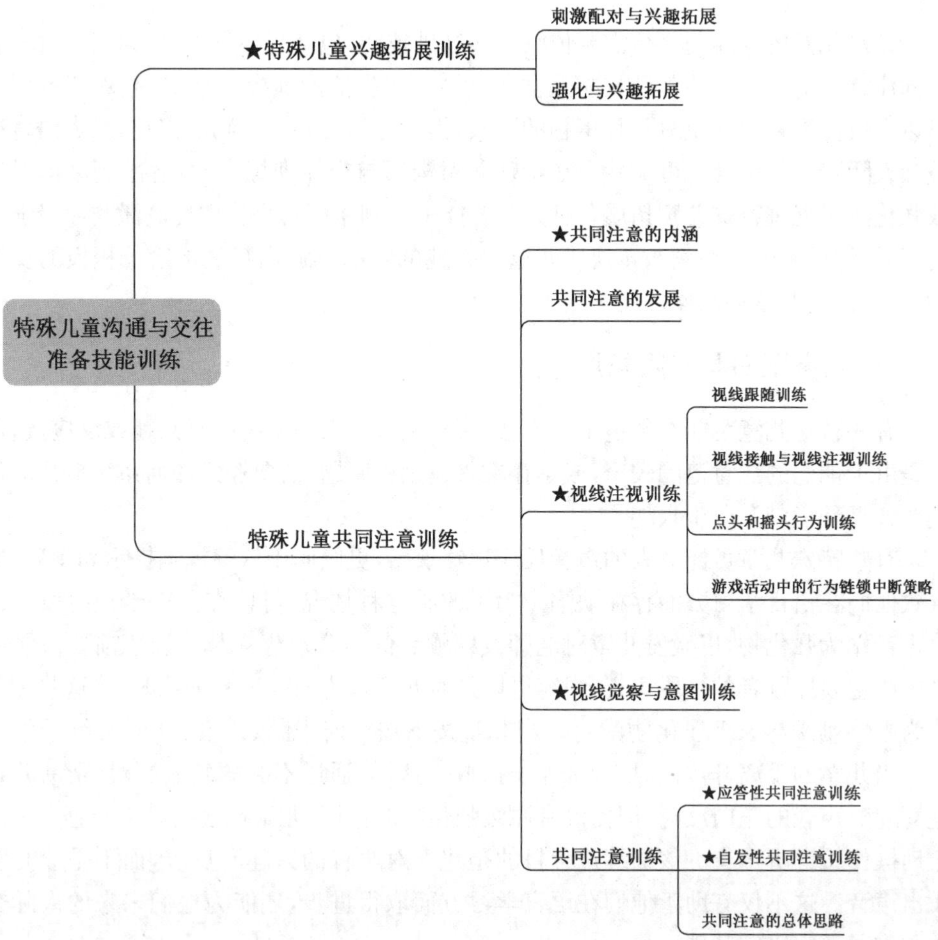

```
特殊儿童沟通与交往准备技能训练
├── ★特殊儿童兴趣拓展训练
│   ├── 刺激配对与兴趣拓展
│   └── 强化与兴趣拓展
└── 特殊儿童共同注意训练
    ├── ★共同注意的内涵
    ├── 共同注意的发展
    ├── ★视线注视训练
    │   ├── 视线跟随训练
    │   ├── 视线接触与视线注视训练
    │   ├── 点头和摇头行为训练
    │   └── 游戏活动中的行为链锁中断策略
    ├── ★视线觉察与意图训练
    └── 共同注意训练
        ├── ★应答性共同注意训练
        ├── ★自发性共同注意训练
        └── 共同注意的总体思路
```

第一节　特殊儿童兴趣拓展训练

特殊儿童的沟通与交往需要依赖一些基础技能,包括兴趣拓展、口语引发、模仿、共同注意等能力。这些基础技能是发展更高一级技能的前提。其中,兴趣拓展训练可以有效促进特殊儿童对各种事物的探索,提升他们对各种事物的兴趣,扩大语言环境和人际互动的机会与可能性。在特殊儿童沟通与交往训练中,可运用刺激配对法或强化法来促进特殊儿童拓展各种兴趣和能力。刺激配对是将中性刺激与原级强化物配对,将原来的中性刺激转换成儿童感兴趣的物品。强化则是指给予积极的反馈和奖励,促进儿童的兴趣发展。

一、刺激配对与兴趣拓展

有些特殊儿童可能对环境中的声音、玩具或故事书等刺激缺乏兴趣或反应,这可能是由于他们的注意范围较窄,或是存在兴趣刻板问题,需要探索如何系统地帮助他们对各类环境刺激产生兴趣。

有些特殊儿童可能对人的声音反应不够敏感,更倾向于依赖视觉提示和刺激,这导致他们在语言学习方面存在缺陷。为了改善这种情况,可以在早期干预阶段尝试将声音作为强化物,以激发儿童对老师或照顾者的声音产生兴趣。训练前要录制好教师或主要照顾者的一段语音,内容可以是对儿童行为的描述。训练时,将这些声音作为中性刺激与原级强化物配对。当儿童按下按键时,播放录音,并同时给予强化物。当儿童的手离开按键时,录音停止播放。这样,通过不断的刺激配对,帮助儿童建立起对声音的正向反应,即使没有原级强化物的作用,儿童也会因对声音感兴趣而主动操作按键听声音。该训练过程目的是建立对声音的兴趣和反应,而不是让儿童发出声音。这不仅有助于他们在语言学习方面取得进步,还能为他们未来的人际交往和沟通奠定坚实基础。

有些特殊儿童只对某些特定物品产生浓厚的兴趣和注意力,这不仅限制了他们的学习视野和广度,还阻碍了他们全方位参与生活。故事书不仅包含了丰富的语言元素,还涉及人际互动、社会情境等多种要素,在拓宽儿童学习视野方面发挥着重要作用。还有积木、拼图等玩具是儿童早期学习和游戏的主要材料,如果儿童对此没有兴趣,也需要采用一定的训练手段来促进儿童产生兴趣,以此提升儿童的兴趣广度和学习能力。当儿童产生兴趣后,就可以将这种兴趣作为强化物运用于训练环节。以故事书为例,为了促进儿童产生兴趣,教师首先需要提示儿童看书或触摸书,一旦出现类似行为,就立即提供原级强化物进行配对。之后进行测试,不再提供原级强化物的情况下,观察儿童是否会持续翻阅或触摸书。教学环节和测试环节交错进行。最后直到儿童较长时间都能保持对书的兴趣,而不依赖于原级强化物。当然,故事书的内容应适合儿童的年龄和认知水平,以免过于复杂或过于简单而无法引起其兴趣。

及时关注儿童对故事书的反应和兴趣变化,及时调整策略。

有些特殊儿童可能较少发出多样的声音,有时甚至会反复发出单一的声音。需要让特殊儿童愿意尝试发出各种声音,从而促进他们语言能力的拓展。可采用刺激配对的思路,在儿童自由游戏或亲子互动时,成人发出每一种音节、字或词的语音,与强化物进行配对,以此方式将儿童的口语发音与愉快体验结合起来,通过不断的刺激与强化,增加儿童出现新的口语的机会,帮助儿童逐渐拓展语言能力。也确保儿童在掌握一定数量的语音后,能够逐渐拓展出更复杂的语言结构。

二、强化与兴趣拓展

利用强化计划表能有效促进特殊儿童的兴趣拓展,使其在自由游戏时会选择一些原本不太感兴趣的玩具或活动。训练时,需从 1∶1 的强化比率开始,即儿童每出现一次目标反应就获得一次强化。之后,强化比率逐步过渡到 2∶1、3∶1、5∶1 等,直到儿童不需要强化就能操作该玩具或参与该活动。如果目标是延长儿童的操作玩具或参与活动时长,则采用时距强化计划表。训练过程中,一般先从全部肢体提示开始,之后逐步撤除提示直至独立,但应尽量避免使用口语提示,以免儿童过于依赖口语提示。

特殊儿童的兴趣扩展训练应结合其生活开展,所拓展的兴趣应符合儿童年龄水平及兴趣,最好与其未来生活、自我管理、职业发展等领域有关。拓展兴趣后,儿童不仅能提升自己的技能和能力,还可以保持对外界的兴趣和好奇心,进一步与社会环境产生连接及互动。

第二节　特殊儿童共同注意训练

特殊儿童的共同注意是开启沟通与交往的前提,特别是孤独症、智障等存在共同注意障碍的儿童,需要从基础训练开始,先提升他们的视线注视、视线觉察、应答性共同注意、自发性共同注意等方面能力。

一、共同注意的内涵

共同注意(Joint Attention,JA),也叫共享式注意力、联合注意,是一种深层次的互动行为,特指两个人或更多人共同聚焦于某一物品或事件,并通过一系列行为来分享对该物品或事件的兴趣和理解。它不仅局限于简单的视线交流,而是涵盖了多种复杂的互动模式,如眼睛注视、跟随注视、交替注视、指示、指示跟随、主动展示和评论等。在判断儿童的行为是否属于共同注意时,关键在于他们是否理解并表达出注意行为的真正意图。如两个人同时看向同一物品,可能仅仅是他们的视线恰好交汇,而并非真正的共同注意;同样,注视的交替变换有时也并非意味着共同注意的存在。

共同注意有狭义和广义的区分。从狭义看,共同注意主要聚焦于儿童与他人之间视觉焦点的共享。具体来说,它涉及儿童跟随他人目光所指向的物体或方向,或者

儿童主动通过自己的动作或言语,引导他人将注意力集中在某一特定物体或事件上。这种形式的共同注意,主要关注的是儿童如何通过与他人的视觉互动,来建立对外部世界的共同理解和认知。而广义的共同注意涉及儿童与他人之间建立和维持的一种更为复杂的沟通关系。在广义的共同注意中,儿童在游戏或活动中,可以通过多种方式展现与他人共同注意的能力。如他们可能会参与到某项集体活动中,共同指向某个物体或事件,或者通过言语或非言语的方式回应或引发他人的活动。此外,儿童还会通过观察他人的面部表情和动作,来理解他人的情绪和意图,从而进一步调整和丰富自己的社交行为。

根据表现方式和引起注意主体的差异,共同注意分为两种类型:一是应答性共同注意(Responding to Joint Attention,RJA),也称回应性共同注意,指儿童对于他人发起的共同注意行为作出积极回应,即跟随他人的视线或手势看向特定物品,旨在分享他人对特定人、事、物的兴趣,包括眼睛注视、跟随注视、跟随指示等。儿童跟随对近处物体的手指指示属于低水平的应答性共同注意,而儿童跟随对远处物体的视线指示则属于高水平的应答性共同注意。二是自发性共同注意(Initiating Joint Attention,IJA),也称主动性共同注意,指儿童积极主动地引起他人对自己感兴趣的人、事、物的关注。这种注意方式包括视线接触、交替注视、手指指示、主动展示等行为。在低水平的自发性共同注意中,儿童主要通过视线接触,或者在物体与他人之间来回转移视线来引起关注;而在高水平的自发性共同注意中,儿童则以分享为目的,用手指指示或主动展示方式吸引他人的注意力。

二、共同注意的发展

共同注意的发展遵循一定的规律,这是开展特殊儿童共同注意训练的依据。自出生两个月起,婴儿便能追随养育者的视线,展现初步的共同注意倾向。此时,婴儿与养育者的注意焦点虽然能够有所重合,但主导权仍属于养育者,婴儿更多地处于被动追随的状态。6个月至7个月时,婴儿与养育者之间的注意关系进一步加深。他们开始一同关注某一物体或情景,这标志着共同注意行为的出现。这一阶段的共同注意呈现三方互动,即婴儿—对象—养育者三者之间形成紧密的注意关系,主导权也在双方之间流转。12个月左右,婴儿开始掌握了指示行为(Pointing),能够用食指指向某一物体,从而更加明确地表达共同注意意愿。12至24个月时儿童的自发性共同注意和应答性共同注意基本发展成熟。

与智障儿童相比,在发展水平相当的情况下,孤独症儿童在共同注意方面表现出尤为显著的缺陷。以共同注意作为核心指标,能够区分出80%—90%的孤独症儿童与其他发展障碍儿童。孤独症儿童一般在早期就表现出共同注意发展迟缓现象,他们无法有效地通过视线接触表达注意定向,较少关注他人,也难以或几乎不对自己的名字产生反应。他们很少与成人进行视线的参照注视,尤其难以将注意力定向于社会刺激,这影响到其日后的沟通与社交。在共同注意的各种反应中,他们更倾向于跟随视觉方向,将注意力更多地指向目标物体。他们发起的共同注意行为更多地以

"拉"或"跑"等动作来替代注视行为和指向行为。婴幼儿孤独症筛查量表(CHAT)是一套专为18个月左右儿童设计的高危孤独症儿童筛查工具,其将有意向性地用手指指、眼凝视、玩耍的意向作为核心筛查指标,这恰说明了共同注意在儿童早期发展中的重要性。

共同注意在儿童的成长和发展中扮演着至关重要的角色。它是儿童进行信息表征所必须具备的条件之一。通过共同注意,儿童能够学习到如何与他人分享注意力,理解他人的兴趣和需求,进而建立起更为复杂的社会互动关系。共同注意是心理理论发展的前提。心理理论是指个体对他人心理状态(如想法、信念、愿望等)的理解和推断能力。而共同注意正是这种理解和推断能力得以发展的基础。

三、视线注视训练

生活中的各种情境都离不开视线的交流。例如,与他人打招呼时、向他人请求物品或帮助时、想要引起他人的注意时、与他人分享时、与他人交谈时。视线接触和视线注视的功能在人类的交流中扮演着至关重要的角色。视线接触是与他人产生联系的开始,通过传递出一种关注、尊重和理解的信号,为进一步的交流奠定基础。它对情绪的理解与辨别具有重要意义,也是与他人建立关系的关键环节。通过视线接触,能够向对方传达出友好、尊重和信任的信号,也能够促进一来一往的互动和规范社交对话。视线注视的主要功能是促进关注环境中的各种人、事、物,促进观察成人的各种行为反应与脸部表情,促进对环境的探索,更好地适应环境,以及为情绪技能发展奠定基础,通过观察他人的视线和表情,逐渐学会辨别和理解各种情绪,并发展出自己的情绪反应和调节能力。

1. 视线跟随训练

视线跟随训练不仅有助于提升眼睛的追视能力和灵活度,还能为建立基础关系和基本注意行为奠定坚实基础。如发现儿童不能听指令进行视线注视,则应从视线跟随训练开始。视线跟随训练程序见表4-1。该训练可按阶段完成,最开始容器位置可固定,方便儿童视线准确定位到目标容器,之后容器位置移动1—2次,进而移动2次以上,速度也可由慢到快或由快到慢的变化,注意观察儿童的视线跟随情况,及时根据儿童的反应做出调整。所采用的容器可以从半透明过渡到不透明,容器数量也可逐步增至三个,以增加儿童的辨别难度。

表4-1 视线跟随训练程序

动机操作	教学刺激	儿童反应	强化
选择偏好物并让儿童看到	在儿童眼前将偏好物放于半透明或不透明容器,移动容器,等待2—3秒,发指令:××在哪里/找出××	儿童追随容器,打开容器,看到物品	儿童自己拿出物品吃或玩,忽略儿童错误反应

2. 视线接触与视线注视训练

视线接触与视线注视训练可以从用视线提要求训练开始,不仅要求儿童和他人要有视线接触和对焦,还要求视线注视一段时间。一般是在儿童喜欢的活动或游戏中进行暂停或有意制造小障碍,干扰游戏或活动的进程,以此来引发儿童主动看向老师,通过该非语言方式提出继续活动或游戏的要求。表4-2列举了用视线提要求训练的示例。当儿童看向老师产生视线接触后,再逐步延长注视的时间。

表4-2 用视线提要求训练举例

动机操作	教学刺激	儿童反应	强化
儿童喜欢的玩具、活动	暂停活动/终止游戏/玩具缺失	儿童看向老师	给儿童喜欢的玩具、活动并给予赞美

是否有助于引发儿童视线接触的方式与选取的玩具或游戏活动类型有关。如有些玩具是建构性的,或是分次给予的,在儿童连续操作过程中,突然暂停,或不继续给予,以此创造儿童视线接触的契机,能引起儿童的主动视线接触与视线关注。有些玩具是方便轮流玩的,或者按步骤操作的,也是适合用于视线接触训练的。另外,肢体互动也是引发儿童视线接触的活动,如挠痒痒。采用提示法进行视线注视训练举例见表4-3。

表4-3 采用提示法进行视线注视训练举例

动机操作	教学刺激	儿童反应	强化
儿童喜欢玩套圈	给儿童第1个圈	将第1个圈套上	描述:对了,套得很好
	给儿童第2个圈	将第2个圈套上	描述:对了,套得很快
	强化物提示:老师将圈从儿童眼前快速移到自己眼前	儿童视线跟随圈到老师面孔前	给第3个圈+描述:太棒了,你有看老师
	半强化物半手势提示:老师将圈从儿童眼前快速移到半途,换手势快速移到自己眼前	儿童视线跟随圈,转换到跟随手势到老师面孔前	给第4个圈+描述:很好,你有看老师
	手势提示:老师用手势从儿童眼前快速到自己眼前	儿童视线跟随手势到老师面前	给第5个圈+描述:很好,你看老师了
	位置提示:老师低头靠近儿童迎向儿童的视线	儿童看向老师	给第6个圈+描述:太棒了,你看我了
	暂停,等待	儿童看向老师	给第7个圈+描述:太棒了,你主动看老师了

当儿童不会视线接触与注视时,可采用三阶段提示法,一般思路是从强化物提示过渡到半强化物半手势提示,再到手势提示,最后撤除提示[①]。首先,进行强化物提

---

① 凤华,周婉琪,孙文菊,等. 自闭症儿童社会—情绪教育实务工作手册[M]. 重庆:重庆大学出版社,2015:65-68.

示,将食物或玩具等强化物直接呈现在儿童眼前,在儿童注视到强化物时,老师迅速将其移至自己眼前,让儿童的视线追随强化物至老师面前。之后,可结合使用强化物与手势提示(五指捏形态)。将食物或玩具等强化物呈现儿童眼前,在儿童注意到后,老师迅速将其移至自己面前的过程中,在半途中稍作停留,在确认儿童仍然注视物品时,老师迅速隐藏强化物,同时用另一只手的手势从该处迅速指向自己眼前,让儿童的视线追随手势至老师面前。最后,撤除强化物,使用手势提示,直接用手势在儿童眼前引起注视,老师迅速将手势移至自己眼前,引导儿童视线追随手势至儿童眼前。除此之外,还可以通过调整老师身体位置来引导儿童注视。需注意的是,有的老师可能会选择转动儿童头部来看向老师,这种方式因对儿童具有强制性可能会引起儿童负向情绪,且不符合儿童最佳利益原则,不能作为优先采用的方法。

视线注视训练也可以呼唤儿童姓名或发出指令"看老师"来进行训练,这种思路的训练举例见表4-4。在自然情境中抓住契机创造儿童注视老师的机会很重要,这时可及时采用强化物或手势提示的方式,充分利用这样的契机进行训练。为促进儿童的视线交流,当他们仅以口语要求所需物品时,可忽略其要求,只有当他们出现视线注视时才给予强化物。

表4-4 视线注视训练举例

动机操作	教学刺激	儿童反应	强化
儿童喜欢的物品	老师:××,看老师	儿童和老师视线接触	获得强化
儿童喜欢玩小汽车,玩小汽车时	将小汽车放儿童眼前,再拉到老师眼前	儿童注视老师眼睛至少1秒	给小汽车+描述:很好,你有看老师
儿童喜欢积木,玩积木时	和儿童玩积木时,每拿一个积木,说:××,看老师	儿童注视老师眼睛至少1秒	给积木+描述:很好,你有看老师
儿童喜欢涂色,发画笔时	儿童从老师手中拿画笔,老师手不松	儿童主动注视老师眼睛至少1秒	给画笔+描述:很好,你有看老师

在视线注视训练中还应注意,在开始训练前,要明确儿童是否有动机,所选择的玩具或游戏需是儿童感兴趣的。进行动机操作,细致观察儿童出现伸手拿取物品时的动作和表情,这是判断儿童需进行或准备进行视线接触的重要信号。儿童和老师有视线接触后,应给予强化,可以是来自互动者温暖的笑容、柔和的语句、真挚的赞美以及儿童喜爱的物品等,这些都可以以自然强化的方式给予。

3. 点头和摇头行为训练

训练儿童用点头与摇头表达需求及拒绝,有助于培养他们的视线注视能力,其训练举例见表4-5。点头行为训练时,先向儿童展示或操作其偏好物品,引起儿童兴趣。当儿童伸手想要去拿时,教师拿着物品,与儿童保持视线接触,同时询问儿童是否想要,当其点头时给儿童该物品。当儿童以点头方式作出回应时,教师应立即将物品给他们,以此作为积极反馈和奖励。摇头行为训练时,老师选择儿童不喜欢的物品,呈现到儿童面前,拿着物品看着儿童问他是否想要,当儿童摇头后立即移开该物品,并呈现一个其偏好的物品,按照点头行为训练程序进行强化。之后再选择儿童不喜欢物品重复进行摇头行为的训练。

表4-5 点头和摇头行为训练举例

类型	动机操作	教学刺激	儿童反应	强化
点头	呈现/选择偏好物	教师手拿偏好物,问:要不要?同时注视儿童 提示:示范、肢体提示、强化物位置提示	儿童点头,看向老师	获得偏好物,忽略儿童错误反应
摇头	呈现儿童不喜欢的物品	教师手拿物品,询问:要不要?同时注视儿童 提示:示范、肢体提示	儿童摇头,看向老师	移走物品,呈现另一偏好物进行点头行为教学

点头和摇头行为训练时可以采用示范或肢体提示。例如,示范提示时,老师在询问"要不要?"后采用0秒延迟提示策略,立即进行点头行为的示范,观察儿童的反应,对正确反应给予强化,忽略错误反应。多次尝试后,如儿童仍未出现正确反应,可以用强化物位置进行提示,将儿童非常喜欢的物品呈现儿童面前,确认儿童看向强化物时,询问"要不要?"后将强化物举高再快速降低,引导儿童跟随强化物位置快速地抬头与低头,形成点头的动作,立即给予儿童强化。使用肢体提示时应注意不能强迫儿童,防止产生负面情绪。

点头和摇头训练还应结合日常生活在自然情境中进行训练。如吃完饭时、玩玩具时、吃零食时,可以询问"要不要?""还要不要?"促进儿童灵活地掌握点头和摇头技能。

4. 游戏活动中的行为链锁中断策略

有些游戏活动中存在连续步骤的行为链锁,阻断某个步骤的链锁反应,在儿童迫切想要继续进行链锁行为的动机下,有助于引导儿童进行注视等新的行为反应后再继续完成后续的链锁行为。该策略应用举例见表4-6。

表4-6 游戏活动中的行为链锁中断策略应用举例

动机操作	教学刺激	儿童反应	强化
儿童喜欢玩套圈,不希望停止	套圈时,教师挡住儿童正伸手去拿的圈 提示:手势提示、位置提示	儿童没法套圈,看向老师	描述:很好,你有看老师停止阻挡,让儿童去拿圈
儿童喜欢荡秋千,不希望停止	将秋千荡起来后,站到儿童面前,等秋千停下 提示:手势提示、位置提示	儿童没法继续荡,看向老师	描述:很好,你有看老师继续推动秋千荡起来

在训练时,应注意:① 一般选择儿童日常喜欢的且存在链锁行为的游戏活动,包

括肢体活动,如跳跃蹦床、荡秋千等,或儿童可以独自进行的游戏活动,如套圈、拼图、搭积木等。② 在训练时,首先要引导儿童自然地开始游戏链锁行为,在儿童熟悉了行为链锁后才进行阻断。③ 在预设的步骤中进行阻断,阻断方式包括固定住物品不让儿童顺利地拿走,或不给辅助让原有的肢体活动无法继续,在阻断下激发儿童动机,引导儿童注视老师。④ 当儿童无法正确反应时,给予0秒延迟提示,可采用手势提示,或者老师移动位置平视接触儿童视线,之后逐步撤除提示。⑤ 游戏中的行为链锁中断可以激发儿童强烈的动机,可以以此作为强化手段开展共同注意、语言、模仿、提要求等各类训练活动。

四、视线觉察与意图训练

视线察觉(Eye-Direction Detector)是通过观察视线来察觉他人心中所想。通过察觉他人的心中所想来判断其意图,这是心理理论能力和人际交往技能发展的基础。视线觉察训练可以用图片,也可以利用生活情境来开展训练。呈现图片或创设情境,对视线看向什么物品进行引导提问,以此促进儿童学会根据视线看向的方向来了解他人心中所想。视线觉察训练举例见表4-7。

视线觉察训练的注意事项包括:① 应设计丰富的教学材料,包括卡通人物视线图片、真人手势与视线结合图片以及真人视线图片。图片内容应以人物头像或眼部位置为主,卡通人物图片应凸显眼部位置。教学图片举例见图4-1。② 图片中的物品数量可从2个开始,逐渐增加到4个或更多,以此提升儿童的观察能力和分析思维。③ 图片中物品摆放位置可以放在上、下、左、右以及四个对角等任一个或几个位置,让儿童学习观察和判断视线所看内容。④ 可采用手势提示、视觉提示等手段,依次提示眼睛位置、视线看向方向、视线看向的物品。

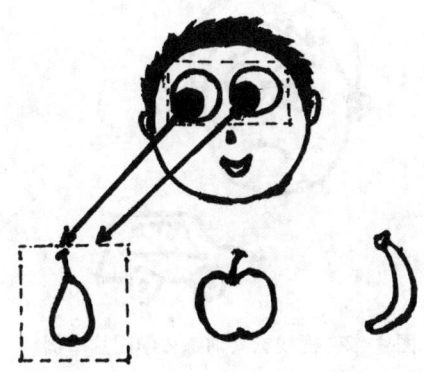

图4-1 视线觉察训练教学图片举例

表 4-7 视线觉察训练举例

教学刺激	儿童反应	强化
呈现图片,问:这个人想要什么?	儿童说出图片中人物注视/想要的物品	给强化物＋描述:对,这就是他要的东西
选择玩具时,伸开手臂,左右手各拿一个玩具,视线看向一边,问:你觉得我现在要用哪个?	儿童说出大人想要的物品	给强化物＋描述:对,这就是我要的东西
在超市走道,左侧摆放水果、右侧摆放零食。视线看向一边,问:你觉得我想要买什么?	儿童说出大人想要买的物品	给强化物＋描述:对,这就是我要买的东西

儿童能观察他人的视线及觉察他人心中所想之后,还需进一步根据其心中所想来推测其意图,即意图训练,也就是通过引导儿童观察他人的视线及表情,以此来推测他人是否想要某物品。该训练需在儿童具备一定情绪识别能力的基础上开展。通过前期训练,儿童已经能够通过视线所及了解他人心中所想物品,在此基础上,训练儿童学会根据人物表情来判断其是否想要该物品。该训练举例见表 4-8,教学图片举例见图 4-2。前 3 个步骤都是属于视线察觉的训练内容,只需描述性回应,不用给强化物或代币。如果儿童出现错误反应比率较高,应再回到视线察觉训练环节。第 4 个步骤是意图理解的训练步骤,当儿童正确反应时给代币或强化物。当儿童不会时,可采用手势提示和语言提示,例如,指向人物的面部,说"他皱着眉头,看起来不开心,所以他不想要汽车"。训练时,图片中的物品数量可逐步增加,物品摆放位置也需考虑不同方位。

图 4-2 视线觉察训练教学图片举例

表 4-8 视线觉察训练举例

教学刺激	儿童反应	强化
老师呈现图片,问: 1. 这个人眼睛在看什么?	儿童回答: 1. 他在看汽车	描述:对,他在看汽车
2. 他的表情看起来如何?	2. 他看起来很不开心	描述:对,他不开心
3. 那他想要汽车吗?	3. 他不想要	描述:对,他不想要汽车
4. 为什么?/你怎么知道的?	4. 他看汽车的时候表情不开心	给代币+描述:很棒,你有说出他不想要汽车的原因

五、共同注意训练

共同注意有应答性共同注意和自发性共同注意之分。有学者采用应用行为分析的概念对两者的层次进行了分析①。

(一) 应答性共同注意训练

应答性共同注意行为受控于他人的视线或手势(前事),儿童根据他人视线或手势进行视线转换(行为),儿童看到指向的新奇物品(后果),这对其视线转换行为进行了强化。其行为发展层次是:① 对展示的物品或行为产生反应,如微笑、点头或发出声音。② 通过视线注视来与周围的他人进行互动。③ 跟随大人的手势,通过他人的手势指向理解其目的。④ 跟随他人的视线移动。其中第一、第二层次是发展共同注意的基础技能,第三、第四层次是应答性共同注意的主要组成部分。其训练程序举例见表 4-9。

表 4-9 应答性共同注意训练程序举例

层次	动机操作	教学刺激	儿童反应	强化
对展示有反应	儿童正在玩中度喜欢的物品或从事某活动	教师展示另一个物品,玩出声响并很高兴地玩 提示:肢体提示	儿童碰触或操作该物品至少3秒	给代币+描述:很好,你有看××
视线注视	儿童喜欢的物品	老师:××/看老师 提示:强化物位置提示、手势提示	儿童和老师视线接触	获得强化物
注意转换训练(关键层次)	儿童选择喜欢的物品	教师与儿童有视线注视行为时说:看! 并指向物品 提示:手势或语言提示	儿童视线从看教师转换到看物品	描述:很好,你有看向我指的东西 儿童看到或得到物品

---

① DUBE W V, MACDONALD R, MANSFIELD R C, et al. Toward a behavioral analysis of joint attention[J]. The Behavior Analyst,2004(27): 197-207.

1. 注意转换训练

注意转换训练是应答性共同注意训练的关键环节。通过训练,在儿童注视老师时,他能跟随老师的手指指示或视线指示并搭配语言指令"看",将视线从看人转移到看某特定物品。训练时需注意:① 老师应在与儿童有视线接触后,再给予手指指示并发出"看"的语言指令。如果儿童已掌握手指指示,降低提示程度,用视线提示并发出"看"的语言指令,引导儿童通过他人的视线进行视线转换。② 如果儿童无法顺利作出视线转换,可适当放慢手指指向新奇物品的速度。③ 当儿童开始转向所指方向,立即打开声光玩具开关发出声光,以强化其反应。若儿童无反应,可在发指令的同时启动声光玩具。④ 在选择玩具或物品时,需确保是对儿童具有高度吸引力的,如声光玩具、遥控玩具等能引发儿童兴趣的新奇玩具。确保在开始训练前 2—3 小时内儿童未接触该物品。之后的训练中可逐步将声光玩具过渡为静态物品或图片。⑤ 需要考虑玩具的摆放位置,最开始可摆放在儿童旁边,随后逐步改变位置至各个方向(前、后、上、下),同时逐步拉远与儿童的距离,可放置教室的各个位置,如桌上、墙角等。但不能受其他物品的干扰,影响儿童发现或看到该物品。

2. 对展示有反应训练

对展示有反应训练是应答性共同注意训练的准备环节。通过训练,在老师展示某一玩具或物品时,儿童能独立转向看该玩具或物品,或碰触或操作其至少 3 秒。训练时需注意:① 教学材料可选择儿童常见的中度偏好物品,允许儿童挑选他们想要独立活动的物品,是儿童较为感兴趣但又不至于过于热衷的。教师需准备另一个拟向儿童展示的物品,确保 2—3 小时内未接触过。② 教师可轻拍玩具或用玩具制造声响,以此吸引儿童的注意力。若儿童无反应,可采用肢体提示,如轻拍儿童的手臂示意,或直接拉儿童的手碰触玩具,之后逐步减少对儿童的提示。③ 该训练的目的是引导儿童对周围环境的变化产生恰当的反应,训练时也需进行泛化,促进儿童对更多物品、更多不同的人的展示活动均产生积极的反应。

(二)自发性共同注意训练

自发性共同注意行为受控于新奇物品(前事),儿童的视线从物品转移到他人(行为),他人的回应与互动(后果)对儿童视线由物转向人进行了强化。其行为发展层次是:① 主动向他人展示物品或事物。② 具备纯粹命名的能力,即由非语言刺激引发的命名。③ 进行注视协调。④ 原始宣告指示。其中,注视协调和原始宣告指示是真正意义上的自发性共同注意,原始宣告指示是自发性共同注意行为中最成熟的表现形式。向他人展示物品和纯粹命名是开展自发性共同注意训练的基础能力。其训练程序举例见表 4-10。

表 4-10 自发性共同注意训练程序举例

层次	动机操作	教学刺激	儿童反应	强化
向他人展示物品	儿童完成作品或获得新奇的物品	教师或他人在儿童旁边 提示：示范、肢体提示	儿童向他人展示物品（给他人看/拿给他人/说：看！）	给予关注或社会强化：很好，我看到了
纯粹命名	选择儿童某中度喜欢的物品	呈现物品（非语言刺激物）提示：仿说提示	儿童说出或以非语言方式表达	给代币＋描述：对，这是××
注视协调（关键层次）	儿童选择一个玩具	儿童操作玩具，教师一旁观察或赞美：好可爱的玩具！ 提示：语言提示、位置提示、行为链锁中断	儿童视线由看玩具转换到教师	双方视线接触与社会互动
原始宣告指示（关键层次）	在儿童进入房间前，事先在房间内安排儿童高度感兴趣的新物品	儿童进入有新奇物品的房间 提示：肢体提示、手势提示	儿童视线由看玩具转换到教师，并指着该物品要求教师看该物品，或者看着教师说该物品名称	社会互动与自然强化（分享的喜悦感）

1. 注视协调训练

注视协调训练是自发性共同注意的关键环节。通过训练，儿童在没有提示下，能够自发地将视线从吸引他们的物品上转移到老师身上。在训练时应注意：① 可以让儿童选择自己喜欢的物品，包括声光玩具，或可移动的玩具。② 在儿童独立活动时，老师在旁观察，在预设时间内儿童没有看向老师的行为时就加入提示。老师可采用的提示方式包括：一是口头反馈的方式，如"这个汽车真好玩啊！"，以此鼓励儿童看向自己。二是老师弯腰低头，让自己的视线与儿童的视线持平，凑近儿童，方便儿童接触到老师视线。三是采用行为链锁中断策略，暂时遮挡住玩具，引导儿童将视线转移到自己身上。但应注意链锁中断时不能引起儿童负面情绪。③ 当儿童将视线转向老师时，老师应给予夸张的笑容和赞扬，让儿童体验到视线互动交流带来的乐趣。④ 在训练初期，老师可以结合社会关注、社会性强化、代币、实物强化等方式，之后应逐步撤除实物强化和代币，只以社会关注和情绪分享为主。产生情感上的交流是自发性共同注意的核心目的。⑤ 注视协调训练可以与应答性共同注意同时进行。应答性共同注意的目标是促进儿童从看人转向看物品，注视协调训练的目标是促进儿童从看物品转向看人，两者可以先后连续进行训练。

2. 原始宣告指示训练

原始宣告指示是最成熟的自发性共同注意。通过训练，儿童在看到新奇物品时，能用手指或视线向他人示意所看到的新奇物品，并分享看到新奇物品的喜悦。原始宣告指示与用手指提要求都涉及手指指向动作，两者的差异是前者主要目的是与他人分享自己注意到的有趣事件或物品,其后效是分享由此产生的愉悦情绪体验;后者是为了获取某物品,其后效是得到某物品。在原始宣告指示训练时应注意:① 选择儿童最感兴趣的物品,儿童不能提前接触。② 老师仔细观察,如果儿童在10秒内未出现目标行为,应给予及时提示。应遵循从少到多的提示原则,先进行示范提示,老师用手指指示物品为儿童做出指示示范。若儿童无反应,用肢体提示,如肢体辅助儿童做手指指示动作。之后逐步撤除提示。③ 当儿童正确反应时,应给予最大程度的强化,让儿童充分感受到互动带来的乐趣。最开始可采用社会关注强化,结合原级强化物或代币,之后逐步减少原级强化物和代币,以社会关注和情绪分享为主。④ 在开展原始宣告指示训练时,儿童应具备向他人展示物品的能力,以及对至少20种物品的纯粹命名能力。

3. 展示能力训练

展示能力训练是自发性共同注意的准备环节。通过训练,儿童主动将获得的新奇玩具或物品、完成的作品或成果等向他人展示和分享。训练时应注意:① 选择儿童日常生活中偏好的物品或任务活动,激发其向他人展示的动机。在训练前确保儿童2—3小时内未接触该物品或活动。② 儿童不会展示时,及时进行示范或肢体辅助,肢体辅助儿童拿着要展示的物品面向他人展示。最好由第三方进行提示,之后逐步撤除提示。③ 儿童展示的方式可以是呈现物品给他人看,或是把物品拿给他人,或是呈现物品同时说"看"。④ 只要儿童有正确反应或接近反应都给予强化。

4. 纯粹命名训练

纯粹命名训练是自发性共同注意的准备环节。通过训练,儿童能命名周围环境中的各种物品、动作或事件,促进儿童对环境中各种事物的控制力。纯粹命名是由非语言刺激引发的,而不是由动机引发。如果同时受控于动机和非语言刺激的多重控制,则不是纯粹命名行为。纯粹命名训练时应注意:① 选择儿童中度偏好物品,教学初期阶段如选择高偏好物品易导致多重控制。② 采用仿说提示,之后逐步撤除提示。③ 及时给予强化,一般采用代币进行强化。

(三)共同注意的总体思路

总体而言,对有共同注意障碍的儿童来说,发展出共同注意能力是比较困难的。他人的强化是对儿童共同注意行为的强化,这需要依赖于儿童的动机,需要他们有社交的需求。为促进儿童的共同注意训练,可以循序渐进地设计训练活动。架构共同注意课程体系,开展共同注意训练的总体思路和步骤如下①:

首先,为共同训练注意打下基础:① 准备儿童喜欢的至少10个物品或游戏活动,作为开展共同注意训练的前提。② 仔细观察儿童的行为。③ 创造机会让儿童愿意靠近大人拿物品。④ 在儿童拿物品前看向大人建立视线接触。⑤ 在视线接触

---

① 可参考公益教学"共享式注意"在线课程模拟实操训练内容体系(https://www.wekair.com)。

基础上通过游戏活动练习一来一往的视线交流。

其次,开展初级水平共同注意训练,包括应答性共同注意和自发性共同注意的初级阶段。具体步骤是:① 儿童对叫名有反应,视线能注视叫名者。② 儿童遵循手指指向去看他们喜欢的玩具或物品。③ 儿童遵循手指指向去看他们中度喜欢的玩具或物品。④ 在游戏中儿童的视线先看向物品或活动,再转向看人。⑤ 在肢体互动中儿童视线先看向物品或活动,再转向看人。

再次,开展高级水平的共同注意训练,即原始宣告指示训练。具体步骤是:① 在游戏中儿童使用手指指向物品。② 在游戏中儿童使用手指指向物品并回应他人的互动。③ 儿童主动用手指指向有趣的物品,并主动用语言描述物品。④ 遵循他人的视线指示看向物品。⑤ 在游戏活动中进行一来一往的手指指向物品和视线互动。

最后,发展儿童的社会参照和心理理论能力,在各类游戏中熟练地运用共同注意能力。具体包括:① 发展儿童的社会参照能力,儿童学会在游戏中观察他人的表情、声音、动作等信息,以此作为参照决定他的下一个行为。② 发展儿童的心理理论能力,儿童学会在游戏中根据情境中他人的表情、动作等判断他人需求。③ 在互动游戏中灵活地运用共同注意能力。④ 在规则游戏中灵活地运用共同注意能力。⑤ 在互动假装游戏中灵活地运用共同注意能力。

思考题

1. 某教师在训练儿童视线注视时,反复用手掰儿童的头看向自己,儿童明显有抗拒反应。请你对教师的做法进行评价,并提出你的建议。

2. 某孤独症儿童,5岁,不能通过视线注视了解他人想法。请设计一份视线觉察训练的教学活动方案,并设计视线觉察训练教学材料,以小组为单位开展模拟训练。

3. 特殊儿童应答性共同注意的发展层次是什么,其关键环节如何开展训练?

4. 特殊儿童自发性共同注意的发展层次是什么,其关键环节如何开展训练?

第五章

特殊儿童语言行为训练

内容提要

语言行为法将语言视为一种可以通过强化手段塑造和增强的行为,它将语言行为区分为听者和说者角色来解释功能性语言,这为特殊儿童语言训练提供了不同的视角。本章基于语言行为法的主要观点,从听者技能和说者技能两方面介绍语言行为训练。其中,听者技能包括物品配对、颜色或形状配对、听者命名等,说者技能训练包括要求、仿说、命名、互动式语言等,说者语言行为技能是特殊儿童沟通与交往训练的重要领域。

学习目标

1. 描述语言行为法的基本观点,举例阐明六种基础语言行为,了解听者与说者的关系;

2. 归纳特殊儿童"听者"行为训练的思路,能模拟演练基本的注意行为训练、听者命名训练;

3. 归纳提要求训练、仿说训练的思路,能模拟演练;

4. 解释命名与概念形成,阐明命名的前事刺激,能设计并模拟实施命名训练活动;

5. 归纳互动式语言训练的思路,能模拟演练接续语言训练、回答他人提问训练、主题对话训练;

6. 了解复杂"说者"行为训练的思路,举例说明自动附加、多重控制训练。

第五章 特殊儿童语言行为训练

思维导图

```
特殊儿童语言行为训练
├── 特殊儿童语言行为训练概述
│   ├── 语言行为法的基本观点
│   ├── ★六种基础语言行为
│   └── 听者与说者的关系
├── 特殊儿童听者技能训练
│   ├── ★基本的注意行为训练
│   └── ★听者命名训练
└── ★特殊儿童说者技能训练
    ├── ★要求训练
    ├── ★仿说训练
    ├── ★命名训练
    │   ├── 命名与概念形成
    │   ├── 命名的前事刺激
    │   └── 命名训练程序
    │       ├── 仿说带命名训练
    │       ├── 多重线索命名训练
    │       └── 命名事件训练
    ├── ★互动式语言训练
    │   ├── 接续语言训练
    │   ├── 回答他人提问训练
    │   └── 主题对话训练
    └── 复杂"说者"行为训练
```

第一节　特殊儿童语言行为训练概述

著名行为主义心理学家斯金纳(B. F. Skinner)在 1957 年出版的《语言行为》一书中提出了语言行为(Verbal Behavior，VB)的概念。他认为语言是一种后天习得的行为，是通过刺激、反应和强化的过程来学习和发展的。这个观点为理解语言的功能和发展提供了行为主义视角，对语言学习和教育实践产生了深远的影响，特别是为孤独症儿童语言行为评估与干预等提供了重要的理论基础。经过研究者的不断完善发展，语言行为法已经被证明对于许多儿童，特别是那些有特殊需要的儿童，是非常有效的。

一、语言行为法的基本观点

语言行为法是一种以行为学理论为基础的教育方法，它将语言视为一种可以通过强化手段塑造和增强的行为，这意味着每个语音、词汇、句子等都可以运用行为学原理和方法进行教授。系统教授语言的过程不再只是对语言、语义、语法的学习，而是一个强调个体与环境互动的过程，儿童可以从功能角度更有效地学习和使用语言，从而提高他们的沟通能力。个体的语言行为受到其内在动机和外部环境强化的影响，这些因素共同作用于个体，促使其发展出特定的言语行为。语言行为不仅仅是对刺激的简单反应，它还涉及个体对环境的操控和对他人行为的控制。

语言行为法将语言行为区分为听者(Listener)和说者(Speaker)来探讨语言功能的应用，以此强调增强儿童掌握功能性语言技能的能力，以提升他们的自主沟通能力。语言行为训练的主要目标是引导儿童掌握各类语言功能，包括听者功能和说者功能，对应的语言形式可简单理解为接受性语言与表达性语言，但斯金纳反对此说法，认为这只是对两种相同内在认知加工机制的不同表述。听者功能包括视线追随、感官知觉配对、听指令等前听者功能，以及物品配对、属性配对、听者命名等受语言控制的听者行为；说者功能包括要求、说者命名、仿说、互动式语言等。语言行为是一个广泛的概念，它涵盖了包括口语、书面语、手语、手势、肢体语言、图片等在内的沟通形式，需通过训练促进特殊儿童掌握适用的、丰富的语言沟通形式。所以，该方法适用于需要提升语言功能的所有儿童和成人。

二、六种基础语言行为

语言行为法提出六种基础的语言行为，即要求、命名、仿说、互动式语言、逐字读、转录。根据斯金纳用行为主义观点解释语言的理论，这六种语言行为的前事及其行为、后果具有差异性。对前事而言，要求是由动机引发的语言行为，命名是由非语言刺激引用的语言行为，仿说、互动式语言、逐字读、转录四种是由语言刺激引发的语言行为。语言的行为形式多样，可以是口语形式，也可以用手势、手指或图片等。在后果方面,除了要求行为的后果是获得所要求的东西外,其他语言行为的后果都是获得泛化条件强化物,如代币。当然,同时给予描述性回应,有助于帮助儿童更加明确自己的正确反应。六种基础语言行为的含义及教学模式见表 5-1①。在语言行为法应用过程中,需要充分地考虑语言发展与环境的互动作用,明确区分是属于哪一种语言行为,对其进行动机操作或安排前事刺激,并对正确反应进行恰当的强化。

表 5-1 六种基础语言行为的含义及教学模式

基础语言行为	含义	教学刺激	儿童反应	强化
要求(Mand)	取得想要的物品、讯息	动机/听者	用口语/图片交换/手势/手语表达	获得想要的东西
命名(Tact)	说者用任何感官模式,对接触的事物和动作进行命名	非语言刺激	指出或说出该物品	获得描述语言强化给代币
仿说(Echoic)	重复所听到的	语言刺激	说出一样的	获得描述语言强化给代币
互动式语言(Intra-verbal)	回答的问题受控于他人的语言	语言刺激	回应	获得描述语言强化给代币
逐字读(Textual)	看到书写文字说出该文字	语言刺激(视觉/触觉)	看到/摸到文字读出声音	获得描述语言强化给代币
转录(Transcription)	写出听到的语言	语言刺激(听觉)	写出听到的内容	获得描述语言强化给代币

三、听者与说者的关系

斯金纳用听者和说者的角色区分语言功能的应用,在其《语言行为》一书中是以说者为主来分析语言的,只是间接地与听者行为有关,但所有的语言功能都是建立在听者能力之上。虽然前文提到,听者和说者对应的语言形式可简单理解为接受性语言与表达性语言,但听者并不是单纯的被动接受反应,还包含说者的成分,这主要指听者需主动理解对方说话的含义。所以,严格意义上讲,听者语言不能等同于接受性语言,不能忽略听的过程中包含了说者行为的主动性。

一般而言,听者语言行为是说者语言行为的基础,需要先掌握听的技巧,能听懂后才有利于说者行为的发展。在儿童早期发展中,牙牙学语之前就积累了丰富的语言经验,逐渐转化为说者的角色。当儿童过于依赖他人的协助,表现出重复语言,不能对指令或提问做出恰当的回应,基本上可判断儿童缺乏听者语言能力,需要通过配

---

① 凤华,孙文菊,周婉琪,等.自闭症儿童社会情绪及语言行为教学实务手册[M].2版.台北:心理出版社,2019:72-74.

对、听者命名等活动加强儿童该领域的能力。在仿说、互动式语言等训练中,具备一定的听者能力是前提,如儿童不具备应先进行听者训练。

语言行为训练可以依据《语言行为里程碑评估与安置方案》(Verbal Behavior Milestones Assessment and Placement Program, VB-MAPP)和《基本语言和学习技能评估》(Assessment of Basic Language and Learning Skills, ABLLS)的评估结果开展。

第二节　特殊儿童听者技能训练

听者技能是特殊儿童在学习和生活中非常重要的能力之一。儿童掌握听者技能,意味着他们能正确地回应老师、家长和其他重要他人的简单指令。听者技能教学可包括前听者技能和听者技能。当儿童比较难于发展出听者技能时,可归因为缺乏前听者技能。前听者技能包括视线追随、感知觉配对、听指令等,听者技能包括物品配对、颜色配对、形状配对、听者命名等。

一、基本的注意行为训练

在听者技能训练之前,教学者应对教学过程展现一定的控制能力,要让儿童听从老师的安排和指令,能配合教学活动的开展。训练之初,开展过来、坐下、安坐、眼神注视、模仿、泛化模仿、给我等必要的训练活动,有助于促进儿童对老师的注意,听从和跟随老师的活动安排。基本的注意行为训练程序举例见表5-2。"过来""坐下""安坐"三个训练活动可以依序开展,前者是后者的基础,都是最基础的注意行为训练活动。"眼神注视"训练活动可以通过老师移动位置与儿童对视,或是以强化物作为引导来实现目的,老师发出指令后可以立即给予提示,要建立起老师的指令与儿童注视老师的关联。"模仿"训练活动可以从单一动作模仿开始,逐步加入辨别教学,从动作模仿和操作模仿两个方面进行。在儿童单一动作模仿熟练后,再进行未教导动作的泛化模仿训练。"给我"训练活动是接受指令及听者命名的基础,采用零秒延迟策略进行训练。需注意的是,这些活动的主要目的是提升儿童对老师的注意力,帮助老师建立对教学环节的控制力。儿童的行为应只受控于老师给予的前事刺激,如语言指令,采用的是代币等泛化条件强化物。

表5-2　基本的注意行为训练程序举例

项目	教学刺激	儿童反应	强化
过来	老师:过来 提示:手势、肢体	儿童靠近老师	泛化条件强化
坐下	老师:坐下 提示:肢体、手势、视觉	儿童3秒内到座位上坐下	泛化条件强化

(续表)

项目	教学刺激	儿童反应	强化
安坐	老师：手抱臂坐好 提示：手势、肢体	儿童手抱臂坐好，持续一定时间	泛化条件强化
眼神注视	老师：看老师/叫名 提示：老师移动位置、强化物引导	儿童和老师视线接触3秒以上	泛化条件强化
模仿	老师：做这个＋动作示范 提示：肢体	儿童作出和老师一样的动作	泛化条件强化
泛化模仿	老师：做这个＋动作示范（未学过）	儿童作出和老师一样的动作	泛化条件强化
给我	老师：给我＋各种物品 提示：手势、肢体	儿童把物品给老师	泛化条件强化

以"坐下"训练为例，"坐下"训练活动的目的是让儿童能听指令坐在座位上，这是开展教学活动的前提。如当儿童随意走动不回到座位上时，只要他在座位上坐下就可以给予强化，同时说："太棒了，你坐下了。"也允许儿童随时离开。该过程可以帮助儿童逐步建立坐在座位的意识，但这不是促进老师教学控制的注意行为训练程序，需训练的是对老师"坐下"指令的听从。

"坐下"训练的操作步骤建议如下：① 在桌上放置强化物。老师操作强化物，吸引儿童注意力。② 当儿童跑到桌子边想拿强化物（儿童不能够到）时，老师说"坐下"同时手指椅子（可以从肢体提示过渡到手势提示）。儿童坐下后立即给予强化物。③ 撤销强化物引导，老师说"坐下"，儿童正确反应后给予描述性回应及代币。④ 加入无意义指令的辨别训练，增加儿童对"坐下"指令的注意和执行。

开展该项训练需注意：① 在不同的时间地点训练，帮助儿童适应各种环境，提高他们的适应能力和专注力。不要连续进行该指令的教学，以保持儿童的兴趣和好奇心。② 及时采用提示手段，如肢体、手势、视觉等，可以适当用强化物进行位置引导。③ 穿插无意义指令作为辨别训练，提高儿童的辨别能力和对指令的敏感度，从而增强他们的注意力和专注力。④ 让儿童觉得听指令是有趣的，如在游戏活动中加入"坐下"的指令教学，给予积极的反馈和奖励。

"安坐"训练是"坐下"训练活动的延续，便于教学活动的持续开展。儿童能熟练听指令坐下后，可要求儿童"手抱臂坐好"（从肢体提示过渡到手势提示）。初期阶段可以在持续安坐3秒后给予强化物，之后可要求儿童安坐时间逐步延长。需注意的是儿童安坐期间老师应和其互动，增加儿童对安坐的兴趣。

二、听者命名训练

听者命名训练主要训练儿童用手指指出的能力。用手指出即指示，是特殊儿童沟通与交往发展中的必备能力，属于共同注意的范畴，如儿童早期不会用食指指示是判断他们可能是孤独症的核心指标之一。指示也是儿童表达需求的方式,属于非语言沟通。在听者命名训练中,要求儿童关注到周围环境中的指令刺激并进行回应,能促进儿童对环境的反应能力。

除了指出能力,配对能力也是命名教学所依赖的重要能力。儿童在生活中随机命名(Naming)的能力主要通过配对发展的,他们将听到的声音与对应的物品自动连接,掌握了对该物品的命名。配对教学中,主要采用视知觉配对,一般先进行物品配对训练,从实物刺激过渡到图片刺激。之后再进行颜色、形状等属性配对训练。如果特殊儿童听觉命名学习困难,可以先训练儿童的听觉配对能力,或者以配对带出指出方式进行训练。

听者命名训练注意事项:① 指令简洁清晰,避免无关语言。指出的指令可以是"指出""给我""找出来""哪一个……",配对的指令可以是"找和××一样的""给我和××一样的"。② 呈现的教学刺激物从具体实物过渡到图片,刺激物数量可呈现3—9种,由少到多逐步增加。每种刺激物要准备5种以上的泛化刺激物。③ 开展零错误学习,及时给予提示,如肢体、手势、示范,逐步撤除提示。④ 先对物体名称的配对和指出开始教学,可逐步增加地点、动作、人物、属性等。训练内容应与生活结合,教儿童掌握生活中常见的命名。⑤ 如果儿童指出有困难,可以通过配对带出指出方式进行训练,配对和指出的需是同一物品,配对训练的强化环节需明确说明配对的名称,为下一步的指出进行提示。训练程序举例见表5-3。当儿童熟练后,配对和指出的物品可不同,以此增加儿童对该物品的独立听者命名的熟练度。

表5-3 简单听者命名训练程序举例

项目	教学刺激	儿童反应	强化
指出	呈现三个图片或实物:葡萄、香蕉、橘子,老师:指出/给我葡萄。或哪一个是葡萄? 提示:肢体、手势、示范	儿童指出/给老师葡萄图片或实物	给代币+描述:太棒了,你指出了葡萄
以配对带指出	1. 呈现三个图片或实物:葡萄、香蕉、橘子,老师:呈现葡萄图片,说:找一样的	儿童指出葡萄图片或实物	给代币+描述:太棒了,你找出了一样的葡萄
	2. 呈现三个图片或实物:葡萄、香蕉、橘子,老师:指出/给我葡萄。或哪一个是葡萄? 提示:肢体、手势、示范	儿童指出/给老师葡萄图片或实物	给代币+描述:太棒了,你指出了葡萄

复杂听者命名训练主要是对物品的功能、特征、类别进行命名,训练程序举例见表5-4。需结合特殊儿童的能力水平设计训练项目,先教简单听者命名,再教复杂听者命名。

表 5-4　复杂听者命名训练程序举例

项目	教学刺激	儿童反应	强化
指出功能	呈现三个图片或模具:帽子、水杯、篮球 老师:哪一个是用来做运动的? 提示:肢体、手势、示范	儿童指出/给老师篮球图片或模具	给代币＋描述:太棒了,篮球是运动用的
配对功能	呈现三个图片或模具:帽子、水杯、篮球 老师呈现羽毛球,说:请找出功能一样的 提示:肢体、手势、示范	儿童指出/给老师篮球图片或模具	给代币＋描述:太棒了,羽毛球和篮球都是运动用的
指出特征	呈现三个图片或模具:苹果、桌子、纸巾 老师:哪一个有四条腿? 提示:肢体、手势、示范	儿童指出/给老师桌子图片或模具	给代币＋描述:太棒了,桌子有四条腿
配对特征	呈现三个图片或模具:苹果、桌子、纸巾 老师呈现凳子,说:请找出特征一样的 提示:肢体、手势、示范	儿童指出/给老师桌子图片或模具	给代币＋描述:太棒了,凳子和桌子都有四条腿
指出种类	呈现三个图片或实物:苹果、桌子、纸巾 老师:哪一个是水果? 提示:肢体、手势、示范	儿童指出/给老师苹果图片	给代币＋描述:太棒了,苹果是水果
配对种类	呈现三个图片或实物:苹果、桌子、纸巾 老师呈现葡萄,说:请找出种类一样的 提示:肢体、手势、示范	儿童指出/给老师苹果图片	给代币＋描述:太棒了,葡萄和苹果都是水果

第三节　特殊儿童说者技能训练

基础语言操作是特殊儿童早期语言教学的重点。在六种基本语言操作中,要求、仿说、命名、互动式语言对特殊儿童的沟通与交往发展影响尤为重要。一般采用 VB-MAPP 评估,根据评估结果逐一由易到难地进行训练。

一、要求训练

要求(Mand)是一种重要的基础语言行为,指语言的反应受控于个体的需求或动机,要求的形态可以是口语、文字、图片、手势等,其后果是个体想要获得的特定物品或需求。要求的训练内容可包括:① 与个人需求有关,如"我要去公园玩""我饿了""我想休息"等。② 与命令或警告有关,如"请让开""别吵我"等。③ 与期待、祝福、想象有关,如"希望一切顺利""希望考试得 100 分""祝你生日快乐"等。④ 与建议有关,如"建议你下次早点到""小心过马路"等。在特殊儿童的要求训练中,第一种要求的类型是最常见的。

要求行为中,儿童的语言行为受控于个体的需求或动机,所以必须是有动机存在，且必须有提要求的对象，即听者的存在，才可能产生要求行为。当儿童不会提要求时，需要在有动机的前提下，采用非语言刺激物的辅助，在仿说提示下，教导儿童表达要求，之后依次撤除仿说提示、非语言刺激物，使儿童在所需求物品不在眼前的情况下都能主动提出要求。通过延迟给予提示时间可以增加儿童提要求的主动性。表5-5展示了要求训练的分阶段训练程序举例。在各阶段训练中，儿童的动机自始至终都是存在的。如需取得较好的训练效果，可以对动机进行操作，如在训练前在减少儿童接触其偏好物的机会，以增加其运用价值。对要求行为进行训练的意义重大，它是儿童语言学习的第一步。掌握有效的提要求方法，可以防止儿童出现问题情绪或行为。提要求也是图片交换沟通系统训练的初始训练内容。

表5-5 说者技能"要求"训练程序举例

阶段	动机操作	教学刺激	儿童反应	强化
阶段一	1. 儿童想要薯片	2. 非语言刺激：呈现薯片 3. 语言提示：在儿童伸手要拿薯片时，老师立即进行仿说提示：薯片（0秒延迟提示）	儿童说：薯片	获得薯片
	1. 儿童想要薯片	2. 非语言刺激：呈现薯片 3. 语言提示：在儿童伸手要拿薯片时，老师等待一会儿，如无主动行为，则进行仿说提示：薯片（2—3秒延迟提示）	儿童说：薯片	获得薯片
阶段二	1. 儿童想要薯片	2. 非语言刺激：呈现薯片 3. 撤除仿说提示	儿童说：薯片	获得薯片
	1. 儿童想要薯片	2. 移开非语言刺激：呈现薯片让儿童看到后立即移开	儿童说：薯片	获得薯片
阶段三	1. 儿童想要薯片	2. 撤除非语言刺激	儿童说：薯片	获得薯片

二、仿说训练

仿说（Echoic）是一种基于听觉语言刺激产生相似听觉反应的语言学习方式，其中刺激与反应在形态上具有相似性和定点对应性（Point-to-point Correspondence）。仿说的语言刺激通常是听觉型的，当个体接收到听觉信息后会产生一个听觉反应产物，即模仿说出所听到的内容。仿说是儿童必须掌握的基础语言操作能力，是发展口头语言的基础，是儿童语言能力发展的一个里程碑。仿说能力是教导儿童要求能力的核心，一般需要通过仿说来促进儿童掌握用口语提要求的技能。仿说也是命名教学的基础，通常采用仿说作为语言提示手段。

除了听觉刺激与反应，仿说还包括动作模仿和复制句子两种形式。动作模仿与仿说具有相似的语言特质，如听障儿童在习得手语时，会通过模仿他人的动作来学习语言,动作示范与模仿的过程与仿说过程中的性质是一致的。在复制句子过程中,书写的语言刺激和书写的语言反应之间具有点对点对应性和形态相似性,也被归类为仿说。

表5-6展示了借助要求训练开始的"仿说"训练程序举例,从多重控制转到仿说刺激控制的仿说训练。其中,第三阶段是仿说训练的基本操作步骤。但实际训练过程中,特殊儿童可能不能参与到枯燥的仿说教学过程,需要激发其参与的动机,可以和要求行为训练结合起来,即从阶段一开始,逐步以要求带动仿说训练。需注意的是,仿说行为只能受控于听觉语言刺激,不论是否需要从动机操作开始,最终引发仿说行为的只能是单纯的听觉声音刺激。对仿说行为可以采用差别强化的方式,逐步强化接近目标语言的声音。对无语言或少语言的儿童,开始阶段只要有尝试的努力,就应该给予强化。在仿说训练前,要注意收集儿童的发音信息,以确定适合儿童的仿说训练目标。如果儿童还不具备仿说能力,可以从其已经具备的发音开始进行仿说训练。

表5-6 说者技能"仿说"训练程序举例

阶段	动机操作	教学刺激	儿童反应	强化
阶段一	1. 儿童想要薯片	2. 非语言提示:呈现薯片 3. 仿说提示:在儿童伸手要拿薯片时,老师立即进行仿说提示:薯片(0秒延迟提示)	儿童说:薯片	获得薯片
	1. 儿童想要薯片	2. 非语言提示:呈现薯片 3. 仿说提示:在儿童伸手要拿薯片时,老师等待一会儿,如无主动行为,则进行仿说提示:薯片(2—3秒延迟提示)	儿童说:薯片	获得薯片
阶段二		1. 非语言刺激:呈现薯片 2. 在儿童注意时,呈现仿说刺激:薯片	儿童说:薯片	给代币+描述:真棒,你说了薯片
		1. 移开非语言刺激:呈现薯片让儿童看到后立即移开 2. 在儿童注意时,呈现仿说刺激:薯片	儿童说:薯片	给代币+描述:真棒,你说了薯片
阶段三		在儿童注意时,呈现仿说刺激:薯片	儿童说:薯片	给代币+描述:真棒,你说了薯片

三、命名训练

命名(Tact)是指语言的反应是受控于某一特定的物品、事件或特性。也可以说,语言反应是由个体所处的大环境中的所有非语言刺激所控制的。说者命名的反应可以是口语、书写、手势或手语等形式,听者命名的反应是配对和指出,其后果是由泛化条件强化控制的。

(一) 命名与概念形成

命名是语言行为中比较复杂的一个概念。它包括多种类型:① 静态的物品、人名或地点等名词:指一些特定的物品,如桌子、手机等;特定的人物,如警察、奶奶等;特定的地点,如银行、上海等。② 动态的行动动词:指某种瞬间或持续进行的行为或动作,强调的是动作本身,如跑、走、吃等。③ 相关属性:用于描述位置或空间中的方位词,如上、左、南等;用于描述事物之间的比较关系的比较词,如明亮、硬、多、弱等。④ 抽象属性:主要是形容名词属性的形容词,如红色、方形、光滑等;形容动词属性的副词,如快速地跑、轻轻地触摸等。⑤ 与功能相关:与物品的用途或功能相关,如雨伞用于遮挡雨水的,汤勺用来喝汤的。⑥ 与类别有关:根据事物所属的类别或种类命名,如动物、生活用品、水果等。

命名技能是非常重要的基础技能,是儿童开展语言沟通与交往的前提。一般而言,儿童要学会命名物品、人物、动作、属性、事件、关系、情境等,以促进对环境的理解和掌控。命名训练实际上是概念的学习。概念形成需要通过复杂的刺激控制实现,除了需要进行刺激群组内的刺激泛化,同时也需要进行刺激群组间的刺激辨别。如通过命名大狗、小狗、花狗、黑狗等,不断地在刺激群组内泛化,因为刺激属性较类似,较低程度的刺激控制就能帮助形成关于狗的概念,并且对狗的概念越来越精确和丰富。形成狗的概念后,还需要在猫、狼等刺激群组间进行辨别,因不具有共同的刺激特征或关系,需要较高程度的刺激控制,才能进一步认识狗和其他动物的差异,达到准确辨别的结果。

(二)命名的前事刺激

命名是由非语言刺激引发的。非语言刺激是复杂而多样的,引发命名的前事刺激包括以下特点:① 刺激本身的多重性:如与苹果相关的非语言刺激包括视觉、触觉、嗅觉、味觉刺激等,其中任何一种刺激或所有刺激都可以成为命名"苹果"的辨别刺激。刺激的多重性可能来自不同的感官通道(如视觉、听觉、触觉等),也可能具有不同的性质(如强度、频率、持续时间等)。这种多重性使得刺激在引发命名行为时具有更大的灵活性和适应性,可以根据不同的情境和需要进行调整。② 受控于多重类型刺激:命名可能受控于同一非语言刺激的多重属性,也可能受控于多种类型的非语言刺激的共同作用。如红色(形容词)、圆形(形容词)、在桌(名词)上(方位词)、切开(动词)等多种刺激类型都可能成为命名苹果的依据。多重类型刺激引发的命名行为会更加精确和丰富,能够更全面地反映物体的特征和属性。③ 刺激的可观察性:非语言刺激可以是外显可观察的,也可以是不可观察的,如内在的心理感觉。如果刺激是可见的或可感知的,更有助于准确地命名。④ 刺激的明显性:非语言刺激可以是明显的,也可以是不明显的。当刺激足够明显时,更容易将其与特定的命名联系起来,从而更快速地完成命名过程。

(三)命名训练程序

1. 以仿说带命名训练程序

命名教学是让语言反应受控于非语言刺激,不存在动机操作的环节。命名教学一般采用零错误学习法,需要及时给予提示,减少儿童发生错误反应的比率,之后再逐步撤除提示。如果儿童不会命名,且已具备仿说能力,可以用仿说带命名的方式进行命名训练,具体训练程序举例见表5-7,其中阶段二是命名教学的基本步骤。当儿童不具备说者命名能力时,可以先从听者命名开始训练。

表5-7 说者技能简单命名训练程序举例

阶段	教学刺激	儿童反应	强化
听者命名	呈现:薯片、巧克力、海苔 老师:给我薯片	儿童找出薯片	给代币+描述:很好,这是薯片
阶段一	1. 非语言刺激:呈现薯片 2. 仿说提示:薯片(0秒延迟提示)	儿童说:薯片	给代币+描述:对了,这是薯片
阶段一	1. 非语言刺激:呈现薯片 2. 仿说提示:薯片(2—3秒延迟提示)	儿童说:薯片	给代币+描述:对了,这是薯片
阶段二	1. 非语言刺激:呈现薯片 2. 撤除仿说提示	儿童说:薯片	给代币+描述:对了,这是薯片
阶段三	非语言刺激辨别训练:随机呈现苹果、薯片	儿童对应回答:苹果、薯片	给代币+描述:对了,这是苹果/对了,这是薯片

在基础命名之后,还需要进一步进行功能、特征、种类等方面的复杂命名训练,这有助于建立儿童对环境中物品的概念理解。训练程序举例见表5-8。复杂命名训练需要用语言刺激来引导儿童接续或说出物品的特征或名称。在教学时,可以先训练儿童的接续语言能力,之后再训练儿童的说出属性或说出名称的能力。可以围绕一个物品命名进行功能、特征、种类三方面的训练,也可以分别围绕三个方面对多种物品进行命名训练。当儿童不会时,需进行提示。可以采用仿说和字卡同时提示,之后先撤除仿说,再撤除字卡。

表5-8 复杂说者命名训练程序举例

项目	教学刺激	儿童反应	强化
功能	呈现篮球图片 老师:篮球用来运动,篮球用来…… 提示:仿说+字卡	儿童接续:运动	给代币+描述:对了,运动
功能	呈现篮球图片 老师:篮球是用来做什么的? 提示:仿说+字卡	儿童说:运动	给代币+描述:对了,篮球是用来运动的
功能	呈现多张图片 老师:什么是用来运动的? 提示:仿说+字卡	儿童说:篮球或其他	给代币+描述:对了,篮球或其他

(续表)

项目	教学刺激	儿童反应	强化
属性	呈现篮球图片 老师:篮球的形状是圆形,篮球的形状是……? 提示:仿说+字卡	儿童接续:圆形	给代币+描述:对了,圆形
属性	呈现篮球图片 老师:篮球的形状是什么? 提示:仿说+字卡	儿童说:圆形	给代币+描述:对了,篮球是圆形的
属性	呈现多张图片 老师:什么东西是圆形的? 提示:仿说+字卡	儿童说:篮球或其他	给代币+描述:对了,篮球或其他
种类	呈现篮球图片 老师:篮球是一种运动器材,篮球是一种……? 提示:仿说+字卡	儿童接续:运动器材	给代币+描述:对了,运动器材
种类	呈现篮球图片 老师:篮球属于什么类别? 提示:仿说+字卡	儿童说:运动器材	给代币+描述:对了,篮球属于运动器材
种类	呈现多张图片 老师:说出一种运动器材 提示:仿说+字卡	儿童说:篮球或其他	给代币+描述:对了,篮球或其他

2. 多重线索命名训练程序

为了防止特殊儿童片面地认识引发命名的非语言刺激,可以采用多重线索的刺激模式开展训练,以此促进儿童对多样化的非语言刺激做出反应。一般在儿童具备颜色和物品等基础命名能力后可开始多重线索教学。训练程序举例见表5-9,从例中可知,多重线索教学中准备的教学材料需具有两两辨别的线索,"红色汽车""红色球"是颜色一样,需儿童对物品进行辨别,"红色汽车""蓝色汽车"是物品一样,需儿童对颜色进行辨别。

在多重线索教学中需注意:① 尽量选择儿童生活中的物品进行教学,在自然情境中教学更有利于增强儿童学习动机,可利用自然强化物开展教学。② 教学材料需具备两两辨别的线索,一般进行两个线索辨别需至少准备三个物品,进行三个线索辨别需至少准备四个物品。③ 儿童不会的时候,可以采用手势与示范提示,之后再逐步撤除提示。如果儿童错误反应过多,应先进行颜色、物品等基础命名的教学。

表 5-9　说者技能多重线索命名训练程序举例

情境	教学刺激	儿童反应	强化
教学情境	呈现三个物品：红色汽车、蓝色汽车、红色球 老师：找出蓝色的汽车	儿童找出蓝色汽车	给代币＋描述：太棒了，这是蓝色汽车
自然情境	涂色游戏时，面前有红色粗笔、粉色粗笔、红色细笔、粉色细笔 妈妈：这朵花用红色粗笔	儿童拿红色粗笔	给代币＋描述：太棒了，你拿了红色粗笔

3. 命名事件训练程序

特殊儿童对事件的命名能力是其社会认知水平的表现。情境中的情绪理解、情绪因果关系理解都需要以事件命名能力为基础。具体训练程序举例见表 5-10。

事件命名教学注意事项：① 事件应该是儿童生活中经常出现需要儿童了解和认识的，以图片或照片形式呈现，可以是单张图片或连环图片。每个事件应准备至少 3 张不同的情境图片。② 命名应受控于非语言刺激，在开始教学阶段可以"他们在做什么？"等问题进行语言提示，引导儿童回答。当儿童能命名后，需撤除语言提示，可以只在教学之初问一次，之后的图片由儿童在视觉刺激下自行命名。③ 可以先进行部分命名，如"玩滑梯"，之后再进一步掌握完整命名，如"他们在玩滑梯。"④ 儿童不能独立回答时，可以采用仿说进行提示，并延迟 3 秒再提示，给予儿童反应时间，增加儿童的主动性。

表 5-10　说者技能命名事件训练程序举例

教学刺激	儿童反应	强化
每次呈现一张情境图片：小朋友排队玩滑梯 老师：他们在做什么？ 提示：语言提示、仿说提示	儿童：玩滑梯	给代币＋描述：对了，在玩滑梯
每次呈现一张情境图片：小朋友排队玩滑梯 老师：他们在做什么？ 提示：语言提示、仿说提示	儿童：他们在玩滑梯	给代币＋描述：对了，他们在玩滑梯
呈现多张情境图片：小朋友排队玩滑梯、小朋友吃蛋糕、同学们在上课等。 老师开始问一次：他们都在做什么？ 提示：仿说提示	儿童对应回答：玩滑梯、吃蛋糕、上课等	给代币＋描述

四、互动式语言训练

互动式语言（Intraverbal）是一个语言刺激引发一个语言反应，且反应和语言刺激之间没有定点对应，语言形式可能存在形式相似性，也可能没有。儿童具有互动式语言能力是提升其语言沟通与交往能力的关键。互动式语言训练可按照以下顺序设计活动:① 接续动物叫声、儿歌;② 接续未完成的命名;③ 接续连词或因果关系;④ 简单回应他人提问;⑤ 一来一往主题对话。互动式语言受控于语言刺激,训练时前事需是语言刺激。

(一) 接续语言训练

有些特殊儿童表现出重复语言或自说自话等问题,可以通过接续语言训练增强他们对语言互动功能的意识。具体训练程序举例见表 5-11。在训练中需注意:① 在进行接续语言训练时,可以先完整地仿说一遍,再进行接续,以仿说进行提示,降低接续语言的难度。进行泛化时无须先进行仿说。② 选择儿童感兴趣的动物、儿歌等,有助于激发儿童参与的动机。如儿童对某些动物或儿歌有固执的兴趣,只顾自己说,无法接续,可以选择儿童中低偏好的素材。③ 根据儿童的能力水平,可以从一个字接续开始,再逐步增加接续的词句长度。④ 在接续过程中采用仿说提示,可以延迟 3 秒提示。对提示完成和独立完成应进行差别强化。⑤ 儿童在接续未完成的命名时,可以从对原级强化物的命名开始,之后再转换为次级强化物。

表 5-11 接续语言训练程序举例

项目	动机	教学刺激	儿童反应	强化
接续动物叫声	儿童喜欢的动物	老师用动物玩偶引导,说:小狗汪汪汪	儿童仿说:小狗汪汪汪	描述:你说得真好
		老师用动物玩偶引导,说:小狗…… 提示:2—3 秒延迟提示、仿说提示	儿童接续:汪汪汪	给代币+描述:太棒了,你接着说啦
接续儿歌	儿童喜欢的儿歌	老师:小兔子乖乖,把门开开	儿童唱一样的	描述:唱得太棒了
		老师:小兔子乖乖,把门…… 提示:2—3 秒延迟提示、仿说提示	儿童接续:开开	给代币+描述:太棒了,你接着唱啦
		老师:小兔子乖乖,…… 提示:2—3 秒延迟提示、仿说提示	儿童接续:把门开开	给代币+描述:太棒了,你接着唱啦
接续未完成的命名	儿童喜欢的物品	老师给儿童吃一小块薯片 老师:我们吃…… 提示:2—3 秒延迟提示、仿说提示	儿童接续:薯片	给代币+描述:太棒了,你接着说啦
		老师呈现图片笔 老师:写字用…… 提示:2—3 秒延迟提示、仿说提示	儿童接续:笔	给代币+描述:太棒了,你接着说啦

(二) 回答他人提问训练

回答问题是听力技能和说者技能的结合运用,也是儿童理解语言、发展与他人的主题交谈、陈述事件等能力的基础。回答他人提问包括回答谁、在哪里、什么时间、在做什么、如何做等系列问题,训练程序举例见表 5-12。当儿童不能独立反应时,采用语言或字卡提示。根据儿童的能力水平,可结合情境图片陈述事件内容。需注意的是,互动式语言受控于语言刺激,采用的情境图片属于视觉刺激,它应作为语言刺激的辅助,最终需要让儿童基于语言刺激引发语言反应。

表 5-12 回答他人提问训练程序举例

项目	教学刺激	儿童反应	强化
人物	陈述:爷爷在公园散步,并提问:谁在公园散步?	儿童回答:爷爷	给代币+描述:对,是爷爷
地点	陈述:老师在教室里上课,并提问:老师在哪里上课?	儿童回答:教室	给代币+描述:对,是教室
动作	陈述:保洁员在走廊扫地,并提问:保洁员在做什么?	儿童回答:扫地	给代币+描述:对,扫地
物品	陈述:妈妈在晾衣服,并提问:妈妈晾的是什么?	儿童回答:衣服	给代币+描述:对,衣服
时间	陈述:星期天去商场购物,并提问:什么时间去商场购物?	儿童回答:星期天	给代币+描述:对,星期天

(三)主题对话训练

对不会进行主题对话的特殊儿童而言,需要循序渐进地设计训练活动并实施。在掌握接续语言、回答问题的技能之后,可进行主题对话训练。主题对话训练可遵循以下顺序:① 简单的刺激联结关系训练:目的是促进儿童建立与环境的联结,促进他们注意到环境中的不同线索,以及提升他们对多重线索的反应能力。包括用"是"连结、用感官动词连结、用动作连结、用方位词连结、用相关事件连结等。② 生活相关事件的因果关系训练:目的在于促进儿童理解生活中各种情境中的因果关系,如生理感受的因果、生活经验的因果、物理状态的因果等,是发展高层次逻辑能力的前提。③ 相关字词的联想训练:目的是促进儿童发散性思维,促进自由联想,提升语言的丰富性,增加思维的灵活性,是主题式交谈的基础能力。④ 主题式交谈。前三个环节训练程序举例见表 5-13 至表 5-15。提示手段可以是口语或字卡,采用延迟提示手段,最终目标是用语言刺激引发互动式语言反应。

表 5-13 简单的刺激联结关系训练程序举例

项目	教学刺激	儿童反应	强化
"是"连结	1. 呈现篮球图片或字卡,问:什么和篮球在一起?	儿童回答:圆形和篮球在一起	给代币+描述
	2. 呈现圆形、篮球的图片或文字,问:为什么篮球和圆形在一起?	儿童回答:因为篮球是圆形的	给代币+描述
感官动词连结	1. 呈现雪地图片或字卡,问:什么和雪地在一起?	儿童回答:冰冷和雪地在一起	给代币+描述
	2. 呈现冰冷、雪地的图片或文字,问:为什么冰冷和雪地在一起?	儿童回答:因为雪摸着是冰冷的	给代币+描述

(续表)

项目	教学刺激	儿童反应	强化
动作连结	1. 呈现小朋友画画图片或字卡,问:什么和小朋友在一起?	儿童回答:小朋友和画画在一起	给代币+描述
	2. 呈现小朋友画画的图片或文字,问:为什么小朋友和画画在一起?	儿童回答:因为小朋友在画画	给代币+描述
方位词连结	1. 呈现书桌上放台灯的图片或字卡,问:什么和书桌在一起?	儿童回答:书桌和台灯在一起	给代币+描述
	2. 呈现书桌、台灯的图片或文字,问:为什么书桌和台灯在一起?	儿童回答:因为台灯在书桌上	给代币+描述
相关事件连结	1. 呈现图片或字卡:老师上课,老师拿出书本,问:什么和老师上课有关?	儿童回答:老师上课和拿出书本有关	给代币+描述
	2. 问:为什么这两件事有关?	儿童回答:因为老师上课要用书本	给代币+描述

表 5-14　生活相关事件的因果关系训练程序举例

项目	教学刺激	儿童反应	强化
生理感受	呈现儿童腹痛的图片,问:为什么会肚子痛?	儿童回答:因为生病了,所以肚子痛	给代币+描述
生活经验	呈现准备扔垃圾的图片,问:为什么要扔垃圾?	儿童回答:因为垃圾袋满了,所以要扔垃圾	给代币+描述
物理状态	呈现遥控汽车的图片,问:为什么遥控汽车不动了?	儿童回答:因为遥控汽车没电了,所以不动	给代币+描述

表 5-15　字词联想训练程序举例

项目	教学刺激	儿童反应	强化
字词联想	呈现字卡或口说:公园(儿童感兴趣的),问:说一说和公园有关的事物	儿童回答:公园、滑梯、沙子、小朋友、热闹等	给代币+描述
词语接龙	呈现一个字或词:公园(儿童感兴趣的),问:接和公园有关的词	儿童接续:滑梯	老师接续:热闹,或给代币+描述

在儿童能够对字词进行联想后,说明其概念理解和发散性思维进一步增强,可以开展对话训练。一般的思路是先围绕主题进行字词联想,再基于字词练习说出完整的句子,之后再对句子进行进一步加工,增加形容词等修饰词,最后将句子连成一段完整的对话。

在互动式语言训练环节,还要有意识地提升特殊儿童的非语言沟通技巧,进行表情、肢体语言等方面的训练,使主题交谈时更自然。

五、复杂"说者"行为训练

根据斯金纳的观点,儿童除了需掌握六种基础语言行为(初级语言行为)外,还需要进一步发展复杂说者行为(次级语言行为),前文提到的多重线索命名、命名事件都属于复杂说者行为。除此之外,自动附加(Autoclitic)、多重控制也属于复杂语言行为,在儿童掌握基础语言行为后需要进一步发展,以提高语言功能与水平。目前,常用的 VB-MAPP 评估中未涉及复杂语言行为的评估。

(一)自动附加

自动附加以基础语言行为作为前提,其作用是完善、修正基础语言行为,或者更精准地描述语言行为,并对听者产生不同的行为反应。通过自动附加,语言行为变得更加复杂、准确。如命名"皮球"的学习是基础语言行为范畴,但附加"我想要"后就能准确表达"我想要皮球"。自动附加包括:① 描述性的自动附加。如我喜欢皮球,皮球看起来很好玩,我看到那个小朋友有皮球。② 量化式的自动附加:限制了听者对刺激控制和说者行为的反应。如我想要那个皮球,给我一个皮球。③ 授权式的自动附加:改变听者与命名相关的行为强度或方向,如"这个皮球很好玩""是的/可能吧"。④ 关系型/操纵型的自动附加:使用介词、连词、冠词、顺序变化等表述。如皮球在桌子底下。

自动附加的运用有助于儿童形成对当下情境的一些语言框架,如"我想要××""我想说××""这是××""因为××,所以××""前面的是××",并在运用过程中通过听者的反应不断强化,成为其有效的语言行为经验,使他们的语言行为更加有效。自动附加的语言框架是儿童的语言由简单到复杂的必由之路,是孤独症等语言障碍儿童语言水平跨越式发展的关键。自动附加训练程序举例见表5-16。在训练时,尽量选择儿童生活中常见的情境作为教学内容,情境中的事件命名是儿童已掌握的。儿童不会时,一般使用字卡提示,之后逐步撤除。

表5-16 自动附加训练程序举例

项目	教学刺激	儿童反应	强化
准确描述事件	情境:儿童看到/听到/听说某个儿童在玩皮球,走向大人。 问:他在做什么?	儿童回答:在玩皮球	给代币
	问:你怎么知道他在玩皮球? 提示:字卡提示(看到/听到/听说,供选择)	儿童回答:因为我看到/听到/听说他在玩皮球	给代币+描述
以量词准确描述事件	情境:操场上很多同学在踢足球。 问:告诉我操场上的情况? 如果儿童没有用量词,再继续询问: 再更清楚地告诉我操场上的情况? 提示:字卡提示(满的/一般满/空的,或很多/比较多/比较少/没有等,供选择)	儿童回答:很多人在踢球	给代币

（二）多重控制

事实上，儿童在沟通与交往过程中的语言行为一般都表现为复杂行为，很少只采用某种单一的基础语言行为。斯金纳采用多重因果关联的概念分析了语言的复杂性，其中发散性（Divergent）多重控制和聚合性（Convergent）多重控制在教儿童掌握分类问题或某一问题的多重解答时具有参考价值，有助提高儿童对语言运用的灵活性和想象力。训练程序举例见表5-17。训练时，可以优先选择儿童偏好的物品，激发学习动机。教学材料应在类别和属性上多样化，儿童应具有分类的能力。如果儿童不会发散性思维，可以先从聚合性思维开始训练。在多重控制训练中，还需要探测儿童是否有新的自发反应，以此作为判断儿童是否产生了发散性思维或聚合性思维。

表5-17 多重控制训练程序举例

项目	教学刺激	儿童反应	强化
阶段一：聚合式	问：圆圆的、可以滚动、需要充气的是什么？ 提示：图片提示、仿说提示	儿童回答：球	给代币＋描述
阶段二：发散式	呈现数张球的图片 问：说出球的至少三种特征 提示：三秒延迟语言提示	儿童回答：圆圆的、可以滚动、需要充气	给代币＋描述

思考题

1. 语言行为法的主要观点是什么？
2. 从语言行为法角度看，特殊儿童听者技能和说者技能训练包括哪些内容？
3. 六种基础语言行为的含义及教学模式是什么？
4. 老师是如何通过基本的注意行为训练实现对教学过程的控制的？
5. 要求训练的内容有哪些？举例说明如何开展要求训练。
6. 听者命名和说者命名有何区别？应分别如何开展训练？
7. 互动式语言的训练思路是什么？

第六章

特殊儿童情绪技能训练

📖 内容提要

情绪技能训练是特殊儿童沟通与交往技能训练的重要组成部分。本章首先介绍了情绪技能的含义，特殊儿童情绪技能表现特点，之后从情绪认知技能、情绪表达和调节技能方面介绍了训练思路、方法、案例。其中，情绪认知技能可从简单情绪识别、情境中的情绪识别、情绪因果关系认知、复杂情绪识别、混合情绪理解等方面开展。而特殊儿童的情绪表达和情绪调节训练需结合情绪认知训练，从认知、表达、调控的思路开展训练，还要注意环境支持对特殊儿童情绪技能的促进作用。

📖 学习目标

1. 解释情绪理解、情绪表达与调节等技能的含义；
2. 了解孤独症、智障及注意缺陷多动障碍儿童的情绪技能特点；
3. 归纳特殊儿童情绪认知训练的思路，会设计及模拟实施简单情绪识别、情境中的情绪识别、情绪因果关系认知、复杂情绪识别等训练活动；
4. 了解特殊儿童情绪表达和情绪调节训练的思路，会设计及模拟实施情绪表达、自我情绪调节、人际冲突中的情绪调节等训练活动。

思维导图

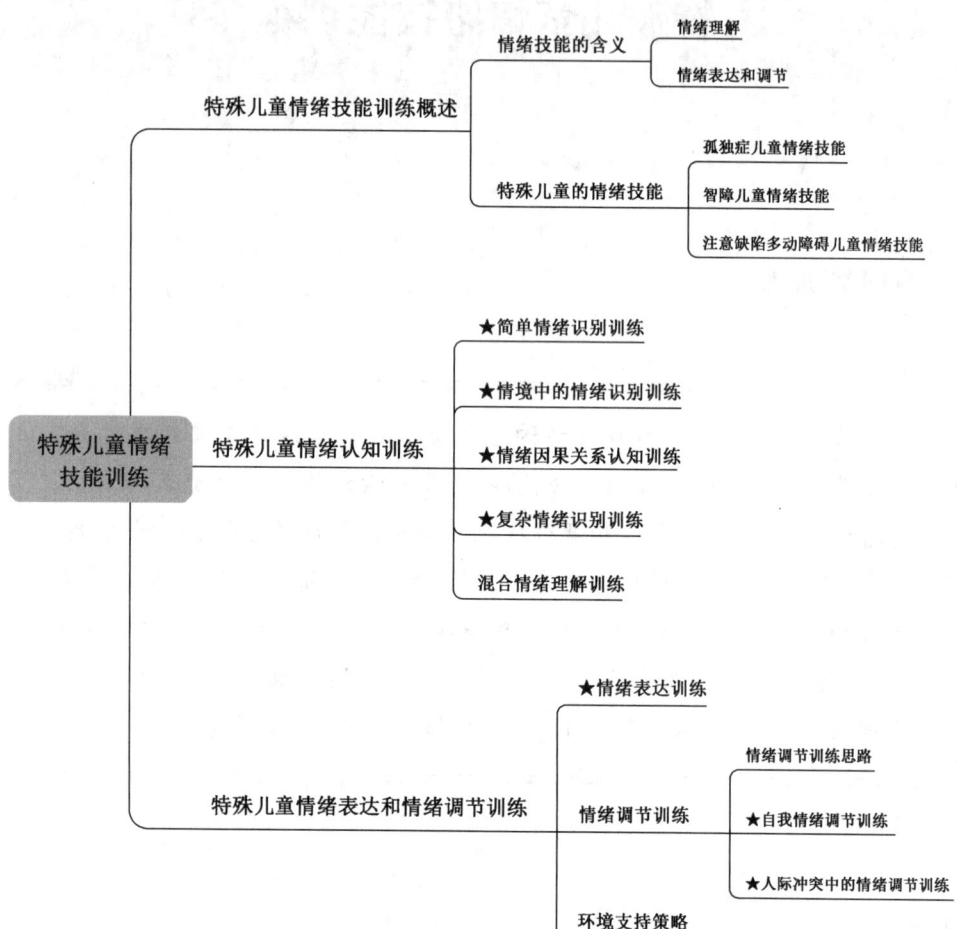

第一节　特殊儿童情绪技能训练概述

特殊儿童沟通与交往活动中,情绪技能扮演着重要角色。一方面,它是沟通与交往的一种方式,如通过发脾气来表达自己的态度或感受;另一方面,情绪调控影响着沟通与交往过程,愉悦的情绪状态更有助于实现沟通目的,促进人际关系发展。

一、情绪技能的含义

情绪是一个复杂而多维度的概念,是个体对于特定事件或情境的主观体验与反应。它可以是积极的,如喜悦、兴奋;也可以是消极的,如悲伤、愤怒。情绪本身并无好坏之分,关键在于如何去认识、表达和调节情绪。情绪技能包括情绪理解、情绪表达和情绪调节等多个方面。

(一) 情绪理解

情绪理解是情绪交流和社会关系的基础。它指个体对所面临的情绪线索和情境进行准确解释的能力。情绪理解能促进更好地洞察自己和他人的情绪情感状态,进而做出恰当的反应或回应。情绪理解反映了个体发展和社会适应的水平,也体现了个体成长过程中对情绪世界的认知和理解程度。情绪理解包括对情绪状态的理解和对情绪过程的理解。

情绪状态是人们对周围环境和个人经历的一种主观反应,如面部表情理解、情境中的情绪理解、混合情绪理解。面部表情理解是情绪理解与表达的基础。人类面部肌肉的运动能够传达出丰富的情绪信息,如喜怒哀乐等。通过对面部表情的观察和分析可以推断出个体当前的情绪状态,进而理解他们的心理状态和需求。面部表情一般分为基本面部表情和复杂面部表情。基本面部表情具有普遍性,如高兴、伤心、生气、害怕。复杂面部表情是在特定情境中产生的,需要根据具体的语境和背景来理解和解释,如失望、内疚、害羞、尴尬等。情境中的情绪理解则强调情境因素和情绪有关系,情绪由情境而生,需根据情境来判断情绪。不同的情境可能引发相同的情绪,但同一种情绪在不同的情境中可能具有不同的意义和影响,需要结合具体的情境来理解和解释个体的情绪状态。混合情绪理解指个体在同一时刻可能体验到多种情绪状态的现象。这些情绪可能相互冲突,也可能相互融合,形成复杂的情绪体验。通儿童在大约6岁开始对混合情绪有所了解。7岁左右,儿童通常能够识别同一种性质的情绪,如同为积极情绪或同为消极情绪。11岁左右,儿童的理解能力得到了进一步提升。他们开始能够理解存在一种以上不同性质的情绪同时发生在同一个体的现象。对情绪状态的理解有助于更全面地把握个体的心理状态,以及他们如何应对复

杂的情绪体验。

对情绪过程的理解涉及对情绪发生原因、情绪认知过程、情绪调节过程等理解。情绪归因理解是指个体在面对各种不同情境时，如何对自身的情绪体验进行原因上的推论，并对他人产生情绪体验的情境做出判断。这一认知过程对于个体的情绪调节、社会交往以及心理健康等方面具有重要的影响。一般而言，5—6岁的儿童已经具备了一定的情绪归因能力，能够对自己和他人的情绪体验做出合理的解释。情绪认知过程的理解包括理解个体的愿望和信念会影响他们对情境的认知和解释，进而引发相应的情绪反应；理解不同的社会和文化背景对情绪的表达和解读有着不同的规范和期望等。情绪调节的理解指个体认识到如何主动管理和调整自己的情绪状态，理解情绪调节的核心在于认识到情绪并非孤立存在，而是与认知、生理和行为反应紧密相关。情绪调节不仅涉及对负性情绪的抑制和消解，还包括对积极情绪的保持和增强。一个有效的情绪调节策略能够帮助个体在面对压力、挑战或冲突时，保持冷静、理智和积极的心态。理解情绪调节的过程和策略有助于个体从认知角度指导自己更有效地管理情绪。

（二）情绪表达和调节

情绪表达和调节在特殊儿童沟通与交往中发挥着关键作用，它们对于个体的情感平衡和社交互动具有至关重要的影响。特殊儿童不仅需要学习将内心的情感体验通过言语、行为或表情等方式传达给他人，还需要学习在面临情绪刺激时，通过认知和行为策略来调整自身情绪反应的过程。

情绪表达是指个体使用非口语（如眼神、面部表情、肢体动作）以及口语将自己的情绪状态准确地传达给他人。随着年龄增长，儿童的情绪表达从缺乏控制的本能状态逐渐发展为可控制的，并且根据环境进行调整，以符合社会规范。良好的情绪表达能力有助于建立更加亲密的关系，促进情感交流和沟通。儿童需要学会有效地传达自己的情感状态。这包括选择合适的时机和场合，以及使用恰当的语言和表情来表达自己的感受，学会倾听他人的情绪表达，理解并尊重他人的感受。

情绪调节是指个体通过一定的策略和机制，管理和改变自己或他人情绪的过程，以适应不同环境需求。情绪调节主要包括两个方面：一是调节正性情绪，以防止乐极生悲的情况出现；二是调节负性情绪，以预防情绪行为问题的发生。这都需要个体具备一定的情绪认知、表达和应对能力。情绪调节技能除了要恰当地表达情绪外，还包括管理自我情绪和解决人际冲突中的情绪问题。在管理情绪方面，如学习对自己生气情绪的管理以及应对挫折的自我调控，通过觉察自己生气的生理反应、了解生气的原因、调控不当的情绪表达方式以及学会以恰当的方式表达自己的生气，可以更好地掌控自己的情绪，避免情绪问题造成的负面影响。在解决人际冲突中的情绪问题方面,要学会尊重他人的观点和感受,避免与别人发生冲突;在发生冲突时,能够让自己冷静下来、能够克服来自他人的嘲笑、能够原谅他人,避免在冲突中做出过激言行,以免进一步加剧矛盾;当无法解决冲突时,能够求助他人等。通过情绪调节,个体能够有效地调节和控制自己的情绪反应,避免过度激动或消沉,从而保持情绪的稳定和平衡,这有助于更好地应对生活中的挑战和压力,提高个人的适应能力和应对能力。

二、特殊儿童的情绪技能

(一) 孤独症儿童情绪技能

孤独症儿童可能在理解情绪方面存在障碍,这包括对面部表情的识别和对情境引发情绪的认识。他们在情绪命名、识别、观点采择和情绪原因解释任务上的能力普遍低于同龄的正常儿童。他们对基本情绪如高兴、悲伤、恐惧和愤怒的理解能力发展可能遵循与正常儿童相似的模式,但存在明显滞后。例如,他们不会主动关注他人的面孔以获取信息,也不倾向于留意他人的表情变化,难以识别他人的面部表情和肢体语言,这在一定程度上影响了他们理解和解读他人情感和意图的能力。他们可能难以理解复杂的情绪情感概念,如爱、幸福、自豪、失望等,这进一步影响了他们在社交场合的表现。孤独症儿童的情绪表达可能简单、直接,且情绪爆发频繁。他们的情绪大多数是短暂的应激反应,不能转化为持久的心境和情感。他们在表达情绪时可能缺乏适当的语言和身体语言,使得他们的情绪状态难以被他人准确解读。他们可能更容易出现情绪波动,甚至在某些情况中会表现出过度的情绪反应。他们可能难以理解和适应社交规范,导致他们在与同龄人或成人交往时显得格格不入,易产生情绪冲突。他们可能难以控制自己的情绪,导致情绪爆发或长时间处于消极状态,且情绪表达方式较为简单。他们的情绪可能不是针对具体的人和事情,而是具有弥散性。此外,他们还可能对某些刺激表现出异常敏感或迟钝的反应,这进一步增加了他们情绪调节的难度。

(二) 智障儿童情绪技能

智障儿童的面部表情识别能力普遍低于同龄的普通儿童,大多数智障儿童能够识别一些基本情绪表情,如开心、难过和生气,但对复杂情绪的识别能力可能较弱。随着障碍程度加重,智障儿童面部表情识别能力会进一步降低,尤其在对表情细微差别和深层含义的理解上。与普通儿童相比,智障儿童在理解和判断不同情境中的情绪表现以及对情绪情境的综合判断能力都相对较低。智障儿童对混合情绪的理解水平也相对较低。智障儿童通常表现出对消极情绪更为深刻的体验,这导致他们对消极情绪的归因能力相对较强。这种特点使得智障儿童在面对负面情境时,更容易将情绪归因为外部因素或自身无法控制的原因,而非积极寻找解决问题的方法或调整

自己的心态。智障儿童需要更长的时间来理解和适应基于信念的情绪变化,其相关教育在五六岁之后进行更合适,以确保他们具备足够的信念认知基础来接受和理解教学内容。他们在情绪规则理解方面也存在明显不足。智障儿童在情绪表达上可能表现出不稳定性、自制能力差和情绪表达迟缓的特点,情绪表达往往比较直接和外显,不会隐藏自己的情绪,喜怒哀乐等情绪状态容易直接表现在脸上或行为上,也很难根据情境的变化选择恰当的表达时机,这使得他们在社交场合中容易显得突兀或不适应。他们可能难以准确地表达自己的情绪,容易受到外界因素的影响。他们可能学会了某种情绪表达,但难以理解何时使用这种表达是适当的,何时需要控制或改变表达方式。智障儿童可能更容易出现情绪不稳定和行为问题,这些问题可能与他们的情绪控制能力不足有关,他们可能不知道如何在不同情境中适当地表达自己的情绪,或者如何控制情绪的强度。

（三）注意缺陷多动障碍儿童情绪技能

注意缺陷多动障碍儿童由于大脑在注意力控制、冲动抑制和活动调节方面存在功能性的障碍,往往难以有效处理情绪,导致在日常生活中出现情绪不稳定、行为冲动以及社交困难等问题。在情绪理解方面,他们可能难以准确识别他人的情绪信号,也无法理解自己情绪产生的根源。他们可能无法区分不同的情绪状态,或者在情绪体验上缺乏深度和复杂性。这可能导致他们在处理人际关系时出现困难,无法有效预测和回应他人的情感需求。在情绪表达方面,他们通常表现出更为直接和冲动的表达方式,无法控制自己的情绪反应,情绪波动可能较大,容易在情绪激动时采取过激的行为。此外,他们可能缺乏适当的情绪表达技巧,导致在沟通与交往中无法准确传达自己的感受和需求;他们往往缺乏有效的情绪调节策略,无法有效应对压力和负面情绪,在某些场合表现出不当的兴奋或过度活跃,这可能导致他们在面对挑战时感到无助和沮丧,进一步影响他们的学习和社交能力。

第二节 特殊儿童情绪认知训练

特殊儿童的情绪认知训练是情绪表达和调节训练的基础。当儿童能认识、理解自己和他人的情绪、理解情绪的因果关系等,情绪表达和调节训练才更具有效果。

一、简单情绪识别训练

当儿童不会识别情绪时,可以从听者命名开始教学,以"指出"的方式引导儿童进行说者命名,训练程序举例见表6-1。在听者名字教学时,依次呈现每种基本情绪（开心、难过、害怕、生气）的图片（见图6-1举例）和一张干扰情绪图片,让儿童根据老师的指令选择正确情绪图片。之后逐渐增加辨别的数量,促进儿童熟练掌握。在说者命名教学时,只需一次呈现一张面部情绪图片,需注意的是同一种情绪需准备多种图片,以便于儿童从不同角度认识该情绪。开始可进行语言提示,最终需撤除语言提示。儿童能对情绪进行说者命名意味着他们真正理解了该情绪。

表6-1 简单情绪识别训练程序举例

方式	教学刺激	儿童反应	强化
指出	呈现2张图片:哪一个是开心的图片?/给我开心的表情图片	儿童指出或给出正确图片	给代币+描述:对,这就是开心的图片
说出	呈现开心图片:他的心情怎么样?/他看起来感觉怎样?	儿童回答:开心	给代币+描述:对,他感觉很开心
自然情境教学	一个小孩在游乐场高兴地玩滑梯,指着该儿童的笑脸问:他的心情怎么样?	儿童回答:开心	给代币+描述:对,他感觉很开心

图6-1 开心、难过、害怕、生气表情图片举例

需要注意的是:① 教学指令的表述可以逐步多样化,如听者命名的指令可以是"找出开心的表情""指出哪个是开心""开心在哪里呢"等,说者命名的指令可以是"他的心情怎样?""他会有什么感觉?"务必保持指令的精炼和明确。② 随着儿童对情绪的识别能力逐渐提升,可以对情绪进行多样化的命名。比如,"开心"可以拓展为"高兴""愉悦""快乐"等不同的表达,以帮助儿童更全面地理解情绪的多样性。③ 教学材料必须呈现多样化特点,以确保每种情绪都能通过至少3种不同形式进行展现,避免儿童机械记忆学习。情绪图片需丰富多彩,涵盖不同性别、年龄层的人物形象,也包括卡通人物和简笔画等图片。情绪图片可以来自生活,是儿童熟悉的老师、家人、同学做出的不同面部表情。从教学难度而言,教学材料一般最先使用真实人物情绪图片,然后使用影视故事、故事书等中的情绪图片,之后使用卡通或简笔画的情绪图片。④ 听者命名采用手势提示或位置提示等辅助手段。手势提示可以通过简单的动作来引导儿童关注特定的情绪图片,位置提示则可以将图片放在离儿童较近的地方,以便他们更方便地靠近图片。说者命名可以采用口语提示或字卡提示。⑤ 针对儿童出现错误反应的情绪,需抓住关键细节促进儿童理解。例如,开心的表情特点是:眼睛弯弯、眉毛上扬、嘴巴张开、嘴角上翘、脸上有笑容;特别开心时,眼睛眯成一条线,露出牙齿,笑得很大声。难过的表情特点是:流泪、扁嘴、没有神气、嘴唇紧闭、

嘴角下垂、皱眉毛；有时虽然不哭，但整个人显得无精打采。害怕的表情特点是：眼睛睁大、眉毛升高、嘴巴张开想呼喊、面容扭曲，整个人处于惊愕状态，不知所措。生气的表情特点是：眼睛瞪着对方、眉毛竖起、嘴巴用力闭着或咬牙切齿。⑥ 在自然情境中对学习内容进行泛化，结合真实的人物表情来促进儿童的理解和应用。

为促进儿童表达情绪，可以将情绪识别与表达结合进行训练，训练举例见表 6-2。可以采用语言提示、字卡提示、手势提示或情绪图卡提示的方法，逐步减少提示的程度，引导儿童逐渐独立地识别和表达情绪。只要儿童有作出相应表情的努力，都可以给予强化。

表 6-2　简单情绪识别结合表达训练举例

教学刺激	儿童反应	强化
呈现开心的图片：他的心情怎么样？/他的感觉看起来怎样？	儿童回答：开心	给代币＋描述：对，他感觉很开心
呈现开心图片：开心会出现什么表情？/他的感觉看起来怎样？	儿童回答：嘴角上翘、脸上有笑容	给代币＋描述：对，他感觉很开心
老师指令：做出开心表情	儿童做出开心表情	给代币

二、情境中的情绪识别训练

情境中的情绪识别训练包括理解他人情绪和自我情境两种。一般先从理解他人情绪教学开始。依次呈现引起开心、难过、害怕或生气等情绪的情境图片，这些图片描绘了人们在不同情境中的情绪状态。教学时，教师先解释情境中的事件，并提出与情境有关的情绪问题，让儿童指出或回答，训练举例见表 6-3，情境图片举例见图 6-2。

表 6-3　情境中的情绪识别训练举例

项目	教学刺激	儿童反应	强化
他人情绪—指出	呈现图片，教师：小勇在游乐场里玩蹦床，他的心情怎样？并呈现开心、难过、害怕、生气表情图片	儿童指向开心的图片	给代币＋描述：对，他的心情很开心
他人情绪—说出	呈现图片，教师：小勇在游乐场里玩蹦床，他的心情怎样？	儿童说出：开心/他的心情很开心	给代币＋描述：对，他的心情是开心的
自我情绪—指出	呈现图片，教师：这是你——乐乐，你在游乐场里玩秋千。乐乐，你的心情怎样？并呈现供选择的表情图片	儿童指向开心的图片	给代币＋描述：很好，你的心情是开心的
自我情绪—说出	呈现图片，教师：这是你——乐乐，你在游乐场里玩秋千。乐乐，你的心情怎样？	儿童说出：我觉得很开心/我很开心	给代币＋描述：你有说出很开心，太厉害了

(续表)

项目	教学刺激	儿童反应	强化
自然情境教学	一个小孩在游乐场高兴地玩滑梯,妈妈指着该儿童问小明:他的心情怎么样?	儿童回答:开心	给代币＋描述:对,他感觉很开心
自然情境教学	小明在游乐场高兴地玩滑梯,妈妈问小明:你的心情怎么样?	儿童回答:开心	给代币＋描述:对,你感觉很开心

图 6-2　游乐场玩蹦床情境图片举例

需注意的是:① 确保充足的素材供儿童巩固和迁移所学内容。建议每种情绪的情境图片不少于 10 种,可以包括真人、卡通、动物等不同版本,以丰富教学内容,激发儿童的学习兴趣。情境图片应是生活中常见的情境,或是儿童需要理解的情境,如失火、被狗追等具有危险性的情境。各类情境中的简单情绪举例见表 6-4。② 在教学顺序上,建议先教授开心情境的情绪,让儿童首先感受到积极的情绪氛围。然后再逐步加入难过、害怕或生气等其他不同的情绪情境进行辨别,让儿童在对比中更好地理解各种情绪情境的特点。③ 可采用图片提示或口语提示,之后逐步撤销提示,促进儿童独立。④ 当基本情绪教学任务完成后,可加入尴尬、害羞、惭愧、自豪等复杂情绪教学。⑤ 当儿童对情境不理解时,需先进行情境命名教学。当儿童对情境引发的情绪无法理解时,可对情境重点细节进行说明,如在失火的情境中有浓烟、火苗等,这些是让人害怕的。⑥ 情境中的情绪识别也可以从听者命名教学开始,过渡到说者命名教学。如果儿童的能力较好,可以直接进行说者命名教学。⑦ 在识别自我情绪时,如果儿童对代词应用存在困难,可以先用儿童的名字作为主语,之后再逐步转换成代词作主语。为避免儿童混淆人称代词,在用口语作为提示手段时,最好由第三方来担任提示者。⑧ 结合自然情境对所学内容进行泛化,要善于抓住儿童产生各种情绪状态的契机,引导儿童将情绪体验与生活经验连结。

表 6-4 各类情境中的简单情绪举例

情境类别	举例	情境类别	举例
开心情境	吃到喜欢吃的食物 收到礼物 到游乐场玩 玩喜欢的玩具 考试得到高分 得到老师的表扬 听到一个好消息 受到老师和同学欢迎 和同学或朋友一起玩 庆祝生日或节日 成功完成某个任务 某个愿望得到满足	难过情境	要求没有被满足 愿望没有实现 喜欢的物品坏掉 失去喜欢的朋友 熟悉的亲人去世 考试不及格 被大人批评 被喜欢的人粗暴地对待 得到不想要的物品 迎接挑战失败或比赛输了 认为老师或同学不喜欢你 自己生日被大人遗忘了
害怕情境	看到令人害怕的动物，如狗、蛇、蜘蛛 遇到令人害怕的外在环境，如闪电、打雷、高处、黑暗 经历害怕的事情，如打针、受伤 面临危险，如被狗追、车撞过来 做错事了担心被大人惩罚 被令人害怕的人欺负 没有安全感，迷路或找不到妈妈 晚上一个人在家 在令人害怕的情境中，如被淹没在人群中	生气情境	被人取笑或欺负、欺骗、冤枉 遇到对自己不公平的事 想要的东西没有得到 喜欢的东西被没收或被破坏 未经同意自己的东西被拿走 别人答应的事情未做到 没有人愿意和你一起玩 大人不让你去外面玩 没有犯错却被惩罚 被人故意打扰

三、情绪因果关系认知训练

情绪因果关系认知训练从他人情绪和自我情绪两个方面进行训练。一般是在情境中的情绪识别训练之后进行，在前期教学中加入对因果关系的认知，即能用"因为……所以……"将情境和情绪的因果关系连接起来。训练程序举例见表6-5。每个情境的教学分为三个步骤，前两个步骤的问题属于情境中的情绪识别训练，由于在前期训练中达到了熟练程度，该环节的训练无须用强化物或代币，可以进行描述性回应，以帮助儿童巩固所学知识。如果儿童在前两个步骤出现错误反应，应及时纠错。如果错误频率过高，应回到情境中的情绪识别教学环节。可采用字卡提示或口语提示的方式，使用"因为……所以……"的句式来引导儿童进行因果关系的认知训练。还需要结合自然情境对所学内容进行泛化。

表 6-5 情绪因果关系认知训练程序举例

项目	教学刺激	儿童反应	强化
他人情绪	教师呈现图片并问： 1. 说说看，发生什么事了？	儿童回答： 1. 她在游乐场里玩	描述：对，她在游乐场里玩
	2. 她的心情怎么样？	2. 她很开心	描述：对，她感到开心
	3. 为什么她会有这样的心情？	3. 因为她在游乐场里玩，所以她感到开心	给代币＋描述：对，因为她在游乐场里玩，所以她感到开心，你说得很棒
自我情绪	教师呈现图片并问： 1. 说说看，你在做什么？	儿童回答： 1. 我在游乐场里玩	描述：对，你在游乐场里玩
	2. 你的心情怎么样？	2. 我很开心	描述：对，你感到开心
	3. 为什么你会有这样的心情？	3. 因为我在游乐场里玩，所以我感到开心	给代币＋描述：对，因为你在游乐场里玩，所以你感到开心，你说得很棒
自然情境教学	小明在游乐场高兴地玩滑梯，妈妈问小明： 1. 你刚做什么？	儿童回答： 1. 玩滑梯	描述：对，你在玩滑梯
	2. 你的心情怎么样？	2. 开心	描述：对，你感觉很开心
	3. 为什么你会有这样的心情？	3. 因为我在玩滑梯，所以我感到开心	给代币＋描述：对，因为你在玩滑梯，所以你感到开心，你说得很棒

与愿望、想法有关的情绪是指愿望、想法得到实现或未得到实现所产生的情绪状态。愿望、想法与现实相符产生正向情绪，与现实不符产生负向情绪。训练程序举例见表 6-6。愿望、想法存在于大脑，儿童如果难以理解，可以采用"思想泡"的方式来呈现，泡泡中的内容即为儿童大脑中的愿望或想法。"思想泡"视觉材料举例见图 6-3。与愿望有关的情绪认知训练需帮助儿童建立的情绪因果概念是：因为儿童得到/没有得到想要的东西，所以感到开心/难过。与想法有关的情绪认知训练需帮助儿童建立的情绪因果概念是：因为儿童以为不能得到，实际却得到，他会感到开心；因为儿童以为能得到，实际未得到，他会感到失望。在教会儿童认识他人与愿望、想法有关的情绪因果关系后，也需要对自我相关情绪归因进行训练。

表 6-6 与愿望、想法有关的情绪因果关系认知训练程序举例

情境	教学刺激	儿童反应	强化
讲述情境：小明想要的生日礼物是遥控汽车，但爸爸送给他一个篮球	教师指令： 1. 他想要什么？	儿童回答： 1. 他想要遥控汽车	描述：对，他想要遥控汽车
	2. 他得到了什么？	2. 他得到了篮球	描述：对，他得到了篮球，不是他想要的
	3. 他的心情如何？	3. 他的心情不开心	描述：对，他不开心

（续表）

情境	教学刺激	儿童反应	强化
	4. 为什么他会有这种心情	4. 因为他没有得到想要的，所以他不开心	给代币＋描述：对，因为他没有得到想要的，所以他不开心。你说得很棒
讲述情境：小明想要的生日礼物是遥控汽车，爸爸出差了没法送他礼物，他认为不会得到这个礼物。生日那天，爸爸出差回来，送他一辆遥控汽车	教师指令： 1. 他想要什么	儿童回答： 1. 他想要遥控汽车	描述：对，他想要遥控汽车
	2. 他认为自己能得到遥控汽车吗	2. 他认为不能得到遥控汽车	描述：对，他认为不能得到遥控汽车
	3. 他的心情如何	3. 他的心情很难过	描述：对，他很难过
	4. 他实际得到了什么	4. 他实际得到了遥控汽车	描述：对，他实际得到了遥控汽车
	5. 他的心情如何	5. 他的心情很开心	描述：对，他很开心
	6. 为什么他会有这种心情	6. 因为他得到了原以为得不到的东西，所以他很开心	给代币＋描述：对，因为他得到了原以为得不到的东西，所以他很开心。你说得很棒

图6-3 "思想泡"视觉材料举例

四、复杂情绪识别训练

针对表情识别训练，一般从高兴、生气、伤心、害怕等基础面部表情识别开始，再循序渐进到复杂情绪识别训练，认知成分在其中起到重要作用，如内疚、失望、惊讶、尴尬、困惑、骄傲等，训练举例见表6-7。为每种复杂情绪的情境图片教学准备至少10种不同的情境，以确保教学材料的丰富性和多样性。每教一个复杂情绪时，建议与已经掌握的基本情绪进行辨别训练。可采用图片提示或口语提示作为辅助手段，并逐步撤除提示。在复杂情绪识别技能熟练后，应加入因果关系的认知训练，追问儿童产生该情绪的原因，儿童应掌握使用"因为……所以……"的句式来进行解释。

表 6-7 复杂情绪识别训练举例

情绪	教学刺激	儿童反应	强化
内疚	教师呈现情境图片:妈妈工作忙,忘记了小明的生日。他的心情怎样?	儿童回答:内疚	给代币+描述:很好,你有说出他的心情很内疚
失望	教师呈现情境图片:小明的生日被妈妈忘了。他的心情怎样?	儿童回答:失望	给代币+描述:很好,你有说出他的心情很失望
惊讶	教师呈现情境图片:小明很意外收到妈妈送的玩具车。他的心情怎样?	儿童回答:惊讶	给代币+描述:很好,你有说出他的心情很惊讶
尴尬	教师呈现情境图片:小明送给朋友的玩具竟然是坏的。他的心情怎样?	儿童回答:尴尬	给代币+描述:很好,你有说出他的心情很尴尬
困惑	教师呈现情境图片:小明不知道从哪一条路走才是对的。他的心情怎样?	儿童回答:困惑	给代币+描述:很好,你有说出他的心情很困惑
骄傲	教师呈现情境图片:小明参加比赛得了第一名。他的心情怎样?	儿童回答:骄傲	给代币+描述:很好,你有说出他的心情很骄傲
自然情境教学	小明没有妈妈的帮助就把衣服晾好了,妈妈说:你晾衣服晾得又快又好,你的心情怎样?	儿童回答:骄傲	给代币+描述:很好,你有说出自己的心情很骄傲

五、混合情绪理解训练

混合情绪理解,即儿童对同一情境可能引发同一个体产生两种不同或相矛盾的情绪反应的认识能力。大约 6 岁的儿童开始对混合情绪有所感知,7 岁的儿童通常只能识别出同一性质的情绪,如同为积极情绪或同为消极情绪,11 岁儿童能理解并接受某人在同一时刻可能体验到多种不同性质的情绪。特殊儿童的混合情绪理解能力往往滞后于同龄的普通儿童。为了提升特殊儿童对混合情绪的理解,关键在于为他们创造能够同时体验两种情绪的情境。例如,当妈妈出差时可能会引起既难过又开心的情绪,难过是因为妈妈要离开家一段时间,高兴是妈妈出差回来会带礼物。在教导特殊儿童理解混合情绪时,教师应紧密结合他们的生活实际,并敏锐地捕捉每个特殊儿童的所处情境,引导他们深入体会这些复杂的情绪。除了培养特殊儿童对自我混合情绪的理解外,还应该教导他们理解他人的混合情绪,可以利用故事书、动画片情境,或创设情境图片来展示各种混合情绪的场景,并通过不断地提问和引导,帮助特殊儿童逐步深化理解。

第三节　特殊儿童情绪表达和情绪调节训练

　　掌握恰当的情绪表达方式是特殊儿童学会情绪调节的一个重要方面。情绪调节即个体运用特定的策略和机制来管理和改变自身或他人情绪的过程,它涉及在生理活动、主观体验以及表情行为等多个层面引发情绪状态的转变。情绪表达训练和情绪调节训练相辅相成。

一、情绪表达训练

　　在情绪表达训练前,需要帮助特殊儿童认识和辨别自我或他人的情绪,意识到不同情绪状态的存在,学会敏锐捕捉并准确辨识自己的情绪,细心觉察内心的微妙变化,感受情绪带来的身体反应和思维波动。通过觉察与识别,促进儿童更精准地把握自己的情绪状态,为有效表达情绪提供支撑。帮助儿童准备识别自身的情绪也是为了更精准地把握情绪表达时机与情境,在合适的场合和时机表达情绪。

　　在捕捉到自己的情绪状态之后,要选择恰当的情绪表达方式,可以用语言、非语言结合的方式,如果不具备语言表达能力,可以采用图片、手势等替代方式。对不同的情绪需要采用不同的表达策略,例如,难过时可能需要倾诉或寻求安慰;愤怒时则需控制语气和措辞。情绪表达训练举例见表 6-8。要学会根据情绪的类型和强度灵活调整表达方式,避免情绪过于激烈或压抑。在认知层面掌握了恰当的情绪表达方式后,可以通过角色扮演、模拟对话等方式来开展练习,从而达到熟练运用。

表 6-8　情绪表达训练举例

情绪	教学刺激	儿童反应	强化
高兴	在游乐场玩	儿童语言表达:太开心啦!我好开心!太好玩啦!等 非语言表达:大声地笑、跳起来、击掌等 不当方式:不愿意回家、兴奋时间过久、破坏行为等	自然强化物
难过	摔痛了	儿童语言表达:好疼!我好难过!太难受啦!等 非语言表达:哭泣、伸手求拥抱、找爸爸妈妈寻求安慰等 不当方式:持久黏人、不吃不喝、提出过分要求等	自然强化物
害怕	一条大狗拦路狂叫	儿童语言表达:好恐怖!太可怕了!等 非语言表达:害怕表情、跑开、躲起来、找大人帮忙等 不当方式:不出门、恐惧狗等	自然强化物
生气	被欺负	儿童语言表达:我生气了!离我远点!再这样我要反击!等其他寻求问题解决措施的语言 非语言表达:生气表情、深呼吸、握拳、跺脚、控制行为程度、寻求老师帮助等 不当方式:自伤或伤人行为、破坏行为、发脾气等	自然强化物

情绪表达训练还需和倾听他人结合起来,倾听他人的需求和感受,尊重他人的情绪表达。需帮助儿童明确情绪表达的目的在于分享内心感受,而非试图改变他人的想法或行为。注重情绪表达应是具体的、清晰的,能清楚地传递情绪信息。对自己的过激情绪表达需接受他人的反馈和建议,不断完善情绪表达方式。还应多表达正面的情绪,以增进彼此之间的情感联系,促进关系和谐发展。

二、情绪调节训练

(一) 情绪调节训练思路

情绪调节不仅包括对生气、害怕、伤心等负向情绪的调节,也包括对高兴、愉快等正向情绪的调节,面对负向情绪时能够冷静应对,以及在积极情绪高涨时能够保持适度的兴奋度,避免过度激动导致不当行为。情绪有原始情绪与次级情绪之分。原始情绪是个体在面对发生在自己身上的事件时,直接且即时产生的初步情感反应。它是情感世界的初始阶段,通常表现为一种强烈的、未经思考的直观感受。次级情绪是对原始情绪本身的情绪反应,由于各种因素的影响,个体可能会产生对原始情绪本身的感受和评价,从而形成对原始情绪的接受、拒绝、压抑或放大等,可能进一步影响个体的情感状态和行为表现。让儿童关注到当下情境并学习确认原始情绪是至关重要的。通过引导儿童观察和理解自己的情绪反应,他们可以更好地认识到自己的情感世界,并学会在次级情绪影响之前处理原始情绪。

特殊儿童的情绪调节训练包括识别并理解自己的情绪、合理有效地表达自己的情绪、有效地调节和控制自己的情绪。先训练儿童具备情绪理解和情绪表达能力,再对问题情绪进行调节和控制,要促进儿童学会以积极、正面的方式表达自己的情绪,而不是通过攻击他人或破坏物品等不当行为来发泄情绪。情绪调节和控制训练时,还需帮助儿童掌握情绪调节的策略知识。例如,对生气或羞愧等情绪最好的调节策略是寻求问题解决方法,对伤心等情绪的策略是寻求支持;对害怕情绪的调节策略是寻求问题解决方法以及寻求支持相结合的方式。之后,可以结合采用情境故事、语言指导、示范操作、角色扮演等多种形式帮助儿童学习和掌握各种调节策略。还可结合儿童自身的经历,引导他们认识到自己产生某种情绪时,别人可能会有怎样的看法以及会产生什么样的情绪反应。也可以教授一些情绪调节的技巧和方法,如深呼吸、数数、跑步、积极思考或情绪转移等,帮助儿童在面临负面情绪时能够更有效地应对和调整。

(二) 自我情绪调节训练

自我情绪调节是指一种包括负责监控、评估及修正情绪反应,特别是强烈情绪反应的内在或外在程序,这是发展儿童自控力的开始。自我情绪调节中最常用策略是情绪转换,它包括四个阶段:辨识并说出情绪、情绪转换、自我对话、替换负面用语。[1]

---

[1] 凤华,周婉琪,孙文菊,等. 自闭症儿童社会—情绪教育实务工作手册[M]. 重庆:重庆大学出版社,2015:163-165.

情绪转换策略举例见表6-9。辨识并说出情绪环节的训练目的在于让儿童用说的方式表达情绪,减缓情绪强度,避免产生激烈的发泄行为。情绪转换是关键环节,可以先进行专门的练习,如数数、固定减数字(100—3)、深呼吸、捏橘子等,也可以提供数数的视觉卡片。情绪转换的方式还包括离开现场、寻求帮助、放松训练等,以及其他能引导儿童将注意转移到其他方面的活动。自我对话环节主要目的在于训练儿童反复练习,将正面语言内化,形成对自身情绪状态的内在指导语。替换负面语言环节的目的是帮助儿童重新审视自己的价值,接受自己,继续学习,通过正面语言进行自我暗示和内化,防止儿童因负面语言形成负面自我评价,导致在挫折环境中更易发生情绪问题。

表6-9 情绪转换策略举例

阶段	教学刺激	儿童反应	强化
辨识并说出情绪	情境:儿童比赛输了 老师:你的心情怎样?	说出当时情绪:难过	描述:哦,你觉得难过
情绪转换	情境:儿童难过状态 老师:语言提示、字卡提示	儿童问自己:我难过了,我可以怎么做?	自我肯定:我做得很好
	情境:儿童难过状态 老师:语言提示、示范、视觉提示	儿童自主选择:数数或深呼吸	
自我对话	老师问:比赛输了,你可以对自己说什么? 语言提示、字卡提示	儿童:没关系,我还在学习,慢慢来	自我认同
取代负面用语	情境:儿童比赛输了 老师:你认为自己是个怎样的孩子?	儿童使用负面语言:我太差了,我很糟	正向自我认同,泛化条件强化
	语言提示、字卡提示:我是好孩子,我还在学习	儿童:我是好孩子,我还在学习	

当儿童经过情绪转换、自我对话以及取代负面语言这三段式反复训练程序后,若仍无法有效处理该情绪,此时需要回到情绪产生的最初情境,重新进行情绪的表露、觉察和陈述,并给予安抚,帮助儿童重新学习辨识该情绪,之后再进行情绪转换。

为便于儿童自我提示,形成良好的自我监控机制,还可以配合口诀进行口语自我提示。例如,运用"停、想、说、好"四字口诀自我提示,先停下来深呼吸(停),然后想一想发脾气后会产生什么后果(想),说出自己的情绪状态及原因(说),最后提醒自己做得很好,去做自己喜欢的事情(好)。在儿童不会自我监控时,老师需采用提示手段并逐步撤除。

对于年纪较小儿童来说,训练方式应更加生动、有趣和易于理解,可以结合模拟、使用玩教具、角色扮演等多种手段来进行教学。例如,可以制作乌龟道具,让儿童在角色扮演的过程中,知道当遇到外界环境刺激时,可以模仿乌龟将头和四肢缩起来,以此达到冷静下来的目的。

(三) 人际冲突中的情绪调节训练

人际交往过程中产生冲突必然会引发负向情绪反应,需要儿童学会觉察发生冲突的情境,以及情境中人物的情绪状态,并寻找解决措施,避免冲突升级。学会妥善处理人际冲突中的情绪包括预防与他人产生冲突、在冲突发生时保持冷静、克服他人的嘲笑、在冲突发生后学会原谅他人,以及在无法独立解决冲突时,懂得寻求他人的协助等。表 6-10 是对人际冲突中的情绪调节训练举例,按照"停、看、想、做"的思路开展的问题解决策略训练[①],可以帮助儿童掌握解决人际冲突的策略,形成有效的问题解决模式,并熟练应用。在实际训练过程中,一般先提供他人的冲突情境,用第三人称进行教学,用玩偶进行示范和教学,再用玩偶模拟演练,促进熟练掌握各个情境,之后再用真人进行角色扮演,促进泛化。在生活中遇到真实事件时,及时进行提示,促进儿童活学活用。

表 6-10 人际冲突中的情绪调节训练举例

阶段	教学刺激	儿童反应	强化
停:察觉情绪并调控	情境:小明的玩具被抢走。老师问:他的心情怎样?他首先要怎么做? 提示:示范、口语	说出当时的情绪:生气 说出怎么做:数数平复心情,1,2,……	给代币+描述
看:辨别情境中的人事物	老师提问:他发生什么事情了?从哪些特征可以看出小明生气了?为什么他生气了? 提示:视觉、口语	儿童:他的玩具被抢 他的眉毛立起来,握紧拳头 因为他的玩具被抢,所以他生气了	给代币+描述
想:思考解决策略及其后果	老师问:他有哪些解决方式?每个解决方式的后果是什么? 提示:字卡、口语	儿童:告诉老师,后果是老师会惩罚他,同学觉得他打小报告 夺回来,后果是他们可能会打起来,可能会受伤,他也会被老师惩罚 说:"请还我",后果是对方可能不会理他,也可能会玩一会儿还他 换其他玩具,后果可能是没事了,但他不开心,可能是他玩其他玩具玩得很开心,还可能会继续被夺	给代币+描述
做:选择最佳解决策略	老师问:你觉得小明选择哪个解决方式最好?如果是你,你会怎么选择?为什么? 提示:示范、口语	儿童:小明决定换其他玩具,他可以对自己说:"我很棒,我不会受他人影响"。 我会选择换其他玩具,我可以对自己说:"我很棒,我不会受他人影响"	给代币+描述

---

① 凤华,周婉琪,孙文菊,等.自闭症儿童社会—情绪教育实务工作手册[M].重庆:重庆大学出版社,2015:166-168.

三、环境支持策略

特殊儿童情绪调节和控制需要具有良好的环境支持。首先,帮助特殊儿童发展与同学的积极人际关系,成为预防其不良情绪产生的首要任务。教师在这一过程中扮演着关键角色,需要营造和谐的班级氛围,深入了解特殊儿童的情感需求和人际交往需求,根据儿童的个体差异灵活调整教学策略和相处方式。其次,创设支持性环境,使环境积极、有序。首先,要有清晰的空间布局,确保特殊儿童能够直观地理解每个区域的作用和物品摆放位置。特别是针对存在严重认知障碍或无法用语言表达需求的特殊儿童,明确的区域划分和物品放置能够减少他们因困惑而产生的情绪问题。其次,要有直观的视觉提示,通过标识、图片等方式对环境进行解释和说明,有助于特殊儿童更清晰地了解周围环境,从而减少因环境不熟悉而引发的情绪困扰。再次,要有明确的程序时间表与活动规则,制订并展示活动程序时间表以及活动规则表,有助于儿童了解当前的活动状态,从而表现出与情境相适应的情绪和行为。时间表应详细列出每日活动的时间安排和顺序,规则表则可通过图文结合的方式向特殊儿童传达活动规则。最后,要针对特殊儿童的个体差异促进他们参与学校活动和课堂活动,有些情绪问题是因为他们参与困难、体验过多挫折导致的,教师需要采取渐进式的教学策略,引导特殊儿童从小组活动逐步过渡到集体活动,并根据他们的实际情况灵活调整教学内容和方法。

思考题

1. 特殊儿童情绪技能训练的内容主要有哪些?
2. 特殊儿童的情绪因果关系认知训练思路是什么?
3. 特殊儿童情绪调节训练的思路是什么?
4. 某孤独症儿童,6岁,会说简单词汇,理解能力较好,老师准备为他开展简单情绪识别训练,请为该儿童设计一个训练方案,并设计相应的教学材料。
5. 某孤独症儿童,9岁,语言理解和表达能力较好,对自己的情绪认识不足,经常和同伴发生冲突,情绪反应严重,请为该儿童设计一个情绪调节训练方案,并设计相应的教学材料。

第七章

特殊儿童心理理论训练

📋 内容提要

心理理论指个体对他人和自己的心理状态的认知,包括对他人的情绪识别和对他人的想法意图的理解,并由此对相应行为作出的结果预测和解释。它包括愿望、想法、情绪等多种成分。心理理论训练课程主要包括情绪、想法、假装游戏三个模块的内容。想法解读主要从观点采择能力和信念两方面开展训练,前者包括视觉角度认知、看见导致知道、分辨外观和实体的差别等训练项目;后者主要从基本信念和错误信念两个内容开展,其中,错误信念是心理理论的核心成分。假装游戏训练包括物件替代、赋予事物假装属性、凭空想象等训练课题。

📖 学习目标

1. 解释心理理论、信念的含义,了解心理理论的构成,了解心理理论发展对特殊儿童的影响;
2. 了解各类型特殊儿童心理理论发展特点,描述孤独症儿童心理理论发展特点;
3. 概述心理理论训练课程内容,了解课程特点与实施要求;
4. 归纳特殊儿童想法解读训练的思路,会设计及模拟实施视觉角度认知、看到导致知道、分辨外观和实体、基本信念、错误信念等训练活动;
5. 归纳特殊儿童假装游戏训练的思路,举例阐明假装游戏类型,会设计及模拟实施功能游戏、物品替代、赋予事物假装属性等训练活动。

思维导图

- 特殊儿童心理理论训练
  - 特殊儿童心理理论训练概述
    - 心理理论的构成
      - ★信念
      - 愿望、意图及其他
    - 心理理论发展对特殊儿童的影响
    - 特殊儿童心理理论能力发展特点
      - ★孤独症儿童心理理论发展特点
      - 智障及其他儿童心理理论发展特点
    - 心理理论训练课程
      - ★课程内容
        - 情绪模块的课程内容
        - 想法模块的课程内容
        - 假装游戏模块的课程内容
      - 课程特点与实施要求
  - 特殊儿童心理理论训练
    - 特殊儿童想法解读训练
      - 观点采择训练
        - ★视觉角度认知训练
        - ★看到导致知道训练
        - ★分辨外观和实体训练
        - 使用心理动词表达想法训练
      - ★基本信念训练
      - ★错误信念训练
        - 意外内容转移训练
        - 意外位置转移训练
    - 特殊儿童假装游戏训练
      - ★假装游戏类型
      - ★功能游戏训练
      - ★物品替代训练
      - ★赋予事物假装属性训练
      - 凭空想象训练

第一节　特殊儿童心理理论训练概述

心理理论又称心智理论(Theory of Mind),是指个体对他人和自己的心理状态(如需要、想法、意图等)的认知,包括对他人的情绪识别和对他人的想法意图的理解,并由此对相应行为作出的结果预测和解释。通过这一过程,我们得以预测和解释个体对他人和自己相应行为背后的心理动机。本质上,它是对他人心理状态及其与外界事物间因果关系的推测。关于心理理论的研究在20世纪70年代末80年代初一度成为热点问题,众多研究聚焦于儿童在知觉、愿望、想法、情绪、思维、意图和假装等心理状态方面的初步认知。研究者致力于探寻儿童对于自我及他人心理状态,及其与感知、行为和其他心理状态间联系的理解程度。简而言之,儿童心智解读理论的研究旨在揭示儿童具备哪些心智解读能力,这些能力是如何形成和发展的,以及何时开始形成的。

一、心理理论的构成

在心理理论领域,研究者早期主要关注3—5岁儿童在错误想法识别、表面—本质区分以及复杂视角选择能力方面的发展。随着研究的深入,研究范围逐渐扩展,涵盖了更多方面,并提出了一系列解释心理理论发展的学说。同时,研究者也在探讨促进心智解读能力发展的条件,以及干预措施可能带来的行为后果。研究对象也从最初的3—5岁儿童扩展至儿童的各个发展阶段。在心理理论毕生发展观被提出后,研究对象扩展到成人和老年人。这些研究不仅有利于丰富理论知识,还可为实践工作提供指导。以下是心理理论的主要构成成分[①]。

(一) 信念

信念指人们关于世界的心理状态或态度。信念既可以是对世界的真实表征,称正确信念,又可以是对世界的错误表征,称错误信念。1岁末的婴儿开始展现初始的心理表征能力,2岁儿童开始在假装游戏中使用心理和外在的表征,至3岁时,儿童知道心理表征不是真实存在的物体,但他们还不能反省或思考这些表征的本质,这表明3岁之前儿童尚缺乏元表征(对表征的思考)能力。4岁或5岁的儿童认识到同一事物可以有多种不同的心理表征,并且其中一些表征可能是错误的。这表明儿童开始理解心理表征的多样性和主观性。随着对表征多样性的理解,儿童发展出一种心理表征理论,即认识到人们可以持有不同的信念和观点。

信念水平具有不同层次,个体对某个事实或状态的信念是第一顺序信念(First-Order Beliefs),即一阶信念。例如,我认为这个苹果很甜。小明相信新玩具很好玩。

---

① 徐云,柴浩. 孤独症儿童心智解读能力训练[M]. 北京:科学出版社,2015:1-3.

第一顺序信念是最基本的心理理论能力,它涉及对信念内容的理解。个体对另一个人信念的理解是第二顺序信念(Second-Order Beliefs),即二阶信念。例如,他知道我认为这个苹果很甜(即使他不认为苹果甜)。小勇相信小明相信新玩具很好玩(即使小勇不相信新玩具好玩)。

对错误信念的研究是心理理论领域最受关注的主题之一,属于第一顺序错误信念的层次。20世纪80年代,韦默和佩尔纳设计了著名的"错误想法任务(False Belief Task)",利用"意外转移"场景,测试儿童对他人错误信念的理解能力。实验中,他们用玩具演示故事情节:一个男孩将巧克力放置在碗柜A中,在他离开之后,母亲将巧克力转移到了碗柜B中,男孩并未目睹这一过程。随后,研究者向儿童提出问题:男孩回到房间后,会去哪里寻找他的巧克力呢?研究结果表明,年龄小于4岁的儿童普遍会做出错误判断,他们认为男孩会在碗柜B中寻找巧克力。为了进一步验证这一发现,研究者们还设计了一系列类似的任务,结果均得出了相同的结论。对于错误观念认知的研究揭示了一个有趣的现象:4岁是一个关键年龄分水岭。4岁以下的儿童在进行错误观念推理时,其能力相对有限,4岁儿童完成任务情况没有规律,大多数5岁儿童能够顺利完成任务。随着年龄的增长和经验的积累,他们逐渐认识到观念并非总是与现实相吻合,而是可能随着经验的演变而发生变化。这一发现对于儿童心理学、认知科学等领域的研究具有重要意义,也为教育实践提供了启示。

(二)知觉

儿童知觉的发展是一个循序渐进的过程,从简单的视觉词汇运用发展到复杂的视角理解。从大约1岁开始,儿童便逐渐展现对"看到"的初步认识。至1岁半至2岁,他们开始运用与视觉相关的词汇,如"看"等,来表达自己的观察和理解。至3—4岁,儿童开始具备简单的视角认知,能理解观察者的位置不同,观察到的内容是不同的。至4—6岁时,对复杂视角角度的认知理解进一步深化,儿童开始明白,同一事物从不同位置观察,观察者看到的是不同的。

(三)愿望

愿望是某种指向某一客体或状态的内在体验和倾向,愿望可能得到满足或没有得到满足。1—2岁婴幼儿会使用手指或其他非言语的姿势来表达需要,随着语言的发展,他们开始使用语言来表达愿望。2—3岁时儿童已经发展出关于愿望的因果性认识,这意味着他们开始理解愿望可以是行为的原因,并倾向于使用愿望而非信念来解释个体的行为。3—4岁的儿童不仅能够掌握准确表达愿望的词汇,还开始理解愿望、结果、情绪与行为之间的因果关系。他们逐渐认识到,当一个人的愿望得以实现,便会产生高兴的情绪;反之则产生难过、伤心等情绪。至4—5岁,儿童开始形成与成人类似的信念心理学,这表明他们开始认识到信念在行为预测和解释中的重要性。

(四)意图

2岁儿童可能会混淆愿望和意图,因为它们都涉及内在需要是否得到满足。愿望通常是指个人想要某事发生,而意图则是指个人打算采取行动以实现某个目标。3

岁儿童开始有了一些初始的认识,能够区分有意的行为(有目的、有计划的行为)与无意行为(非故意或偶然的行为)。4岁或5岁时,他们能够辨别意图与愿望或偏好。意图作为一种心理状态,位于行为之前,它在愿望和行为之间的因果关系中起着中介作用。

(五) 情绪

3岁之后,儿童开始将自己内在体验到的情绪与外界他人的情绪表现相互关联,标志着他们开始更深入地理解和感受情绪的本质与意图。儿童开始认识到人们展现的情绪并不总是与他们内心的真实体验完全吻合。有时,人们可能会刻意掩饰自己的情感,展现一种与内心感受不符的情绪表达。人们对同一事件的情绪反应可能会因个体差异而有所不同,还可能受到先前类似事件中的经验或当时的心境影响。比如,儿童在经历了产生愉快情绪的事件后,可能会对类似的事件持更加积极的情绪反应;而另一个儿童若是在之前的类似场合中遭受了挫折或失望,可能会对类似的场合产生抵触或谨慎的情绪反应。

(六) 假装

心理理论机制的成熟不仅使儿童能够进行假装游戏,还使他们能够理解他人的假装行为。即使这些行为与现实不符,儿童也能够识别出这些行为背后的意图和心理状态,而不仅是被行为的外在表象所迷惑。假装游戏是儿童发展中的一个关键阶段,通常出现在2—6岁期间,儿童通过模拟现实情境,运用想象力来探索和理解周围的世界。

随着年龄的增长,学龄期儿童的心理理论发展更为复杂,主要表现在二阶信念和递归思维的发展上。二阶信念基于心理状态的递归属性,即心理状态可以包含对其他心理状态的引用。递归思维是指在思考过程中能够将某一概念或命题应用于自身,形成层次化的思维结构,它使得儿童理解他人可能持有的心理状态。所以,心理理论的发展是一个逐渐复杂化的过程,从简单的一阶信念理解(如理解他人的愿望)发展到更复杂的二阶信念和递归思维。随着儿童年龄的增长,他们的心理理论能力逐渐成熟,也需要依赖这种复杂的能力处理越来越复杂的社会情境和心理状态的推理。

二、心理理论发展对特殊儿童的影响

心理理论的发展水平直接影响着特殊儿童的沟通与交往发展。① 心理理论的发展有助于特殊儿童形成自我意识,理解自己与他人心理状态的差异,这对于个人身份的建立和自我概念的发展具有重要意义。② 心理理论的发展有利于促进儿童理解他人可能持有与自己不同的观点或信念,这是进行有效沟通与交往的基础。当他们存在障碍时,可能会导致误解他人行为、难以建立合作关系或社交参与度降低。③ 心理理论对于语言和非语言沟通都至关重要。特殊儿童通过心理理论的中介可以理解他人沟通的真正意图,即使在信息不完全或模糊的情况下也能做出适当的反应。④ 心理理论的发展有助于特殊儿童建立信任和亲密的人际关系。能够理解他人的情感和观点，使得他们能够更有同理心地响应他人的需求，从而促进深层次的社会联系。⑤ 心理理论与道德推理和行为规范的理解密切相关。特殊儿童借助心理理论能力可以理解行为的社会后果，这对于他们学习适当的社会行为和道德判断是必要的。

三、特殊儿童心理理论能力发展特点

（一）孤独症儿童心理理论发展特点

孤独症儿童在心理理论发展上通常存在显著障碍，这与他们的社交障碍紧密相关。首先，孤独症儿童在理解他人心理状态方面存在困难。正常发展的儿童在 4 岁左右就能够通过心理理论测试，而孤独症儿童普遍很难通过这些测试，表明他们在理解他人想法时存在障碍。孤独症儿童在社交互动中表现出的困难可能与他们的心理理论能力有关，这极有可能是其社交障碍的主要原因。他们可能无法理解他人的观点或感受，这导致他们在社交场合中的行为显得不适宜或缺乏同理心。另外，孤独症儿童在视觉呈现的心理理论任务上的表现可能比语言呈现的错误信念任务上的表现要好。例如，在故事书人物角色的头部上画一个泡泡形状的对话标签，里面内容表示人物此时正在思考的想法，即思想泡任务，这种形式的测试成绩相对较好，这可能表明他们的心理理论能力可能并非完全缺失，而是在某些特定情境中可以得到体现，或者受呈现方式的影响。孤独症儿童的心理理论能力的发展滞后可能与多种因素有关，包括先天模块缺损、执行功能障碍以及中心信息整合能力弱等。这些理论试图解释孤独症儿童在心理理论任务中的表现，并用于指导制订相关的干预策略。

（二）智障儿童心理理论发展特点

智障儿童的心理理论存在一定的发展迟缓，也表现出一定的缺陷。他们在虚假外表任务中表现显著差于普通儿童，在情绪任务上的表现也弱于普通儿童，但不存在显著差异。唐氏综合征和非特异性智障儿童在心理理论任务上的表现存在差异，前者在虚假外表任务、意外内容和位置变化任务上的表现均弱于后者，这可能与唐氏综合征特定的病因有关。唐氏综合征和非特异性智障个体的愿望理解能力普遍强于信念理解能力。智障儿童在某些心理理论任务，如价值信念任务和事实信念任务上的表现比孤独症儿童好，但在错误信念任务上的表现和孤独症儿童没有显著差异。由于心理理论发展不足，智障儿童在社会交往和情绪管理方面存在困难。智障儿童的语言能力、叙事表述能力、认知能力和执行功能的发展障碍都可能影响其心理理论发展水平。

（三）其他特殊儿童心理理论发展特点

研究者认为，脑瘫、听障、视障、学障等特殊儿童的心理理论发展均落后于普通儿童，目前发现注意缺陷多动障碍儿童基本与普通儿童发展水平一致。听障儿童、视障儿童的心理理论发展特点比较具有代表性。

听障儿童的心理理论发展水平相较于普通儿童有数年的延迟。植入人工耳蜗或佩戴助听器的听障儿童在心理理论发展水平上通常弱于普通儿童。重度和极重度听障儿童在掌握错误信念任务的能力上比普通儿童延迟6—7年。植入人工耳蜗的听障儿童在心理理论发展上表现优于仅佩戴助听器的儿童。先天手语者在完成初级错误信念任务上比后天手语者表现更好，后天手语者在心理理论发展上表现出延迟。使用口语的听障儿童在一阶和二阶错误信念任务以及更高级别的心理理论任务上表现出发展延迟。听障儿童心理理论水平受多种因素影响，听力损失程度越轻、佩戴更先进的助听设备、对语言使用越熟练的听障儿童，其心理理论发展水平越高。

部分视障儿童，尤其是重度视障儿童表现出一定的心理理论发展迟缓，与普通儿童存在差异，如他们在位置转移、虚假外表、对他人心理状态（如信念和意图）理解等方面表现较差，还在理解故事中人物意图时表现较差，这可能影响他们的社会交往和适应能力。视障儿童未能完成错误信念任务只是一种发展迟滞，随着年龄和认知的发展，其能力会提升。但也有研究者认为他们的心理理论缺陷可能会长期存在。视障儿童心理理论发展与视障程度和失明年龄、语言水平、生活环境等因素相关。

四、心理理论训练课程

心理理论训练课程，即想法解读训练课程，是根据英国学者豪林（Howlin）、巴伦·科恩（Baron-Cohen）和哈德温（Hadwin）等人于20世纪80年代所获研究成果开发的一个课程。为解决孤独症儿童在语言沟通、人际关系、想象力的核心障碍，研究者开发了主要由情绪、想法、假装游戏三个模块内容构成的课程体系。虽然该课程专门为解决孤独症儿童的想法解读问题而开发，现在已适用于所有有心理理论障碍的儿童。

（一）课程内容

心理理论训练课程每个模块的学习内容和评估分为五个等级，从基础到高级，以确保课程学习由易到难，循序渐进，具体内容如下。

1. 情绪模块的课程内容

第一阶段：从照片辨认面部——通过观察真实人物的面部表情照片来识别基本情绪，高兴、伤心、生气、害怕等；

第二阶段：从简单的绘图辨认面部表情——识别简化的绘图或卡通中的面部表情，比真实照片更加抽象，需要更多的想象力和推理能力；

第三阶段：辨认与处境有关的感受——不仅要识别面部表情，还要理解特定情境中人物可能感受到的情绪；

第四阶段：辨认与愿望有关的感受——识别人物基于其愿望的情绪状态；

第五阶段：辨认与想法有关的感受——理解人物基于其想法和信念的情绪状态。

2. 想法模块的课程内容

第一阶段:简单的视角训练——理解不同人看到的物品形态会不同;

第二阶段:复杂的视角训练——理解从不同角度看到的同一物品形态会不同;

第三阶段:理解"所见即所知"——理解人只知道他所看到的物品,不知道他没看到的;

第四阶段:理解"所知即所想"——理解人知道某物品在哪儿就会想去哪里找;

第五阶段:理解"错误想法"——理解人的想法有时会发生错误,在不知道事情改变的情况下,原来认定的想法不会改变,还会按该想法采取行动。

3. 假装游戏模块的课程内容

第一阶段:感官机能性——儿童主要通过感官和身体动作与玩具互动,如拍打、挥舞、吸吮玩具,或将玩具进行排列和分类;

第二阶段:功能性初期——儿童开始以玩具的常规功能进行游戏,如推动玩具车或将杯子放在碟子上,但这些行为中没有包含假装的元素;

第三阶段:功能性定型——儿童能够更频繁地展示对玩具功能性用途的理解;

第四阶段:假装性初期——儿童在游戏中开始包含假装的元素,如物件替代(用积木代替桌子)、赋予物件虚假性质(假装洋娃娃冷了给她盖被子)、运用想象的物件或设计想象的情景(假装举行生日聚会);

第五阶段:假装性定型——儿童能够频繁地进行假装游戏,创造性地使用物品和利用情景。

(二) 课程特点

心理理论课程具有以下特点:① 生活化教学:通过将课程内容与特殊儿童日常生活经验相联系,利用生活小故事来展示不同的情境、愿望和想法,让儿童在熟悉的环境中学习和扩展经验,帮助他们更好地理解他人的情感和心理状态。② 视觉支持:使用照片、图片等视觉材料作为教学材料,以便于儿童更容易理解课程内容。③ 结构化课程体系:按照儿童的认知发展水平逐步构建课程,确保内容由浅入深。每个教学课题都有明确的问题引导和提示模式,促进儿童逐步理解所学内容。④ 教授原则概念:课程教学不仅关注个别行为的改善,还要促进儿童理解和运用一些基本原则概念,在教学过程中不断重复和强调这些原则,以加深儿童对社交规则的理解,并改善他们的社交技巧。

(三) 课程实施要求

心理理论课程一般可由专业教师开展,同时也可指导家长进行,以便家长能够在家庭环境中创造机会练习这些技能。该课程在实施过程中有以下建议:① 每天一节课,每节课大约30分钟,以保持学习的连续性和效率。② 整个教学周期大约为10周,以确保儿童能够逐步掌握心理理论相关的技能。③ 课堂训练与家庭训练结合,建议每周有2—3节课在校内进行,其余课程由家长在家中教授。家长的参与至关重要,有助于确保儿童学习活动的一致性和泛化,也有助于将学习融入儿童的日常生活。④ 在师生比例方面,原则上采用一对一教学,根据实际情况最多一对二教学。⑤ 课程针对5—13岁特殊儿童,如孤独症、智障等儿童,其语言理解能力大约在5岁水平。

心理理论在生活中的应用训练至关重要,建议从以下几个方面开展:① 在共同观看动画片、电影等视频或阅读故事书时,家长可以引导儿童分析故事中人物的情绪、感受及其行为的可能结果。② 在日常生活中,家长应鼓励儿童注意他人说话的语气和声调,以及言语背后可能隐藏的意义。③ 家长可利用闲暇时间与儿童进行假装游戏或角色扮演游戏,以激发他们的想象力和同理心。④ 老师和家长应抓住每一个训练契机,在日常生活中进行即时的、与情境相关的指导,以增强儿童对心理理论原则概念的运用能力。

第二节 特殊儿童心理理论训练

心理理论训练包括情绪、想法、假装游戏三个模块课程。情绪训练见本书第六章。本节主要介绍"想法解读"和"假装游戏"训练的思路和过程。

一、特殊儿童想法解读训练

心理学家皮亚杰开展的"三山实验"探索了儿童的空间知觉和观点采择能力。在一个包含三座不同大小和形状的山峰模型中,他让儿童坐在模型的一侧,将一个洋娃娃放置在模型的另一侧,之后向儿童展示了几张从不同角度拍摄的模型照片,并要求他们选出与洋娃娃所见相符的照片。实验结果揭示了儿童的观点采择能力发展特点,即在一定年龄阶段,他们只能从自己的视角出发来理解世界,难以想象和理解从他人视角所看到的事物。观点采择主要指个体能够区分自己和他人的观点,并理解他人观点与自身观点之间的差异。它要求个体能够站在他人的角度思考问题,理解他人的感受、意图和信念。观点采择是社会认知的重要组成部分,对于人际交往、理解和解决冲突具有重要意义。"三山实验"揭示了儿童在认知发展中的自我中心特点,培养儿童的观点采择能力,有利于克服自我中心倾向,更好地理解他人的观点和感受,从而促进社会认知的发展。

想法解读训练首先要先培养儿童的观点采择能力,需要从视觉角度认知、看见导致知道、分辨外观和实体的差别、使用心理动词表达想法等训练课题开始。在此基础上开展基本信念和错误信念等核心能力的训练。

(一)观点采择训练

1. 视觉角度认知训练

视觉角度认知训练是培养换位思考能力、进行有来有往的沟通与交往的基础。首先是让儿童认识到,由于事物所在位置的不同,每个人的视角认知也会有所不同。

通过训练,帮助儿童学会从他人的视角出发,理解不同人可能会看到不同的事物。训练的核心是让儿童明白:人们由于所处位置和角度的差异,所看到的事物也不尽相同。训练材料包括能够吸引儿童注意力、儿童熟悉的图片,制作成双面图卡呈现给儿童,或者制作成具有不同面向的立体物品,例如,每面贴有不同图片的大骰子。通过交替询问儿童关于自己视角和他人视角的问题,并不断变换提问顺序,同时翻转卡片或骰子以展示不同视角,可以帮助儿童练习换视角理解。如果儿童在回答他人视角的问题时出现错误,应立即呈现内容并进行解释。

当儿童在认识到不同位置观察同一事物会导致视角差异之后,进一步引导他们理解,即使是同一物体,从不同角度观察也会呈现出不同的面貌。设计一些单面的图卡,图画内容有正倒之分,例如,房子、树、椅子、杯子等。通过交替询问儿童所看到物品摆放是正的还是倒的,来促进儿童理解视角差异。如果儿童回答出现错误,可以通过翻转卡片或交换位置进行解释。具体训练程序举例见表7-1。

表7-1 视觉角度训练程序举例

情境	教学刺激	儿童反应	强化
准备双面图卡,将两面都展示给儿童后,一面对儿童(苹果),一面对自己(香蕉)	老师提问: 1. 你看到什么?	儿童回答: 1. 苹果	描述
	2. 我看到什么?	2. 香蕉	描述
	3. 为什么不一样?	3. 因为我们位置不同,从不同角度看到的是不一样的	给代币+描述
准备一张有正倒之分的图卡(例如椅子),平放在老师和儿童中间,使儿童和教师看到的朝向不同	老师提问: 1. 你看到方向是正的还是倒的?	儿童回答: 1. 正的	描述
	2. 我看到方向是正的还是倒的?	2. 倒的	描述
	3. 为什么不一样?	3. 因为我们位置不同,从不同角度看到的同一事物是不一样的	给代币+描述
呈现大型骰子,每面贴有不同的图片,如一面苹果,对面橘子	教师提问: 1. 你看到了什么图片?	儿童回答: 1. 苹果	描述
	2. 那我看到了什么?	2. 橘子	描述
	3. 我们看到的一样吗?	3. 不是	描述
	4. 为什么不一样?	4. 因为我们的位置不同,从不同角度看到的是不一样的	给代币+描述:对,因为我们在不同位置会看到不同图片

视觉角度认知训练过程中需要注意：① 要交替提问，例如"你能看到什么？"和"我能看到什么？"，以确保儿童真正理解问题，而不是通过猜测来回答问题。② 图片内容应是儿童熟悉的、喜欢的。③ 当儿童回答正确时，应给予表扬或奖励，并加强他们对视角差异的理解；如果儿童回答错误，应立即告知正确答案并展示相应事物。④ 如儿童不会回答"为什么"，可以用字卡或口语提示。⑤ 训练的最后要特别强调：由于人们所处位置和角度的不同，不同的人看到的并不是同一件东西。或从不同角度去看同一事物，所看到的东西也是不同的。

视觉角度认知训练可以先从所处位置不同、物品方向不同等方面导致的视觉角度不同开始训练，之后可以进行人称代词"你""我"转化训练，促进儿童理解不同的角色会产生不同的想法。训练程序举例见表7-2。前两个问题是对基本信息提问，教学过程中可以随机交换提问顺序，对儿童的正确反应无需强化，只需给予描述性回应。如果儿童不能独立回答基本信息，证明儿童不适合进行该课题的教学。儿童对第三个问题不能独立回答时，可以采用手势提示或口语提示。在训练时，应选择儿童感兴趣的活动，在玩的过程中随机、恰当时机加入教学环节。

表7-2 人称代词转换训练程序举例

情境	教学刺激	儿童反应	强化
儿童帮忙做家务，儿童从晾衣竿取衣服，妈妈叠衣服。	妈妈提问： 1. 你在做什么？	儿童回答： 1. 我在取衣服	描述
	2. 我在做什么？	2. 你在叠衣服	描述
	3. 如果我是你，你是我，那你在做什么？我在做什么？	3. 我在叠衣服你在取衣服	给强化物＋描述：我们角色交换了，所以做的事情也不一样
老师和儿童一起画画涂色，儿童拿着红色彩笔，老师拿着蓝色彩笔	老师提问： 1. 你手上拿的是什么？	儿童回答： 1. 我拿的是红色彩笔	描述
	2. 我手上拿的是什么？	2. 你拿的是蓝色彩笔	描述
	3. 如果我是你，你是我，那你拿的是什么？我拿的是什么？	3. 我拿的是蓝色彩笔，你拿的是红色彩笔	给强化物＋描述：我们角色交换了，所以拿的东西也不一样

2. 看到导致知道训练

看到导致知道训练的目的是促进儿童理解人们只能知晓自己亲身经历过或亲眼所见的事物。为确保训练的有效性和趣味性，可以准备儿童生活中常见的各种空盒子、空罐子、袋子等，大小和尺寸各异但颜色相同的物品，还需准备一个洋娃娃。在图片教学阶段，需准备呈现人物视觉差异的相关图片，包括人物眼睛看向盒子、人物眼睛没有看向盒子。训练程序举例见表7-3。训练的思路可以从图片教学开始，如果儿童无法正确反应，可以用语言提示法，从全部语言提示"因为他看到了××"，之后逐步降低语言提示程度"因为他看到了……""因为……"，直到儿童无需提示就可说出来，给予大程度的强化。在图片教学后可以通过角色扮演进行巩固训练。训练环节可以分为儿童判断自己想法和判断他人想法两种。在强化时，以代币为主，同时给予描述性回应，要强调用"看到""知道"等概念进行表述。在训练最后，应向儿童强调"人只知道他看见的事情。如果没看到的话，他就不会知道。"在儿童理解看见与知道的关系后，可以进一步促进儿童理解听到导致知道、感觉到导致知道等关系。

表7-3 看到导致知道训练程序举例

情境	教学刺激	儿童反应	强化
单一图片：呈现单一图片（人看/不看内容物）	教师提问： 1. 他知道里面有什么吗？	儿童回答： 1. 知道/不知道	给代币＋描述：对，他知道/不知道里面的东西
	2. 为什么他知道/不知道××在里面？	2. 因为他看到了/没看到	给代币＋描述：对，你真棒！因为他看到了/没看到，所以他知道/不知道里面的东西
两张图片：呈现2张图片（人看内容物、人不看内容物）	教师提问： 1. 哪一个人知道/不知道里面有什么东西？	儿童回答： 1. 儿童说出或指向眼睛看向/未看向的人	给代币＋描述：对，他知道/不知道里面的东西
	2. 为什么他知道/不知道××在里面？	2. 因为他看到/没看到里面的东西	给代币＋描述：对，你真棒！因为他看到了/没看到，所以他知道/他不知道里面的东西
判断他人想法：呈现一个红色雪花片、一个绿色雪花片、一个盒子、一个洋娃娃	教师提问： 1. 我们来玩一个游戏，洋娃娃小乐过来了，他在旁边观看，我把绿色雪花片放进盒子里。小乐知道盒子里是什么吗？	儿童回答： 1. 他知道是绿色雪花片	给代币＋描述：对，他知道是绿色雪花片
	2. 为什么小乐知道呢？	2. 因为他看到老师放了	给代币＋描述：对，你真棒！因为小乐看到老师放了，所以小乐知道
判断自己想法：趁儿童不注意，左手掌中放一块乐高握紧拳头。呈现握着的双拳	教师提问： 1. 你知道我哪只手里有乐高？	儿童回答： 1. 不知道	给代币＋描述：对，你不知道
	2. 为什么你不知道？	2. 因为我没看到	给代币＋描述：对，你真棒！因为你没有看到，所以不知道我手里有什么

3. 分辨外观和实体训练

该训练课题中，需准备外观与实体不同的教学物品，如蛋糕形状的蜡烛、钱币形状的巧克力、石头形状的海绵等，这些物品是儿童认识并能命名的。如果儿童无法分辨,可以准备物品的实物原型帮助儿童直观了解。具体训练程序举例见表7-4。当儿童无法回答"为什么"这类问题时,可以采用口语提示或文字提示卡,如"外观看着像××,实际是××",之后逐步撤除提示。

表7-4 分辨外观和实物训练程序举例

情境	教学刺激	儿童反应	强化
呈现具有双重特性的物品,如像蛋糕的蜡烛	教师提问: 1. 它外观上看起来像什么?	儿童回答: 1. 蛋糕	描述:对,像蛋糕
	2. 它实际上是什么?	2. 蜡烛	描述:对,是蜡烛
	3. 这个物品本质和外观是一样的吗?	3. 不一样	描述:对,不一样
	4. 为什么不一样?	4. 因为它只是看起来像蛋糕,实际上它是蜡烛	给代币+描述:对,因为它是外观像蛋糕的蜡烛

4. 使用心理动词表达想法训练

使用心理动词"我觉得""我感觉""我认为""我想"等表达想法是儿童表达自己想法时必须用到的表述,如果儿童较少使用这些心理动词,表明他们表达内在想法的能力不足。当儿童在回答问题时,如果只会使用形容词"很好吃""很好玩""很好看"表达时,就可以引导他们在形容词前加入心理动词。具体训练举例见表7-5。在训练时,可以采用字卡提示或口语提示,之后逐步撤除提示。还要在真实生活情境中抓住契机及时给予儿童提示,引导儿童灵活、熟练地运用心理动词。

表7-5 使用心理动词表达想法训练举例

教学刺激	儿童反应	强化
教师:玩乐高是一件有趣的事情,你觉得呢?	儿童回答:我觉得乐高很好玩	教师:哇!你告诉我你自己的想法了,真棒 给予强化物或代币
教师:你对动画片小猪佩奇有什么看法呢?	儿童回答:我觉得小猪佩奇很好看	教师:哇!你告诉我你自己的想法了,真棒 给予强化物或代币

(二)基本信念训练

基本信念训练的目的是促进儿童理解人的内在想法和行为的关系,理解人们往往会基于过去的经验,认为某物存在于他们曾经看到的地方,若未曾看到就不会知道。在训练时,可以先采用图片故事教学、视频故事教学,之后进行情境模拟教学。采用情境模拟教学需准备相关教学材料,包括一个洋娃娃或动物玩偶、儿童日常生活中的常见物品各两个,以及创设情境,如房间、客厅、教室、书桌等,可以使用玩具屋。具体训练程序举例见表7-6。其中第一和第二个问题是基本信息问题,是老师讲解的情境故事中已包含的信息,儿童能正确回答,表明其听清楚并理解了故事情境,如不能正确回答,证明儿童缺乏基本的理解能力,不适合进行该课题的教学。主要对第三和第四个问题进行教学。如果儿童不能正确回答,可采用口语提示、字卡提示进行教学,结合采用延迟提示策略,之后逐步撤除提示。在基本信念训练过程中,如果儿童对"认为"一词不理解,可以用视觉提示的方式,把"认为"的内容放在"思想泡"中,让儿童学会看到泡泡就知道其中的内容是存在于大脑的想法,不是真实生活中发生的。"思想泡"策略训练图片材料举例见图7-1。如果儿童识字量足够,可以将教师的提问设计成问题清单,方便儿童对照问题进行独立分析和回答。在训练的最后,教师要向儿童强调"人们会认为一件东西在他们曾经看到的地方,如果不曾看到,他们就不会知道这件东西在那里。他们会依据自己的想法产生行动。"

表7-6 基本信念训练程序举例

情境	教学刺激	儿童反应	强化
我们讲一个故事:小乐在玩玩具。他心里想:"奇怪!警车在哪里呢?"警车可能放在红色收纳盒里,也可能放在蓝色收纳盒里,小乐认为警车应该在红色收纳盒里	教师提问: 1. 警车可能在哪些地方?	儿童回答: 1. 红色或蓝色收纳盒里	描述:对啦,在红色或蓝色收纳盒里
	2. 小乐认为警车可能在哪里?	2. 红色收纳盒	描述:对啦,在红色收纳盒里
	3. 小乐会去哪里找警车呢?	3. 小乐会去红色收纳盒里找	给代币+描述:很棒,小乐会去红色收纳盒里找
	4. 为什么小乐会去红色收纳盒里找警车?	4. 因为小乐认为警车在红色收纳盒里	给代币+描述:太棒啦,你回答得很正确,因为小乐认为警车在红色收纳盒里。人们会依据自己的想法去行动
我们来玩一个游戏:盆子里有一个骨头,地上有一个骨头。小狗来了,他只看见地上的骨头,却没看见盆子里的骨头	教师提问: 1. 骨头在哪些地方有?	儿童回答: 1. 盆子里和地上	描述:对啦,在盆子里和地上
	2. 小狗认为骨头可能在哪里?	2. 地上	描述:对啦,在地上
	3. 小狗会去哪里找骨头呢?	3. 小狗会去地上找	给代币+描述:很棒,小狗会去地上找

(续表)

情境	教学刺激	儿童反应	强化
	4. 为什么小狗会去地上找骨头？	4. 因为小狗只看到了骨头在地上	给代币＋描述：太棒啦，你回答得很正确，因为小狗只看到了骨头在地上。人们会认为一件东西在他们曾经看到的地方，就会去那里找。如果不曾看到，他们就不会知道这件东西在那里

图 7-1 "思想泡"策略训练图片材料举例

（三）错误信念训练

错误信念训练的目的是帮助儿童认识到，人的想法有时会发生错误，要根据这些可能的错误想法（与事实不符）来预测他人的行为。通过训练，促进儿童理解如果不知道有些事情改变了，人的原来想法是不会变的，会以为和原来一样。他们会根据原来认定的想法产生行动。错误信念训练包括两种类型，即意外内容转移(Unexpected Content Change)和意外位置转移(Unexpected Location Change)。前者主要是帮助儿童理解容器的内容物发生意外变化后的错误信念，后者主要帮助儿童理解物品位置发生变化后的错误信念。

1. 意外内容转移训练

在意外内容转移训练中，可以先采用图片故事教学、视频故事教学，之后进行情境模拟教学。采用情境模拟教学需准备相关教学材料，需是儿童相对比较喜欢的一些物品，具体包括：两个洋娃娃或动物玩偶、儿童日常生活中的常见小物品，以及各种有明显外部标志的盒子、袋子、罐子等容器，这些是儿童熟悉的，知道其一般情况下的内装物品是什么。常见小物品需能放进相应的容器中。具体训练程序举例见表7-7。其中前三个问题是基本信息问题，是老师讲解的情境故事中已包含的信息，用于提示儿童对基本信息的理解，如不能正确回答，需先确保儿童理解基本信息后再进入后面的教学。第四和第五个问题是关于错误信念的教学。如果儿童不能正确回答，可采用口语提示、字卡提示进行教学,结合采用延迟提示策略,之后逐步撤除提示。如果儿童识字量足够,可以将教师的提问设计成问题清单,方便儿童对照问题进行独立分析和回答。在训练的最后,教师要向儿童强调"人们会根据看到的外观线索去判断内容物。在不知道内容物改变的情况下,人们会以之前认定的想法去判断和行动。"

表 7-7 意外内容转移错误信念训练程序举例

情境	教学刺激	儿童反应	强化
我们讲一个故事:小乐将油画棒放进他的薯片盒,小华走过来,只看到薯片盒,没看到小乐放什么东西进去	教师提问: 1. 薯片盒原来应该装什么?	儿童回答: 1. 薯片	描述:对,是薯片
	2. 小乐放了什么进去?	2. 油画棒	描述:对,是油画棒
	3. 小华知道里面的东西和原来不一样吗?	3. 不知道	描述:对,他不知道
	4. 小华认为现在薯片盒里面是什么?	4. 薯片	给代币+描述:很棒,他认为有薯片
	5. 为什么小华会认为里面是薯片?	5. 因为那是薯片盒,小华不知道小乐将油画棒放里面	给代币+描述:太棒了,因为小华不知道里面东西变了。他会以事先认定的想法去判断
我们玩一个游戏:这是洋娃娃小美,这是洋娃娃小明,小美将积木放进了遥控汽车盒子里,小明背对着,他不知道发生了什么事情。小明转身,他看到了遥控汽车盒子	教师提问: 1. 遥控汽车盒子里原来应该装什么?	儿童回答: 1. 遥控汽车	描述:对,是遥控汽车
	2. 小美放了什么进去?	2. 积木	描述:对,是积木
	3. 小明知道里面的东西和原来不一样吗?	3. 不知道	描述:对,他不知道
	4. 小明认为现在遥控汽车盒子里面是什么?	4. 积木	给代币+描述:很棒,他认为是积木
	5. 为什么小明会认为里面是积木?	5. 因为那是遥控汽车盒子,小明不知道小美将积木放里面	给代币+描述:太棒了,因为小明不知道里面东西变了。他会以事先认定的想法去判断

2. 意外位置转移训练

在意外位置转移训练中,可以先采用图片故事教学、视频故事教学,之后进行情境模拟教学。采用情境模拟教学需准备相关教学材料。需准备两个洋娃娃或动物玩偶、儿童日常生活中的常见物品(每组物品可以准备两种不同颜色的),以及情境中涉及位置转移的物品,如盒子、篮子、抽屉、柜子、客厅、书桌等,还可以使用有不同房间、不同家具的玩具屋。具体训练程序举例见表 7-8。其中第一和第二个问题是基本信息问题,是老师讲解的情境故事中已包含的事实信息,用于提示儿童对基本信息的理解,如不能正确回答,需先确保儿童理解基本信息后再进入后面的教学。第三和第四个问题是关于错误信念的教学。如果儿童不能正确回答,可采用口语提示、字卡提示进行教学,结合采用延迟提示策略,之后逐步撤除提示。如果儿童识字量足够,可以将教师的提问设计成问题清单,方便儿童对照问题进行独立分析和回答。在训练的最后,教师要向儿童强调"人们会根据他知道的位置去寻找东西。不知道位置改变的情况下,人们会以之前认定的想法去行动。"

表7-8 意外位置转移错误信念训练程序举例

情境	教学刺激	儿童反应	强化
我们讲一个故事:小乐爸爸用完剪刀后,把它放在抽屉里。小乐妈妈从抽屉拿出剪刀剪了画报,把它顺手放在书柜里	教师提问: 1. 小乐爸爸把剪刀放在哪里?	儿童回答: 1. 抽屉	描述:对,放在抽屉
	2. 小乐爸爸认为剪刀在哪里?	2. 抽屉	描述:对,在抽屉
	3. 小乐爸爸会去哪里找剪刀?	3. 抽屉,因为他把剪刀放在抽屉里	给代币+描述:对,他认为剪刀在抽屉,所以到抽屉找
	4. 他为什么不会到书柜里找呢?	4. 因为他不知道小乐妈妈把剪刀转移到书柜	给代币+描述:太棒了,因为小乐不知道剪刀被妈妈放到书柜了。他会到他认为的地方去找
我们来玩一个游戏:看,这里有一个盒子和一个篮子。小狗(玩偶)得到了一根骨头,他把骨头放在盒子里就出去玩了。小狗不在,我们来和小狗玩个游戏。我们把骨头移到篮子里。现在,小狗回来了	教师提问: 1. 小狗把骨头放在哪里?	儿童回答: 1. 盒子	描述:对,放在盒子
	2. 小狗认为骨头在哪里?	2. 盒子	描述:对,在盒子
	3. 小狗会去哪里找骨头?	3. 盒子,因为他把骨头放在盒子里	给代币+描述:太棒了,他认为骨头在盒子,所以到盒子找
	4. 他为什么不会到篮子里找呢?	4. 因为他不知道我们把骨头转移到篮子	给代币+描述:太棒了,因为小狗不知道骨头被我们放到篮子了。他会到他认为的地方去找

二、特殊儿童假装游戏训练

(一)假装游戏类型

假装游戏,又称假想游戏、想象游戏等,是儿童对现实世界通过自身加工后的再现,是儿童通过模拟现实世界或虚构情境中的角色和行为,进行的创造性活动。假装游戏训练的目的是帮助儿童脱离对具体事物的依赖,开始用替代形象或符号思维来进行思考。儿童在假装游戏中经历了从具体形象思维到抽象思维的转变,这一转变

过程不仅有助于他们理解现实与假想之间的关系,还能够促进他们认知能力的提升。儿童在假装游戏中模拟现实生活的场景,促使他们在游戏中不断学习和掌握新的知识和技能,对其语言能力、想象力、社交能力等发展都产生了积极的影响。

儿童在发展出假装游戏前经历了感知运动游戏和功能游戏阶段。感知运动游戏是假装游戏发展的初始阶段,此时儿童主要通过触摸、拍打、咬、吸吮等多种方式去感受玩具的材质、形状和大小。儿童还会表现出一些刻板、重复性的行为,如根据玩具的颜色、形状或者大小进行排序,这实际上是儿童发展早期尝试理解世界的一种方式。随着儿童游戏能力的发展,他们进入了功能性游戏阶段。此时儿童开始使用常规的方式来玩玩具,例如,他们会把积木块一个一个地垒起来,或者将小汽车放在桌面上推来推去。这些游戏方式和玩具本身的功能密切相关,是儿童对游戏的功能有所理解基础上表现出的恰当游戏方式,是儿童必然要表现出来的游戏方式。尽管此时尚未融入假装的成分,但为后续假装游戏发展奠定基础。

在功能性游戏发展的基础上,儿童开始尝试假装游戏活动。假装游戏主要包括三种类型:一是物件替代,儿童可以将一个物件替代为另一个具有不同功能或意义的物件。例如,棍子可以被当作指挥棒,或者石头被当作钻石。二是赋予物件假装属性,儿童可以给物件赋予虚构的特性或能力,比如将布娃娃想象成会说话的朋友,会轻轻拍抚娃娃,哄着她入睡,或者把一张纸想象成一张地毯、想象成一本书等。三是凭空想象,即使没有实体物件,儿童也可以通过想象力来创造虚构的物件。例如,想象空中出现一个"门",假装穿过它进入一个奇异的世界;假装手中有一支笔,做出画画动作;或者创造并参与一个完全虚构的情景,如举办生日聚会、在魔法世界生活、发生交通事故等。

(二)功能游戏训练

提供给儿童一些玩具,观察儿童的表现,如果他们不会根据玩具的功能表现出功能性游戏玩法,则要开展功能游戏训练。通过训练过程,促进儿童对玩具的功能性理解和应用,具体训练程序举例见表7-9。开展功能游戏训练的玩具应是儿童喜欢的,适合其年龄特点。如果儿童不感兴趣,可以先进行兴趣拓展训练。训练时,老师的指令可多样性。当儿童不会时,可以采用多种提示方式,按照提示程度由大到小地依次提示,如从身体提示逐步过渡到示范提示、口语提示等,直至撤除提示。

表7-9 功能游戏训练程序举例

动机操作	教学刺激	儿童反应	强化
儿童选择喜欢的玩具	老师开动汽车 提示:肢体提示	儿童在提示下开汽车	社会强化:对,汽车开起来了
	老师示范开动汽车	儿童模仿开汽车	社会强化:太棒啦,汽车开起来了
	老师语言提示:汽车是用来做什么的?你做给我看看?	儿童开汽车	社会强化:太棒啦,汽车开起来了

(三) 物品替代训练

在物品替代训练中,为了确保游戏活动的多样性和丰富性,需挑选一系列适合进行物品替代的材料,如积木、杯子、长条物、球状物、盒子等,兼顾其颜色、形状、大小等多样性。例如,一个空盒子可以被假装成一座城堡。除了物品替代,之后还可进一步延伸到对声音、空间、人物等元素的假装。一般先采用相似度较高的物品进行训练,方便儿童产生联想,之后过渡到用不具有相似性的物品进行教学。具体训练程序举例见表7-10。一种思路是采用语言提问教学,儿童只需语言回答即可。在儿童说不出可替代的物品时,老师可以采用语言提示或字卡提示。当儿童能说出一个物品的四五种替代物品后,需对他们提出更高要求,要求他们自发拓展出新的替代物品。对儿童反应进行差别强化,对提示下的回答给予描述性回应,对新的假装内容给予更大程度的强化。在提问假装问题时,需先询问物品的功能,当儿童不能说出物品功能时,应先进行功能游戏训练。另一种思路是采用情境模拟教学,儿童需要表现出假装行为,并且能说出替代假装的物品。可以采用肢体、示范、口语等多种提示形式。如果儿童具备较好的识字能力,可以制作问题清单给予提示,方便儿童对照清单进行自我思考和分析。在训练最后,需向儿童强调"人们可以把一件东西当作另一件东西。"为了更好地开展物品替代训练,教师应提前准备好10种以上物品的替代假装方案,对每一种物品都提前思考至少5种不同的替代假装方式。

表7-10 物品替代游戏训练程序举例

情境	教学刺激	儿童反应	强化
语言教学:提供图片或实物	教师呈现图片或实物,并提问: 1. 这是什么?	儿童回答: 1. 画笔	描述:对,画笔
	2. 它是做什么用的?	2. 画画用的	描述:对,用画笔画画
	3. 它可以假装成什么?	3. 棍子/铅笔/指挥棒/温度计……	给代币+描述:太棒了,它可以假装成棍子/铅笔/指挥棒/温度计……我们可以把一件东西假装成另一件东西
	4.(必要时)你假装给我看看	4. 儿童模仿假装的物品或模仿用物品做功能性动作(敲打/写字/指挥/量体温)	给代币+描述:太棒了,你把它假装成棍子/铅笔/指挥棒/温度计……
情境模拟:我们来玩一个游戏。看!这是一本书。我们可以假装这是别的东西。现在我们假装它是一把扇子(模仿扇扇子的动作)。好热啊,用扇子扇一扇。	老师提问: 1. 这是一本书吗?	儿童回答: 1. 是	描述:对,这是书
	2. 这是一把扇子吗?	2. 不是	描述:对,这不是扇子
	3. 我在做什么?	3. 扇风	给代币+描述:太棒了,我在用它扇风
	4. 为什么我假装在扇风?	4. 因为假装它是扇子	给代币+描述:对,因为我假装它是扇子,所以能扇风

（续表）

情境	教学刺激	儿童反应	强化
	5. 我是假装书是什么？	5. 假装书是扇子	给代币＋描述：很棒，我在假装书是扇子，我们可以把一件东西当作另一件东西
	6. 你能试试用书假装吗？	6. 儿童用书做扇风的动作	给代币＋描述：很棒，你在假装书是扇子

（四）赋予事物假装属性训练

赋予事物假装属性训练的目的是促进儿童在假装行为中同时赋予事物一些假装的属性。关于属性的训练涉及形容词，特别是和感知觉有关的形容词，如甜、酸、辣、香、臭等，需要儿童具有命名形容词的能力后才能开展该课题的训练。假装属性一般是附属在替代的物品上的，所以应在儿童能够替代假装后进行属性假装的训练。可以先采用情境模拟教学，儿童需要表现出赋予事物假装属性的行为，能说出假装的属性是什么。可以采用肢体提示、示范、口语提示等多种形式，如儿童具备较好的识字能力，可以制作问题清单给予提示，方便儿童对照清单进行自我思考和分析。之后，可以进行属性假装的互动游戏，老师不能说"我把它假装成××""我把它当作××""我在假装××"等语言，而应该直接进行属性的假装。当儿童无法进行属性假装时，老师可以提示"你的饮料味道怎么样？""它发生什么事了？""这个东西怎么了？"在训练时，可以将物品替代和属性假装结合起来连续开展假装，例如，先假装积木是苹果，然后假装苹果好甜。具体训练程序举例见表 7-11。

表 7-11 赋予事物虚假属性训练程序举例

情境	教学刺激	儿童反应	强化
我们来玩一个游戏：看！这是个洋娃娃，我们假装她在哭，哇—哇—哇，听，她哭得好伤心啊，我们来安慰她。老师用手拍拍她：别哭了，乖宝宝	老师提问：这个娃娃她在哭吗？	儿童回答：没有	描述：对，她没有哭
	将娃娃放在面前，假装发出哭声，老师拍拍娃娃：看，我在做什么？	在拍拍她	描述：对，我拍拍她，她在哭
	为什么我要拍拍她？	因为假装她在哭	给代币＋描述：对，因为假装她是在哭，所以要拍拍她
	我们在假装洋娃娃发什么事？	假装她在哭	给代币＋描述：很棒，我们在假装洋娃娃哭，要拍拍她，安慰她
	你试试看看？	儿童用手拍拍娃娃	给代币＋描述：很棒，你在安慰娃娃
提供多个积木	教师拿着一个积木假装吃：苹果好甜啊	儿童拿着一个积木假装喝：橙汁好喝啊	给强化物＋描述：你的橙汁感觉很好喝

(续表)

情境	教学刺激	儿童反应	强化
提供两个洋娃娃	教师拍拍洋娃娃:小美乖乖,不哭了	儿童拍拍洋娃娃:娃娃睡觉了	给强化物+描述:哇,你在照顾娃娃
提供积木、盒子、杯子等	教师拿着一个盒子推动:汽车开得好快啊	儿童拿着一个杯子:这个帽子破了	给强化物+描述:哦,帽子破了,哪里破了?

(五) 凭空想象训练

在儿童可以赋予物品假装属性后,可以开展凭空想象训练。通过训练,使儿童不借助任何实物,能表现出凭空想象的游戏能力。可以先采用情境模拟教学,儿童需要表现出凭空想象的行为,能说出想象的是什么。可以采用肢体提示、示范、口语提示等多种形式。如果儿童具备较好的识字能力,可以制作问题清单给予提示,方便儿童对照清单进行自我思考和分析。之后,可以进行凭空想象的互动游戏训练,老师不能说"我假装成××""我要假装有××""我要假装做××"等语言,应该直接进行凭空想象假装。当儿童无法凭空想象时,可以从模仿开始。可以采用视觉提示的方式,如先呈现一个剥橘子、吃橘子的图片,之后再呈现剥橘子、吃橘子的手势但没有橘子,引导儿童想象。具体训练程序举例见表7-12。在训练最后,需向儿童强调"人们可以凭空想象一件东西。"

表7-12 凭空想象训练程序举例

情境	教学刺激	儿童反应	强化
情境模拟:我们来玩一个游戏。看!我这里有一个橘子(实际没有)。做剥橘子的动作,假装吃一瓣:我来剥橘子,橘子好甜啊	老师提问: 1. 我手上有橘子吗?	儿童回答: 1. 没有	描述:对,没有
	2. 我在做什么? 做剥橘子动作	2. 剥橘子	给代币+描述:太棒了,我在剥橘子
	3. 为什么我假装剥橘子?	3. 因为假装我有橘子	给代币+描述:对,因为我假装有橘子,所以在剥橘子
	4. 我是假装我有什么?	4. 假装我有橘子	给代币+描述:很棒,我在假装我有橘子,人们可以凭空想象一个东西
	5. 你能试试想象一个橘子?	5. 儿童做出假装剥橘子动作	给代币+描述:很棒,你在假装你有一个橘子
游戏或活动中,没有任何物品	教师假装拿着牙刷(实际没牙刷)做刷牙动作	儿童假装拿着水杯(实际没水杯)喝水动作	描述:哇,你在喝水啊
	教师假装手拿着橘子吃(实际没橘子):橘子好甜啊	儿童假装切面包(实际没面包)	描述:哇,面包好香啊

除此之外，儿童还要学习用语言和行为假装自己是生活中的某个物品、角色、动物等，用肢体动作表现出相应的特征，如儿童假装自己是一只鸟，假装自己是一辆汽车。或者学习假装自己在某一个空间范围内行动，比如在天空飞，在马路上奔跑。

当儿童学会各种假装行为后，需要掌握更复杂的情境，如假装在生日聚会上，既有物品替代，也有对属性的假装，还表现出凭空想象行为，并在更大的空间范围内假装更多样化的物品、角色等，将这些假装行动形成连续的、复杂的假装活动。这时，可以有意识地提供丰富的适合开展假装游戏的玩具，为儿童创造更多的假装游戏机会，并及时给予提示，在真实的假装游戏中不断巩固假装游戏技能。

思考题

1. 心理理论训练课程体系包括哪些内容？
2. 如对特殊儿童开展想法解读模块的训练，其训练内容和思路如何组织？
3. 某中度智障儿童，8岁，具有简单的语言理解和表达能力，经测试，发现他不能通过错误信念任务。请为该儿童设计一系列错误信念能力的训练方案，并设计相应的教学材料。以小组为单位开展模拟训练。
4. 特殊儿童的假装游戏训练内容包括哪些？
5. 举例说明如何开展物件替代的假装训练。

第八章

特殊儿童沟通技能训练

📋 内容提要

> 沟通技能训练能帮助特殊儿童更好地表达想法、态度、情感，发展自主性、促进融入社会。本章介绍了特殊儿童沟通技能训练的目的、内容和训练要点，主要从非语言沟通、语言沟通两方面介绍了沟通技能训练的思路和方法，强调了在自然情境中激发沟通动机和注重功能性沟通的重要性。此外，还介绍了图片交换沟通系统不同阶段的训练目标、操作步骤以及注意事项，以促进系统掌握图片交换沟通系统的应用。

📖 学习目标

1. 了解特殊儿童沟通技能训练的目的，列举特殊儿童沟通技能训练的内容并阐明特殊儿童沟通技能训练的要点；
2. 归纳非语言沟通技能训练的思路和策略，说明社会性参照训练、手势沟通训练的步骤；
3. 归纳语言沟通技能训练的思路和策略，会设计及模拟实施拒绝或抗议、回答问题、寻求信息等训练活动；
4. 比较 AAC 和 PECS 的特点，阐明 PECS 的教学要点及教学前准备，会设计沟通本，会模拟演练 PECS 教学阶段一至教学阶段四，总结各阶段的操作要点和注意事项。

思维导图

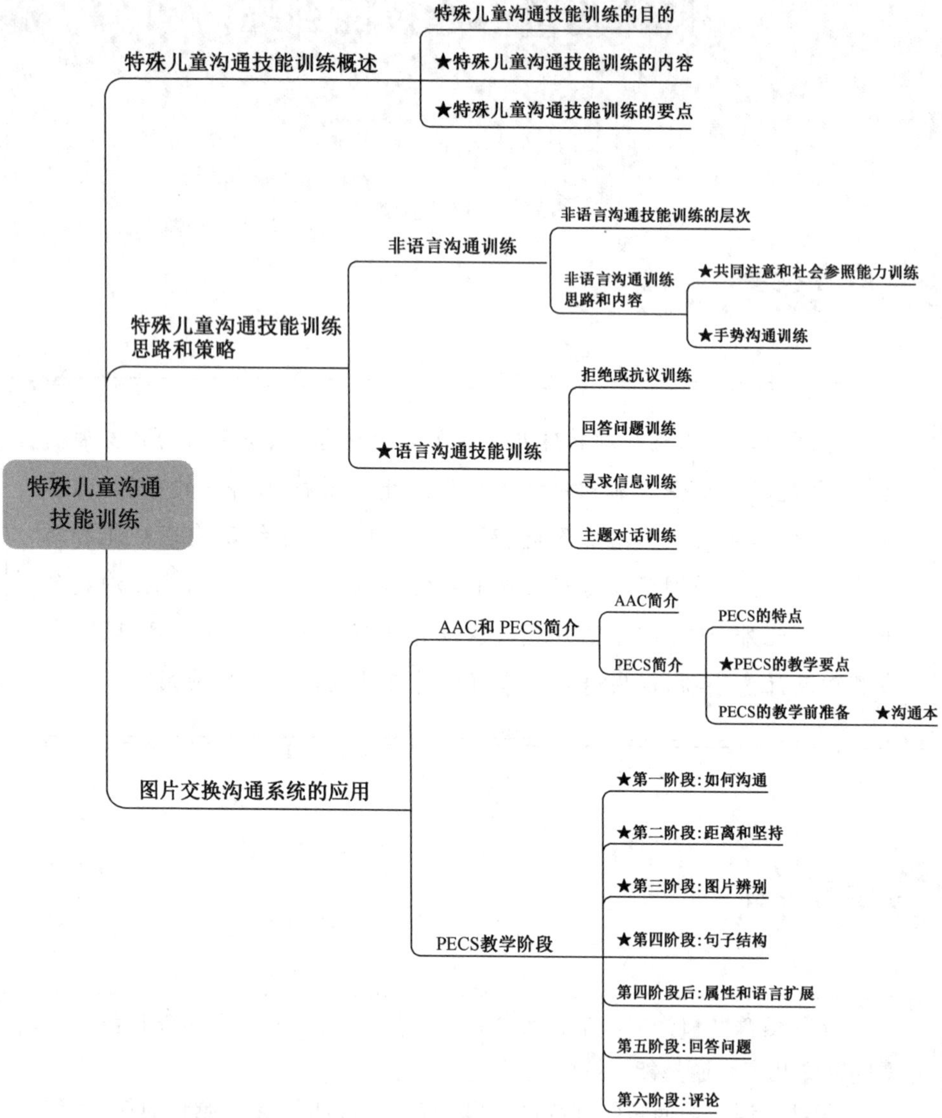

- 特殊儿童沟通技能训练
  - 特殊儿童沟通技能训练概述
    - 特殊儿童沟通技能训练的目的
    - ★特殊儿童沟通技能训练的内容
    - ★特殊儿童沟通技能训练的要点
  - 特殊儿童沟通技能训练思路和策略
    - 非语言沟通训练
      - 非语言沟通技能训练的层次
      - 非语言沟通训练思路和内容
        - ★共同注意和社会参照能力训练
        - ★手势沟通训练
    - ★语言沟通技能训练
      - 拒绝或抗议训练
      - 回答问题训练
      - 寻求信息训练
      - 主题对话训练
  - 图片交换沟通系统的应用
    - AAC和PECS简介
      - AAC简介
      - PECS简介
        - PECS的特点
        - ★PECS的教学要点
        - PECS的教学前准备　★沟通本
    - PECS教学阶段
      - ★第一阶段:如何沟通
      - ★第二阶段:距离和坚持
      - ★第三阶段:图片辨别
      - ★第四阶段:句子结构
      - 第四阶段后:属性和语言扩展
      - 第五阶段:回答问题
      - 第六阶段:评论

第一节 特殊儿童沟通技能训练概述

沟通是连接个体与社会的桥梁,对于特殊儿童而言,这一技能的培养尤为重要。通过系统的训练,有助于提升特殊儿童的沟通技能,帮助他们更好地表达情绪情感、发展自主性、融入社会交往。沟通技能训练应贯穿于特殊儿童的日常生活,通过自然情境中的互动,激发沟通动机,注重功能性沟通,并逐步提升沟通技巧。下面主要介绍特殊儿童沟通技能训练的目的、训练内容和训练要点。

一、特殊儿童沟通技能训练的目的

(一) 改善情绪表达和情绪调控

通过沟通技能训练,特殊儿童可以学习如何更有效地表达自己的情绪,如高兴、难过、生气,等等。这不仅有助于他们更好地管理自己的情绪,减少因沟通障碍引起的情绪问题,还能提高他们与他人的情感交流能力。当特殊儿童能够准确地表达自己的情感时,他们与他人的互动将变得更加顺畅,有助于建立更加紧密和健康的社交关系。

(二) 增强自主性和独立性

通过沟通训练,特殊儿童将学会更加独立地表达自己的需求和愿望,这将有助于培养他们的自我决策能力和解决问题的技能。自主性的提高也将使特殊儿童在社交互动中更加自信,从而更好地与他人建立和维护关系。

(三) 提高社会交往水平

通过训练,特殊儿童能够逐渐学会如何与他人有效沟通,从而建立和维护有效的人际关系。这种能力的提升不仅有助于他们在日常生活中更好地融入社会,还能为他们的未来发展奠定坚实的基础。

(四) 促进认知和语言发展

沟通技能训练对特殊儿童的认知和语言发展具有显著的促进作用。通过与他人的交流,特殊儿童能够接触到更多的语言和信息,从而增强对语言的理解和表达能力。沟通训练还能帮助他们提高非言语沟通的能力,如肢体语言和面部表情的理解与运用。这些技能的提升将进一步促进特殊儿童的认知发展,为他们在学习、生活、社交等方面提供有力的支持。

(五) 促进学业和职业发展

通过沟通技能训练,特殊儿童可以更好地参与课堂活动,与老师和同学交流,从而提高学习效率和学业成就。良好的沟通技能还能帮助特殊儿童更好地理解课程内容,掌握学习方法,为他们的学业进步提供有力的支持。沟通技能也是职业成功的关

键因素之一。通过早期的沟通技能训练,对未来学习如何与同事、客户和合作伙伴进行有效的沟通奠定基础,良好的沟通能力还能帮助特殊儿童更好地融入职场文化,提高社会参与度。

(六)促进家庭和社会适应

通过训练,特殊儿童可以更好地理解和遵守社会规则,提高他们在不同社会环境中的适应性,这有助于他们更好地融入社会,与他人建立和谐的关系。同时,社会适应性的提高还将使特殊儿童在面对挑战和困难时更加坚韧和自信。通过提高特殊儿童的沟通技能,可以促进家庭和社会的包容性。当特殊儿童能够有效沟通时,家庭成员和社会公众更有可能理解和接纳他们。这将有助于创建一个更加包容和支持的社会环境,让特殊儿童能够充分发挥他们的潜能并为社会作出贡献。

二、特殊儿童沟通技能训练的内容

(一)根据沟通功能分类

根据沟通的功能,可以将特殊儿童沟通技能训练内容分为社会性沟通技能和工具性沟通技能两大类。这两类技能在特殊儿童日常生活中都起着至关重要的作用。社会性沟通技能主要目的是与他人互动,包括吸引注意、表达看法、寻求信息、社交互动和情绪表达等方面。在吸引注意方面,训练特殊儿童通过说话、眼神、手势或其他方式来引起他人的注意。在表达看法方面,通过命名熟悉的人、事、物,表达自己的看法或认知来帮助特殊儿童与他人建立联系,提升他们的自信心和表达能力。在寻求信息方面,通过提问或请求解释等方式来获取所需信息,有助于他们在学习和生活中更好地理解和适应环境。在社交互动方面,通过问候、道别、拥抱、回应他人、表达感谢等方式与他人建立社交联系。在情绪情感表达方面,通过语言或非语言方式表达自己的情绪状态、情感,有助于他们更好地理解自身情绪并与他人建立情感联系。工具性沟通技能主要涉及满足个人的需求,如表达要求、拒绝或抗议等。在表达要求方面,通过语言或适当的非语言方式来表达自己对物品、活动或帮助的需求。在拒绝或抗议方面,以适当的方式拒绝不想要的物品或活动,或表达抗议。

(二)根据沟通水平分类

根据沟通的水平,可以将特殊儿童沟通技能训练内容分为基本的沟通技能训练和进阶的、复杂的沟通技能训练。这两种训练水平分别对应着不同的沟通技能需求和层次,确保儿童在逐步过程中能够全面系统地提升他们的沟通技能。基本沟通技能训练主要包括几个核心技能的培养,如"提出要求""信息获取""做出评述"和"对他人做出回应"等。例如,"提出要求"训练是教授特殊儿童如何表达自己的需求,让他们能够在需要时有效地向他人寻求帮助或表达自己的意愿;"信息获取"训练则着重于培养特殊儿童倾听和理解他人信息的能力,使他们在沟通中能够准确把握对方的意思,主动获取所需要的信息。进阶的、复杂的沟通技能训练则包括情感沟通训练、表达感受的训练以及涉及多步骤、轮流等复杂的沟通训练。这些训练有利于促进特殊儿童更好地理解和处理情感,增强他们在沟通过程中的情感表达能力。同时,通过多步骤和轮流等复杂沟通技能的训练,有助于特殊儿童学会如何在沟通中更好地与他人协作,提高沟通效率和效果。

(三)根据沟通发展阶段分类

根据沟通的发展阶段,特殊儿童沟通技能训练内容分为自我阶段、要求阶段、早期沟通阶段和伙伴阶段的沟通技能,每个阶段都有其特定的训练内容①。在自我阶段,训练的重点是建立儿童的人际关系和沟通意图。例如,如果儿童对"举高高"游戏感兴趣,家长或老师可以利用这一点与儿童互动,通过游戏活动让儿童体会到人际互动的乐趣,并逐渐引导他们理解互动对他们产生的影响。还要训练儿童非语言沟通技能,帮助他们使用更恰当的非语言信号,如用手指指向物品,而不是通过不恰当的行为来表达需求。在要求阶段,着重于提升特殊儿童的语言表达能力,替代性沟通方式也是此阶段的重要沟通方式,可以拓展使用手势、图片、声音等替代方式。如果特殊儿童表达要求的能力有限,需进一步引导他们对更多的物品或活动进行表达。还有增强对词汇的理解能力也是关键,包括日常生活中的名词、动词,以及形容词的理解,从而发展儿童的词汇表达数量和句子表达长度。在早期沟通阶段,训练重点是鼓励自发性沟通、改善沟通方式、增强语言理解能力和拓展沟通功能。在这个阶段,儿童已经学会了与人互动,就需要鼓励他们主动与他人进行沟通。应创造机会让儿童自发地开始对话,并在对话中使用正确的词汇和句子。在伙伴阶段,训练的重点是提升语言理解能力,改善沟通方式,促进与同伴的沟通互动。还需要拓展分享信息、情绪表达的能力。发展对话能力也是重点,包括如何开始对话、维持对话、结束对话,以及对问题的澄清、解释和再次询问的能力。

(四)根据沟通方式分类

根据沟通的方式,可以将特殊儿童沟通技能训练内容分为语言沟通和非语言沟通。语言沟通训练中,口语训练是最基础的内容。有些特殊儿童可能存在语言障碍,无法流利地使用口语。在这种情况下,书面语(如字卡)和手语成为重要的替代方式,还可以通过书信、邮件等方式来表达自己的思想和需求。非语言沟通训练同样重要,主要包括用眼神、表情、动作、手势等方式来传达信息和情感。对于特殊儿童来说,非语言沟通往往比语言沟通更为直观和易于理解。例如,肢体亲近可以表达友好和亲近;眼神接触可以建立信任和联系;移动别人的手、伸手去拉别人等行为可以表达帮助和关心;给他人物品、把东西拿过来等行为可以表达分享和合作;张开手掌要求、挥手、点头、摇头等手势可以表达请求、拒绝、同意、否定等意愿;微笑、皱眉等表情可以表达喜悦、悲伤等情感。此外,辅助工具的学习和应用也是特殊儿童沟通技能训练的重要内容。辅助工具可以帮助没有语言或较少语言特殊儿童更方便地表达自己的意思,增强沟通效果。例如,图片和卡片等视觉辅助工具可以帮助口语表达受限的儿童表

---

① 魏寿洪.自闭症儿童沟通技能指导[M].重庆:重庆大学出版社,2020:39-41.

达自己的想法和需求;电子设备和软件等辅助工具可以帮助存在认知障碍的儿童进行更有效的沟通。

三、特殊儿童沟通技能训练的要点

（一）确定恰当的沟通训练目标

在为特殊儿童确定沟通技能训练目标时,首先要深入理解他们当前的沟通技能状况。目标的设定应基于对特殊儿童沟通技能的全面评估,在各种沟通情境中详细观察和记录,明确特殊儿童在哪些情况下从未表现出沟通技能,哪些情况下他们只能在成人的提示下才能进行沟通,以及在哪些特定情境中或在与成人互动时,他们才能展现一定的沟通技能。在明确了儿童的沟通技能现状后,开始设定训练目标。这些目标应具有明确性、可操作性和可衡量性,应充分考虑特殊儿童的实际情况和发展阶段,不应过于理想化或过于简单,或违背儿童沟通能力发展规律,例如,语言理解训练的发展目标一般应先于语言表达的目标。

（二）引发沟通动机

引发沟通动机是特殊儿童沟通技能训练的基础。在应用行为分析法中,运用强化物以及对强化物进行操作都可以激发特殊儿童参与活动的动机。在沟通训练过程中,需要创造一个积极、安全的环境,激发特殊儿童与他人交流的愿望。这可以通过创设各种有趣的活动和游戏来实现,应充分考虑儿童的个性和兴趣,能够激发他们的沟通欲望,让儿童在参与过程中感受到沟通的乐趣和必要性。还要鼓励特殊儿童主动发起沟通,表达自己的需求和想法,以培养他们的沟通动机。

在日常生活中,可以通过建立生活常规和打破生活常规来引发特殊儿童的沟通动机,也就是为儿童制造一些改变。如违反生活常规将手套当作帽子戴在头上,或者在儿童正在进行喜欢且熟悉的游戏活动时突然暂停。这种突如其来的变化会引起儿童的好奇心,促使他们主动与他人沟通,甚至询问原因或寻求解决方案。也可以故意在儿童熟悉规则的游戏或活动中犯错,让他们发现并提出问题,从而引发更多的沟通和讨论。控制物体位置使儿童不易获得也是一种有效策略,将儿童想要的玩具放在高处或难以触及的地方,促使儿童必须寻求他人的帮助。还可以创造预期之外的事件,如用大勺子去舀小罐子的果酱,或者将大的玩具装入小收纳盒中。违反物品的功能也是激发沟通动机的有效方法,如为特殊儿童提供一支坏掉的笔,用一个有洞的汤勺舀汤等,这些都可能会引起儿童的好奇,激发他们的探索欲望。

（三）注重功能性沟通

特殊儿童的沟通训练应以功能性沟通为主,特殊儿童能够在实际生活中真正地运用这些沟通技能来解决问题、满足需求和开展社交活动等。在功能性沟通训练中,不必过分关注特殊儿童的发音问题,重要的是要确保他们在沟通互动中能够理解和表达想法和需求。对于那些没有可能发展出语言的儿童,应及时考虑使用替代沟通方式,如符号、图片、电子设备等,以尽快地实现沟通效果为第一考虑原则。当特殊儿童通过训练掌握一些语言或非语言技能后,要在日常生活中引导他们充分地练习和应用,通过反复实践,逐渐掌握功能性沟通技巧,提高自己的沟通与交往能力。另外,有些特殊儿童存在一些问题行为,如哭闹、躺地上打滚或攻击他人,这通常是由于他们缺乏有效的沟通技能来表达自己的需求或情绪,需要先确定问题行为的功能,再有针对性地开展功能性沟通训练。如哭闹可能是特殊儿童表达不满或寻求关注,可以教他们使用适当的语言来描述自己的感受和需求,而不是通过哭闹来达成目的。

(四) 提升沟通技巧

提升沟通技巧是特殊儿童沟通技能训练的核心。在语言沟通技巧方面,需要教授特殊儿童如何表达自己的想法和需求,如何提出问题、回答问题、进行对话等。在非语言沟通技巧方面,需要教会特殊儿童使用面部表情、手势和身体语言来表达情感和态度,以及如何与他人建立眼神接触、保持适当的距离等。在特殊儿童沟通技能训练中,一个关键的指导原则是确保语言沟通与非语言沟通的协调统一。特殊儿童,特别是孤独症儿童,往往在非语言沟通方面存在障碍,他们可能避免目光对视,面部表情缺乏变化,这些行为可能使得他们在社交互动中显得与众不同,甚至怪异。因此,为了提高他们的社交互动能力,需要特别强调多重沟通方式的学习和应用,还要创造一个支持性环境,鼓励特殊儿童在日常生活中实践和应用这些沟通技巧。通过角色扮演、社交故事和互动游戏等活动,提高他们使用多重沟通方式的自信和能力。

(五) 在生活中灵活运用多种策略

特殊儿童沟通技能训练需要注重在生活中灵活运用多种策略。沟通技能不仅仅是在特定情境中使用的技巧,更是一种在日常生活中随时随地都需要运用的能力,要鼓励儿童将所学技能应用到实际生活中去。这可以通过模拟生活场景、角色扮演等方式来进行过渡,直至让他们在真实的情境中运用沟通技能,提高他们的沟通能力和社交适应能力。还应根据特殊儿童的实际情况和反应,灵活调整互动内容和方式。例如,当特殊儿童表现出对某一话题的兴趣时,我们可以适当延长该话题的讨论时间;当儿童表现出沟通困难时,我们可以采用更直观、更简单的沟通方式。此外,还要关注特殊儿童在沟通过程中的情感体验,给予他们足够的支持和鼓励,帮助他们建立自信心和积极的社交态度。

第二节 特殊儿童沟通技能训练思路和策略

特殊儿童沟通技能训练可从非语言沟通技能、语言沟通技能两方面开展。非语言沟通技能在沟通过程中的作用并不仅是辅助或支持,有时起着关键作用;而语言沟通技能训练则建立特殊儿童具有在一定的前语言能力和语言发展空间的基础之上。

一、非语言沟通训练

（一）非语言沟通技能训练的层次

非语言沟通技能训练就是通过训练，使儿童能够较好地运用身体动作、体态、语气语调以及空间距离等方式来更充分地传递信息和进行交流，实现更好的沟通效果。特殊儿童的非语言沟通技能训练可以从以下四个沟通功能层次着手：① 表示许可：儿童能够理解互动者的面部表情、声调和动作所表达的含义，如同意或不同意。需理解的非语言信号具体包括微笑、伤心、平静等面部表情，上扬或下降等声调，以及点头、摇头、摆手等动作。② 表示引起注意：儿童能够理解互动者的动作和眼神转移是为了吸引他们的注意力，从而引导他们关注特定的目标。动作转移包括手指的指向（从近到远）或头部的转向（从近到远）；眼神转移包括眼睛所注视方向（从近到远）。③ 表示意图：儿童能够观察并解读互动者的非语言表达信息，从而判断对方的意图是想要与他们接触还是忽略他们。想接触的非语言信号包括看着对方、向对方微笑等，想忽略的非语言信号包括不看对方、低头做自己的事情或忙于其他事务等。④ 表示情感或态度：儿童能观察或解读互动者更为复杂的情感或状态，如讽刺、怀疑或尊重等，以及对微表情和微妙的身体语言及其在特定情境中含义的理解和运用。

（二）非语言沟通训练思路和内容

特殊儿童的非语言沟通技能训练可以从上述四个沟通功能层次，从简单到复杂、从初级到高级的顺序开展训练，设计不同沟通功能层次的活动，有序开展和提升非语言沟通能力。也可以从非语言沟通方式设计训练活动，包括眼神沟通、表情沟通、手势沟通、姿态沟通等，提升特殊儿童运用不同非语言沟通方式的能力。眼神沟通依赖的是儿童对眼神的理解和运用能力，共同注意训练尤为重要。表情沟通涉及对面部表情的理解和运用，需培养儿童的社会参照能力。手势训练主要根据儿童的能力水平，教会他们使用关于手的一些动作进行沟通。姿态沟通则涉及使用身体的全身部位以及坐姿、站姿等姿态进行沟通。

1. 共同注意和社会参照能力训练

非语言沟通技能的养成与共同注意、社会参照能力密切相关。共同注意是在两人或多人互动过程中，儿童能协调眼神、动作、语言等多种形式来与他人共同关注某一人、事件或物体信息。这种能力是非语言沟通中最重要组成部分，有助于增强沟通的效果和深度。社会性参照为儿童的社会化学习提供参考，当面临陌生或不确定情境时，儿童一般会从大人的面部表情中寻求线索，然后基于这些线索来采取行动或作出反应，这个过程是儿童社会认知能力发展的关键环节。

对有沟通和交往障碍的特殊儿童而言，共同注意训练和社会参照训练是最核心的语前能力，是开展沟通与交往技能训练时需优先考虑的基础条件。共同注意、情绪理解训练等见第四、第六章相关内容。增强社会参照的方法包括：① 减少语言回应：通过减少语言的使用，鼓励儿童更多地依赖非语言信号来获取信息，如通过观察表情和肢体语言来理解情感和意图。② 尽量使用非言语交流手段：只有在非语言沟通无法传达清晰信息时，用简单的语言来辅助说明。语言可作为加强非语言方式沟通信息的辅助，例如，在一些诵读、歌唱、演讲等语言活动中训练非语言沟通手段时可以结合采用。③ 以成人的面孔作为信息中心：让儿童意识到成人的表情和反应是获取情感和社会信息的重要来源，并使用夸张的表情帮助儿童更容易地识别和理解情感。④ 采用眼神交流：成人在说话之前确保儿童已经注意到成人。⑤ 儿童使用面部表情来获得注意：教导儿童通过微笑、皱眉或其他面部表情来吸引成人的注意，以此作为开始沟通的方式。⑥ 通过游戏培养灵活性：游戏是儿童发展沟通和社交技能的重要方式。通过各种互动游戏，儿童可以学习如何灵活地观察和响应他人的非语言信号。

2. 手势沟通训练

根据手势的沟通功能，可以从以下几个方面设计训练活动：① 表达要求：如用手势表达"我要水""我想吃饼干"。② 表示拒绝：如用手势表达"我不要喝水""我不想睡觉"。③ 进行社会性沟通：如用于社交互动的手势"您好""再见""谢谢"等。④ 表示动作指令：如用手势表达"喝水""开车""起来""坐下"等。

手势沟通训练活动一般应从简单沟通手势到复杂沟通手势依次开展，从常见动作指令的手势理解与运用开始，如"起来""过来""坐下""安静""要""不要"等，再进一步训练对更复杂的手势理解与运用，如一些礼貌相关的手势"打招呼""再见"等。一般先训练对手势的理解，再训练手势的表达。

在具体训练过程中，可采用动作命名、指认或配对的方式教导对手势的理解，还可以结合提示、强化等方法促进儿童理解和掌握的效果。以理解"过来"手势为例，老师与儿童保持一段距离，老师做出"过来"手势，辅助者轻推儿童走到老师面前，老师给予强化并说"对，我的手势是让你过来。"之后反复练习，逐步减少提示，直至儿童能独立理解手势并走到老师面前。之后逐渐增加老师和儿童的距离继续练习。采用延迟提示策略，等待1—3秒再给予提示，促进儿童尽快独立。

在手势的运用训练中，可以根据儿童能力情况，采用角色扮演和模仿游戏，让儿童在实际情境中学习和使用手势；如果有必要，可使用夸张的表情和肢体动作，帮助儿童更好地理解和模仿手势；通过社交故事和视频示范，向儿童展示在不同情境中如何使用手势；鼓励儿童在日常生活中主动使用手势，并给予积极的反馈和奖励。

二、语言沟通技能训练

语言沟通训练可从模仿、呼吸、发声、口部运动等语前技能开始，在此基础上进行仿说、理解和表达等训练，按照语音、词汇、句子等顺序依次建构语言沟通的能力，不断改善发音清晰度、增加词汇量、提升语法结构的使用能力，围绕沟通情境拓展会话能力，帮助儿童熟练运用语言来增进信息、观点、情感等方面的沟通，从而更好地与他人交流互动，融入社会。斯金纳创立的语言行为法从语言行为及其功能的角度对基本的听者语言行为，以及说者语言行为提出了建议，具体内容见第五章。以下从抗议或拒绝、回答问题、寻求信息、主题会话四个方面对语言沟通训练的思路和策略进行举例说明。

(一) 拒绝或抗议训练

拒绝和抗议训练主要针对儿童不想要或讨厌的物品,已经饱足不再需要的物品给予拒绝,以及对不愿意、不喜欢的事件或活动表示抗议,也包括对一些可能会对自己造成的伤害、违反规则或道德习俗的事件等进行拒绝。

具体训练步骤:① 了解儿童拒绝的物品或抗议的活动,明确目标行为。需考虑儿童的能力水平,确保目标行为是儿童目前最需要的、最能应用到的,所采用的拒绝或抗议方式是儿童经过训练可掌握的。② 进行动机操作,呈现可能被拒绝的物品或抗议的活动,一次针对一个物品或活动进行训练,根据儿童对物品或活动的敏感程度调整呈现时间,防止引发激烈的反应。③ 采用提示进行教学,可使用肢体、手势、口语或视觉等提示手段,根据儿童的反应逐步降低提示程度。之后逐步延迟给予提示的时间,促进儿童主动沟通。④ 儿童使用恰当的拒绝或抗议方式后,去除厌恶刺激。训练程序举例见表8-1。

表8-1 拒绝或抗议训练程序举例

教学刺激(动机操作)	儿童反应	强化
儿童想吃东西,把儿童不喜欢的饼干递给他	儿童推开,或摇头,或说:不要	把饼干拿走,去拿另一种食物

在教学中,应注意以下几点:① 需使用符合儿童能力水平的拒绝或抗议方式,如摇头、推开、挥手、说"不""不要"等,随着儿童的语言沟通能力发展,可进一步要求用多样化的语言,完整或复杂句子来进行表达。② 重复创设情境,或在日常生活中抓住契机,反复练习,熟练掌握,在自然情境中对不同沟通对象、沟通情境达到泛化效果。③ 防止儿童过度拒绝或抗议,教导的拒绝或抗议行为应具有实际应用价值,避免在不适当的情境中使用;确保儿童的拒绝或抗议行为遵循社会规则,不伤害他人或自己。

(二) 回答问题训练

回答问题的训练包括回答与人、地点、事件、时间、如何、为什么等相关问题的训练,以及回答是非、选择等问题。训练程序举例见表8-2。

表8-2 "回答与人、地点、事件有关的问题"训练程序举例

情境事件	教学目标	教学刺激	儿童反应	强化
小明在教室里上课	回答"人"的信息	陈述:小明在教室里上课,并提问:"谁在上课?"	儿童回答:小明	给代币
	回答"地点"的信息	陈述:小明在教室里上课,并提问:"小明在哪里上课?"	儿童回答:教室	给代币
	回答"事件"的信息	陈述:小明在教室里上课,并提问:"小明在做什么?"	儿童回答:上课	给代币

在回答有关人、事、物等有关问题的教学中,应注意以下几点:① 进行多种情境

设计与提问：设计不少于20种具体情境，最好结合儿童生活中真实发生的情境来提出相关问题。② 及时进行提示：如果儿童对相关信息不能正确回答，可使用语言或字卡进行提示。如果儿童难以理解语言陈述，可以先借助情境图片的辅助理解，但这不属于语言刺激下的互动式语言，最终要撤除情境图片的提示，促进儿童发展受控于语言刺激下的语言沟通技能。③ 具备基础的命名能力：在教学之前，需要确保儿童已经掌握了至少20种的地点、事件、动词等命名能力，也应具备情境中涉及的人、时间、因果认知等基本概念。这些概念的理解不应成为主题会话训练的障碍。④ 按教学目标分类组织教学：如在教儿童回答关于人的问题时，应进行不少于20种情境中关于"人"的问题回答训练，达标后再开始下一个训练目标。当儿童对涉及单项信息的问题回答已熟练掌握后，可以使用故事书进行泛化，在阅读中穿插不同的提问与回答，帮助儿童熟练掌握人、事、时、地、物的基本概念。⑤ 设计教学内容时应考虑到难易度：老师陈述的情境可以从易到难，逐步增加句子的复杂程度和句子长度；在训练儿童回答时间相关问题的能力时，需要结合儿童对时间概念理解的发展顺序由易到难地设计情境。

（三）寻求信息训练

寻求信息训练是为了获取信息而与他人进行沟通，也就是训练儿童主动提出问题的能力。主动提问有利于帮助儿童探索环境、了解环境，进而掌控环境，有利于促进沟通与交往技能的发展。主动提问训练需先激发儿童的沟通动机，当呈现新奇物品、人物或事件时，儿童能根据情境主动提问，还要训练儿童提问时间（什么时间）、如何（怎么做）、原因（为什么）、选择（哪一个）等问题。一般3岁左右儿童开展出现主动提问行为，之后逐渐成熟。与人、地点、事件、时间等主动提问的训练程序举例见表8-3。

表8-3 "主动提问与人、地点、物件、时间有关的问题"训练程序举例

教学目标	教学刺激（动机操作）	儿童反应	强化
主动提问"人"	老师对儿童说：有人要给你送礼物了。你去找他拿	儿童问：是谁？	告诉儿童人名，找他拿到礼物
主动提问"地点"	用建构玩具搭建房子时，将门藏起来	儿童问：门在哪里？	告知儿童地点，儿童拿到门
主动提问"物件"	将新买的玩具放在盒子里，并表现出很感兴趣的样子	儿童问：这是什么？	说出名称，并给儿童
主动提问"时间"	把儿童感兴趣的物品放在高处可见之处，儿童提要求时，说：现在不可以	儿童问：什么时间可以？	告诉儿童：这个任务完成后。结束后给儿童该物品，说：这是你要的东西，现在可以了

在主动提问的教学中，应注意以下几点：① 进行多种情境的动机操作：抓住契机激发儿童主动提问的动机，每个类别的提问情境不少于10种，增进儿童主动表达的机会。② 及时进行提示：如果儿童不会主动提问，可以先进行零错误教学，及时使用语言或字卡进行提示。之后延迟给予提示时间，促进儿童主动提问。③ 按教学目标

分类组织教学:先围绕同一个目标进行提问训练,达标后再进入下一个训练目标。当儿童对多个目标的提问已熟练掌握后,可以穿插进行训练,以达到熟练运用的程度,为主题交谈做准备。④ 逐步增加语言表达的难度:逐步提高对儿童语言表达的要求,如用完整句子提问,提出信息更详细的问题等。

(四) 主题对话训练

对具备一定词汇量、能理解简单句子的儿童可以开展主题会话训练。为降低难度,在此之前可针对主题会话中会涉及的特定的人、地点、事件、时间、如何、为什么等相关因素进行专项训练。对具体信息的理解和应用可以采用回合式教学方式开展训练,一般先进行回答问题的训练,再进行主动提问的训练。

在儿童具备回答和提问能力后,可围绕一个主题,开展有来有往的对话训练,一般要达到最少 10 个回合。具体训练步骤包括:① 列出与所选主题相关的人物、事件、时间、地点和物品等内容。② 针对列出的人物、事件、时间、地点和物品,梳理至少 10 句与主题相关的提问及其回答。③ 对上述提问及回答进行演练,提出 10 个问题让对方回答,并交换角色进行。④ 双方进行 10 个以上回合的自由对话。

在主题对话交流时具有以下注意事项:① 需确认儿童已经具备回答问题和通过提出问题获得信息的能力,具备轮流的能力,以及具备开启话题、结束话题等技能。② 对于主动性不足的儿童,可以采用框架图的方式进行提示,列出所有需要回答的问题,然后再逐步减少提示,同时在每次练习时需变化问话的方式和顺序,以避免儿童形成固定或纯记忆式的回答。③ 老师在引导儿童交流主题时,应使用中性问题以避免无意提示或过窄地限定交流内容,如引导语可以问"说说看周末发生了什么事?"而不是问"周末在公园里玩了什么?"。④ 至少进行 5 个不同主题对话练习,每个主题的交流都应至少进行 10 个回合的对话互动,并且能变换交谈对象、交谈场所等。⑤ 鼓励儿童在主题交谈中主动提问、保持微笑、与对话者进行眼神接触,并逐步提高儿童的自我觉察能力。随着儿童交谈能力的发展,对儿童维持话题、转移话题、非语言沟通的配合等方面可以提出更高的要求。

第三节 图片交换沟通系统的应用

辅助和替代沟通系统(Augmentative and Alternative Communication System,以下简称 AAC)是一种支持性沟通方法,特别适用于有严重语言、说话或书写障碍而无法使用传统语言进行有效沟通的儿童。图片交换沟通系统(Picture Exchange Communication System,以下简称 PECS)。PECS 核心理念在于突破传统 AAC 的教学限制,强调功能性与随机性的教学。这种方法不仅教导儿童如何使用视觉材料进行沟通,更注重培养他们的自发性沟通技巧。它不仅是一种替代性沟通工具,更是一种全方位的教学方案,通过线条画、图片、照片等视觉材料,为有严重语言障碍甚至失语的特殊儿童提供一种全新且有效的沟通方式,促进特殊儿童在日常生活中更加自然地运用沟通技能且清晰地表达自己的需求、情感和想法,从而增强他们的社交参与感和自信心。同时,PECS 的教学过程也注重培养特殊儿童的认知能力和问题解决能力,使他们在沟通的过程中不断获得发展。

一、AAC 和 PECS 简介

(一) AAC 简介

AAC 强调将儿童所有的沟通能力进行整合,这包括将他们现有的说话、声音、手势、手语等与适当的辅助沟通工具相结合,以最大化地发挥儿童的沟通潜能,帮助他们更有效地表达自我,参与社交互动,以及满足日常生活中的沟通需求。AAC 系统的设计需要根据个体的具体障碍、沟通需求、认知能力、运动能力等因素进行个性化定制,以确保沟通系统的有效性。专业人员的评估和训练对于确定最适合个体的 AAC 系统和使用方法至关重要。随着个体能力的变化和成长,AAC 系统可能需要不断地评估和调整,以满足其不断变化的需求。

AAC 的核心包括三个基本要素:首先,要明确想要传递什么信息。这要求使用者对沟通目的有清晰地认识,明确自己想要表达的信息内容和意图,无论是具体的需求、情感状态还是抽象概念。其次,要选择适当的媒介来传递这些信息。媒介是指特殊儿童用来传递信息的工具或平台,可以是手语、沟通本或图片交换系统等,也可以是电脑或专用的沟通设备等。选择哪种媒介取决于使用者的能力、环境和偏好。最后,要决定使用什么样的符号系统来传递这些讯息。符号系统可以是语言、文字、图片、符号、手语或声音等,它们作为信息的载体,帮助使用者将思想转化为可感知的形式。

AAC 的实施方式多种多样,常见的有手语、沟通本、会话书、电脑辅助沟通软件、图片交换沟通系统等。这些工具和方法各有特点,可以根据使用者的具体情况和需求进行选择。例如,手语适用于无法发出声音但能够使用手势的人群,沟通本和会话书则适合那些读写能力有限但能够理解书面语言的使用者,而电脑辅助沟通软件和图片交换沟通系统则可以为那些无法使用传统语言进行沟通的人群借助设备上的软件,通过触摸屏幕选择图像或文字来进行灵活而高效的沟通。随着现代技术的发展,智能手机、平板电脑和专用的沟通软件等,为 AAC 的应用提供了更多可能性,使得沟通更加便捷和多样化。

AAC 强调在沟通过程中多渠道并用,允许那些有严重语言、说话或书写障碍的儿童,通过任何可获得的方式来传递讯息和想法。尽管特殊儿童可能在传统的语言交流上遇到困难,但他们仍可以通过其他形式实现有效沟通,不仅解决了交流障碍,还能够增加其独立表达自己的能力,提升生活质量,使他们更自信地参与社交活动,更有效地与他人建立联系。AAC 不仅为特殊儿童提供了与社会互动的平台,也为他们的家庭和教育者提供了一种理解和支持他们的有效工具。

例如,采用 AAC 的方法教儿童表达拒绝,其训练步骤依次是:① 确认儿童不喜欢的物品或事情及拒绝行为的表现。② 根据拒绝行为发生的情境判断该拒绝是否恰当。如恰当,可以接受;如不恰当,则应干预该行为。③ 选择可以接受的用于表达拒绝的沟通形式,如手势、图片等,该形式需在之后情境中适用。④ 在不同情境中提供让儿童拒绝的机会。⑤ 在适当的时机采用提示手段以诱发新的拒绝反应,再逐步撤除提示。⑥ 当新的拒绝行为出现时,通过移除个案不喜欢的物品或立即停止个案拒绝的活动持续强化沟通行为。

（二）PECS简介

PECS由邦迪（Bondy）和弗罗斯特（Frost）根据德拉瓦州孤独症教学方案（Delaware Autistic Program）中发展而来,它由听者、说者、可视性媒介（图片、文字、沟通本）、设置的情境构成。其中,听者扮演着接收信息的角色,需要能够准确理解说者所传达的信息。说者则是信息的传递者,需要通过合适的表达方式,确保信息能够准确无误地传达给听者。可视性媒介,如图片、文字和沟通本等,则作为信息的载体,帮助说者表达自己的意思,同时也为听者提供了理解和回应的依据。

1. PECS的特点

PECS具有以下特点:① 使用了视觉材料,用以代表各种物品、活动或想法,直观、易于理解,能识别图案或图像的儿童都可以使用。这对具有视觉优势的孤独症儿童更为适用。② 鼓励儿童自发地使用图片进行沟通,而不是被动地响应成人的提示或问题,有助于培养儿童的主动性和自主性。③ PECS教学过程具有结构化特点,分六个阶段循序渐进进行,每个阶段都建立在前一个阶段的技能之上,学习阶段和目标任务明确,系统性更强、方法实用及容易掌握。④ PECS是一种沟通工具,不仅注重培养儿童的社会交往技能,还支持儿童的学习和个人发展。通过与他人进行图片交换沟通,学习如何与他人建立联系、分享信息、理解他人的需求和感受。借助PECS,他们可以更顺利地参与学习活动和日常生活。⑤ PECS是一个个性化沟通系统,需根据每个儿童的个人兴趣和需求来制作沟通本的内容,确保沟通工具的有效性和吸引力。⑥ PECS具有广泛的适应性,可应用于不同年龄和发展水平的沟通障碍儿童,以及有严重语言障碍的成人。它还具有跨文化应用潜力,通过使用普遍认可的符号和图像,能够跨越语言和文化障碍,为不同文化背景的儿童提供沟通支持。

PECS也存在一定的不足。虽然图片等媒介能够帮助儿童更好地理解和表达信息,但它们却无法完全替代口语沟通的作用,缺少口语沟通所具有的更丰富的表达方式和更灵活的交流形式。使用PECS的儿童需要随时携带沟通本,可能导致在有些环境中使用有些不便。另外,如果使用不当,过度依赖图片等可能会在一定程度上减少儿童练习使用口语的机会,阻碍儿童口语的发展。当然,在训练程序中,一般会逐步增加口语刺激,为儿童创造学习口语的机会,以促进他们的语言和社交能力的发展。

2. PECS的教学要点

在使用PECS时,需注意以下教学要点,以确保其有效性和适用性[①]:① 在教学

---

① 陈凯鸣. 小糖的故事:图片交换沟通系统（PECS）在自闭症、沟通障碍人士中的运用[M].广州:暨南大学出版社,2011:263.

前应进行偏好物调查及选择,这直接关系到特殊儿童的学习动机和参与度。通常会利用特殊儿童对于强化物的喜爱与需求,来引发其自发性沟通的意愿。在教学的内容上,PECS教学强调从教本能的、基本的要求开始。② 教师避免抢先沟通或说太多话,应给予特殊儿童足够的时间和空间来主动发起沟通,不要过度解释或提供过多的信息,而是要学会等待,观察儿童的反应,并在适当的时候给予支持和引导。这样可以帮助他们逐渐建立起自己的沟通方式和信心。③ PECS的六个教学阶段循序渐进,从简单的需求表达开始,逐渐过渡到更复杂的沟通,如表达情感、评论和提问,有助于儿童逐步掌握使用图片进行沟通的技能。④ PECS课程的终止应该由特殊儿童自己决定。即使他们已学会了一定的口语交流技能,也不应强求他们在所有情况下都放弃使用沟通本,应该尊重他们的选择,并根据他们的需要灵活调整教学策略。⑤ 沟通内容应该是功能性的,并有助于特殊儿童未来的独立生活。在选择沟通主题时,教师应关注与日常生活息息相关的功能性内容,如请求帮助、表达需求等。通过教授这些实用的沟通技能,教师可以帮助他们更好地融入社会,提高他们的生活质量。⑥ 应定期评估特殊儿童的沟通能力和PECS的使用效果,并根据评估结果调整教学策略。⑦ 每个特殊儿童的需求和能力都是独特的,因此PECS的教学计划应根据个体差异进行个性化调整,每个特殊儿童应有自己专属的沟通本。⑧ 家长和教师应接受适当的培训,科学地使用PECS来支持特殊儿童的沟通发展。

3. PECS的教学前准备

第一,需要了解特殊儿童的现有能力水平,包括:扫视能力,即能否快速地扫视多个图片;理解符号能力,即能否理解并识别图片,以及对符号或图片代表实物的理解程度;抓取图片的能力,即能否抓取图片,能抓取图片的大小和厚薄;沟通动机,即是否有主动沟通的意愿。此外,还需要了解儿童可能存在的不当行为。例如,是否会撕图片或活页、抛掷图片、将图片放入口中咬、敲打图片或将图片作为玩具等,这些行为可能会影响PECS训练的进程。还需要观察特殊儿童试图接触所要物品的方式,观察他们哭闹时家长或其他人是用什么方式解决的,观察当某物品被移开时儿童的反应,这些信息有助于老师提前预判特殊儿童在训练过程中可能会出现的突发情况,及时进行预防或采取应对措施。

第二,在正式训练前,要向家长和其他教师解释PECS的功能,强调它在辅助沟通、鼓励口语和提供视觉提示的作用,争取家长和其他教师的认同和积极参与,支持特殊儿童在不同课堂中、与不同老师的互动中以及家校合作中,保持一致地使用PECS,促使他们在不同环境中无障碍地沟通。

第三,PECS训练是从提要求开始的。训练前要根据提要求的内容准备物品,一般从儿童基本需求和本能需求入手,选择儿童喜爱的食物、玩具等作为完成沟通的强化物。要求选择强有力的强化物,能有效引发儿童的沟通动机。应在训练前进行偏好物测试,确定特殊儿童对物品或活动的偏好等级。高偏好物品是最能够激发儿童动机的,而低偏好物品则相对较弱,确保有不同偏好等级的强化物可供选择,以适应不同的教学情境和儿童的不同需求。定期进行强化物和偏好物的评估,以确保所选强化物仍然能够激发儿童的兴趣和动机。

第四，准备沟通本。沟通本是PECS中的重要教具，配合教学进度，逐渐增加沟通本中图片的数量，并把学会的图片移至沟通本的内页、分页，将来可让儿童随身携带，作为与人互动沟通的一项重要辅具。沟通本包括三个主要部分：① 句带（Border or Sentence Strip），是沟通本中用于句子沟通的载体，通常包含表示句子结构的图片，如动词、介词等。句带上的图片可以帮助儿童构建简单的语句，如"我要去公园"。② 内页或夹页（Pocket Pages），是沟通本中间的部分，用于存放或粘贴图片，儿童根据需要从中选择和组织图片，创建更复杂的信息。③ 图片（Pictures），是沟通本的核心，代表儿童想要表达的具体物品、活动或概念，易于识别，并且与儿童的兴趣和需求相关。在训练过程中图片逐步增加、丰富。总体而言，准备沟通本从以下几方面进行：

（1）个人沟通本

制作一本属于特殊儿童个人的沟通本是非常有必要的，这不仅可以增强他们对沟通本的归属感和责任感，还能促进他们与他人之间的互动沟通。沟通本是在训练过程中逐步完善的，在训练完成后，仍需针对儿童日常生活中与人、事、物的接触，持续扩大搜集图片，以便不断更新和完善沟通本的内容。在实际使用中需测试沟通本的有效性，并根据儿童的反应和进步进行必要的调整。需要注意沟通本的携带方便性，特别是在活动中以及外出时要方便携带。

（2）沟通本版面格式及图片数量

制作沟通本时，需要根据儿童的扫视图片能力来决定版面布局、图片排列方式及图片数量。版面应简洁明了，图片排列应有序，图片数量适中，以便儿童能够快速找到所需的图片。过于烦琐杂乱的版面、过多或过少的图片都可能影响儿童的交流效果和效率。可建立一个图片库，包含儿童日常生活中常见的物品和活动，具有一定的覆盖面，在需要时使用。

（3）内页和图片分类

当儿童需要学习的图片数量较多时，为了提高查找速度，可以按照图片的类别使用不同颜色的内页进行分门别类。例如，将食物类图片、人物类图片、日常用品类等图片分别用橙色、黄色、红色等内页呈现。这样不仅有助于快速找到所需图片，还能帮助儿童更好地理解和组织信息。应选择清晰、简洁的图片，最好是实物照片或高对比度的图画，图片应该能够准确代表所指的物品或概念，应该易于识别，避免混淆。

（4）图片大小

在选择图片大小时，需要考虑儿童的辨认符号能力和抓握能力。对于辨认符号能力较弱的儿童，可以使用较大图片；对于抓握能力不好的儿童，可以选择较厚图片。一般对图片进行塑封处理，方便持久使用。

（5）沟通本封面和封底

封面是训练和练习的重要区域，当特殊儿童熟悉后可将平时放在封面的图片移至内页，让儿童可从内页寻找需要的图片与人进行沟通。沟通本封底可比封面长出一段，方便设置句带粘贴区域。

（6）沟通本材质

一般自制沟通本可以用活页文件夹制作，具有耐用性和实用性，在封面和内页粘贴子母贴，以便随时更换和更新图片。子母贴可重复撕取，方便练习和使用。

（7）沟通本摆放位置

要提前规划好沟通本摆放位置，一般应放在相对固定的位置，让儿童了解当他要拿图片与人交换时，他的沟通本在哪里。这样有助于培养儿童的秩序感和规则意识，同时也能提高他们使用沟通本的效率。

二、PECS教学阶段

PECS共分为六个阶段，其中前三个阶段是以掌握图片交换沟通的基本功能为主，后三个阶段开始学习用句子进行沟通。下面分别介绍各阶段的教学目标、训练步骤及注意事项。

（一）第一阶段：如何沟通（How to Communicate）

1. 教学目标

通过图片交换物品的方式，引导特殊儿童学会与他人建立初步沟通，并不要求儿童在初始阶段就能完全理解图片的具体含义，只要他们能够在看到自己喜欢的物品或食物时，主动拿起图片进行交换，即可视为达到了本阶段的教学目标。

2. 训练程序

提前准备好强化物，在无干扰物的结构化环境中进行训练。训练过程中需要一名教师和一名辅助者参与，分别是听者（Listener）和提示者（Prompter），其操作要点见表8-4。

表8-4 PECS阶段一听者和提示者的操作要点

角色	操作要点
听者	接收儿童的图片，立即以口语回应，并在1—3秒内提供儿童所要求的物品
提示者	儿童主动伸手拿想要的物品时，肢体提示儿童拿起图片，并交到听者手中

具体步骤：① 听者坐在说者（儿童）的对面，拿着儿童喜爱物，提示者坐在儿童的侧后面，而图片放在桌子上。② 听者引导儿童去拿喜爱的物品，可把在听者手中的强化物给儿童看一下。③ 提示者坐在儿童身边，等儿童伸手想去拿物品时，给予身体提示让儿童拿图片给听者。④ 听者拿到图片要立即给予强化物并同时说"我要……（强化物）!"，并把强化物给儿童，提示者也随之提示儿童放开图片。⑤ 重复上述步骤直至儿童完全独立操作，强化物需根据儿童的情况变化，提示者的提示程度逐步降低，直至完全撤除。

3. 注意事项

阶段一操作训练注意事项包括以下几点：① 引发动机：只有当儿童主动递出图

片或主动伸手,听者和提示者才给予反应,以此鼓励儿童主动发起沟通。儿童没有先做出主动行为,可以进行动机操作。②撤除提示:提示者肢体提示程度可从全肢体提示逐步变化为手势提示,听者的手势提示撤除可以从张开手变为弓着手,直至完全独立。听者在初期训练可看着儿童,等待儿童有主动行为立即"接"图片,之后可逐步变为不关注儿童,等待儿童有明显的递图片后再"接"图片。③不需口语提示:避免使用口头语言,防止无意识发出语言指令。④避免引导性问题:教师避免提出类似"你要什么?"的引导性问题,防止儿童形成被动回答的习惯。⑤单次使用一张图片:第一阶段每次只应使用一张图片,以帮助儿童建立一对一的图片与物品之间的关联。⑥变化听者角色:听者和提示者可以交换,继续变化听者的角色,让儿童逐渐适应与不同人进行沟通。⑦从结构化到自然环境的过渡:初期可在结构化教学环境中进行训练,之后应逐渐过渡到自然环境中训练。

4. 数据记录

阶段一训练程序中的数据记录表可参考表8-5:

表8-5 PECS阶段一数据记录表

训练者	日期	活动	物品	拿起卡片	够到训练者的手	松开卡片	手势是否撤除
				FP PP +	FP PP +	FP PP +	是 否
				FP PP +	FP PP +	FP PP +	是 否
				FP PP +	FP PP +	FP PP +	是 否
				FP PP +	FP PP +	FP PP +	是 否
				FP PP +	FP PP +	FP PP +	是 否
				FP PP +	FP PP +	FP PP +	是 否
				FP PP +	FP PP +	FP PP +	是 否
				FP PP +	FP PP +	FP PP +	是 否
				FP PP +	FP PP +	FP PP +	是 否
				FP PP +	FP PP +	FP PP +	是 否

注:FP=完全肢体提示;PP=部分肢体提示;+=独立;是=摊开手掌;否=手弓着

(二)第二阶段:距离和坚持(Distance and Persistence)

1. 教学目标

增加沟通的距离和难度,培养儿童在沟通中的坚持性和自发性,使儿童能够在拿到图片后识别出听者,克服距离因素,主动地拿着图片走向听者并交换强化物。

2. 训练程序

提前准备好强化物,在无干扰物的结构化环境中进行训练。训练过程中需要一名教师和一名辅助者参与,分别是听者和提示者。

具体步骤:① 准备沟通本:为儿童准备一个专门的沟通本,将图片贴在沟通本封面上,以便儿童能够轻松识别和使用。② 图片交换:儿童从沟通本封面取下图片交给听者。③ 逐渐增加距离:分别逐渐增加听者和说者(儿童)之间的距离,或儿童和沟通本之间的距离,完成图片交换沟通。④ 同时调整多个距离:在训练过程中,不仅要调整听者与儿童之间的距离,还要同时调整儿童与沟通本之间的距离,以全面提升儿童的沟通能力。⑤ 设置障碍物:在儿童与听者、沟通本之间设置一些障碍物,增加沟通过程中的难度。⑥ 将图片放入沟通本内页中:在训练的后期阶段,将图片放入沟通本内页中,为使用沟通本进行沟通打下基础。

3. 注意事项

阶段二操作训练注意事项包括以下几点:① 听者避免口语和肢体提示:听者是儿童的沟通对象,要避免使用口语或肢体动作来提示儿童,以确保培养儿童主动沟通。② 逐步撤除提示:在训练儿童初次从沟通本封面取图片、从内页取图片、到逐步增加距离的位置取图片、把图片递给逐步增加间隔距离的听者手中等情况下都需要根据儿童能力情况进行肢体提示或手势提示,程度可从大到小,直至独立。③ 每次只做一个图片的交换沟通。④ 变换更多的听者,增加更多的沟通对象。⑤ 逐渐从结构化的、控制良好的教学环境逐渐过渡到自然环境,在多个空间、不同环境中完成沟通。⑥ 强化物的多样化:经常更换和丰富强化物种类,增加沟通动机,学习和累计更多数量的图片交换沟通。⑦ 结合语音模仿课程:如果儿童具备少量的发音能力,可同时进行语音模仿课程。

4. 数据记录

阶段二训练程序中的数据记录表可以参考表8-6:

表8-6 PECS阶段二数据记录表

日期/训练者	儿童想要的物品	尝试及表现	与训练者距离(米)
		拿卡片: 1 2 3 4 5 6 7 8 9 10	
		距离: 1 2 3 4 5 6 7 8 9 10	
		尝试及表现	与沟通本距离(米)
		拿卡片: 1 2 3 4 5 6 7 8 9 10	
		距离: 1 2 3 4 5 6 7 8 9 10	

注:表中的数字表示第几次训练,独立完成+,提示完成P,在数字后标出。

(三) 第三阶段:图片辨别(Picture Discrimination)

1. 教学目标

经过训练,儿童应能够从沟通本中的多张图片中辨别并选取与沟通目标相匹配的图片,并主动接近听者,完成交换图片沟通。本阶段的训练重点是对多张图片的辨别与选择,完成熟练沟通。

2. 训练程序

阶段三包括辨别及测验两个环节,其中辨别环节是通过辨别1张高偏好图片和1张低偏好图片来实现教学目标的,测验环节是通过辨别2张高偏好物图片来进行检验的。提前准备多个强化物和低偏好物品或无关物品,在无干扰物的结构化环境中进行训练。训练过程中需要一名教师,不需要提示者。

(1) 辨别1张高偏好及1张低偏好图片

具体步骤:① 在沟通本上同时展示2张图片,1张代表高偏好物品,1张代表低偏好物品或无关物品。桌面摆放与图片相对应的实际物品。② 当儿童拿取某张图片递出进行交换时,老师提供给儿童图片对应的物品。③ 观察儿童反应,如果出现"负向反应",即儿童拿到的物品与其期望不符时产生的如哭泣、推开等消极行为,应立即启动"错误纠正"程序,即采用"示范(或展示)—提示—转换—重复"四个步骤进行纠错,具体步骤要点见表8-7。转换步骤主要通过让儿童做一些已熟练掌握的任务,如听指令、模仿动作等,帮助儿童转换思维,以此确保儿童重复的内容是真正掌握,而不是机械模仿。

表8-7 PECS阶段三辨别训练"四步纠错"具体步骤要点

步骤	教学者	儿童
	提供2张图片(高偏好、低偏好各1张)	给不正确的图片
	给图片上的物品	负向反应
展示	指正确图片	
提示	一只手摊开放在靠近正确图片的位置,另一只手做手势提示	给正确图片
	社会性强化,不给物品	
转换	动作模仿:做这个	依指令做出动作
重复	提供2张图片(同上)	给正确图片
	提供物品并给予赞美	

(2) 辨别2张高偏好物图片

具体步骤:① 在沟通本封面上展示两张儿童偏好的图片,并在桌面上放置对应的实际物品。② 当儿童选择交换图片时,进行测验程序以验证儿童所选择的图片与实际物品的一致性,即进行"符合性检验"(Correspondence Check)程序。在此过程中,老师发出指令:"去拿!",鼓励儿童自行找到与图片相对应的实际物品进行交换。

③ 等待儿童的反应,如果儿童选择正确,检验通过。如果儿童选择错误,应立即进行"错误纠正"程序,帮助他们建立正确的图片与物品对应关系,具体步骤要点见表8-8。
④ 随着训练的持续,逐渐在沟通本中增加进行同时辨别的图片数量,最多可达五张。
⑤ 将图片移入沟通本内页进行测试程序。

表8-8　PECS阶段三测验程序"四步纠错"具体步骤要点

步骤	教学者	儿童
	提供2张图片(高偏好)	给其中一张图片
	指令:去拿!	**手伸向错误图片**
	及时阻止	
展示	指正确图片	
提示	一只摊开放在靠近正确图片的位置,另一只手做手势提示	给正确图片
	社会性强化,不给物品	
转换	动作模仿:做这个	依指令做出动作
重复	提供2张图片(同上)	给正确图片
	指令:去拿	拿正确物品
	给物品并进行社会性强化	

3. 注意事项

阶段三操作训练注意事项包括以下几点:① 一般先进行辨别训练,之后进行测验。一般每周进行两次测验,以确保儿童真正掌握了用正确图片进行沟通的技能。② 老师在测验程序中可用的指令如"自己拿"或"去拿"等。③ 这个阶段开始不安排专门的提示者,由听者自己进行提示。④ 辨别的图片需是儿童已经学过的。在辨别高偏好与低偏好图片时,配对的低偏好图片可从较不喜欢的图片逐渐过渡到中性图片,以降低辨别难度,还需不断变换呈现图片的位置。⑤ 当儿童出现错误时,采取四步纠错法进行纠正。⑥ 逐渐加入距离和坚持性的训练,逐步增加图片的数量,让儿童学习如何快速且准确地从大量图片中找出目标图片。

4. 数据记录

阶段三训练程序中的数据记录表可以参考表8-9、表8-10:

表 8-9　PECS 阶段三"辨别"训练数据记录表

训练者	日期	活动	喜欢的项目	不喜欢的项目	表现
					＋　－
					＋　－
					＋　－
					＋　－
					＋　－
					＋　－
					＋　－
					＋　－
					＋　－
					＋　－

注：＋＝交换的正确图片；－＝交换的干扰图片（不喜欢的）。

有效地交换	有效干扰项目

表 8-10　PECS 阶段三"符合性检验"数据记录表

时间	训练者	辨别水平（图片数量）	检验符合	活动	图片
		2　3　4　5	＋　－　NA		
		2　3　4　5	＋　－　NA		
		2　3　4　5	＋　－　NA		
		2　3　4　5	＋　－　NA		
		2　3　4　5	＋　－　NA		
		2　3　4　5	＋　－　NA		
		2　3　4　5	＋　－　NA		
		2　3　4　5	＋　－　NA		
		2　3　4　5	＋　－　NA		
		2　3　4　5	＋　－　NA		

注：＋＝拿对；－＝拿错；NA＝不反应。

（四）第四阶段：句子结构（Sentence Structure）

1. 教学目标

通过训练，儿童能够使用完整的句子来进行沟通。能遵循从左至右的顺序，依次从图片中挑选出"我要"及强化物的图片，放置在句带上。随后撕下句带，主动寻找听者，递出句带，实现能与不同的听者用句子沟通。儿童能够在生活中自发沟通，且跨越不同的沟通场景。

2. 训练程序

阶段四训练包括三个步骤。

（1）步骤一：将偏好物图片加入句带

具体步骤：① 在沟通本封面操作。教学前听者将"我要"字卡放置在句带的起始位置。② 儿童从沟通本中选取自己偏好的物品，在听者的提示下，将图片放置在句带的正确位置上。③ 听者引导儿童将句带拿起递给自己。④ 听者将句带转向儿童，快速读出句子"我要……"，随后给予儿童图片对应的物品。⑤ 逐渐减少肢体提示的程度，直至独立完成。

（2）步骤二：将"我要"字卡放入句带

具体步骤：① 在沟通本封面操作。教学前听者将"我要"字卡放置在沟通本的左侧。当儿童试图直接拿取他们偏好物图片时，听者及时阻止，并通过肢体提示让儿童拿起"我要"字卡，放置在句带上。通过零错误学习促进儿童构建正确的句子顺序。② 儿童将偏好物图片放置在句带正确位置上，并取下句带交给听者。③ 听者将句带转向儿童，快速读出句子"我要……"，随后给予儿童图片对应的物品。④ 逐渐减少对儿童的肢体提示，直至独立完成。

（3）步骤三："读"句子

具体步骤：① 儿童独立构建句子并将句带交给沟通者。② 将句带转向儿童，听者握着儿童手指引导他逐一指向每张图片，同时听者快速读出句子"我要……"。之后逐步撤除肢体提示。③ 儿童能熟练逐一指认图片后，采用固定时间延迟策略，每次在读句子时，听者在说出"我要……"句子最后一个字前等待3—5秒，以此反向增加空缺字或词的长度，给予儿童足够的时间来补充后面空缺内容，最后促进儿童能够完整地说出"我要……"。④ 对儿童主动"说"的努力进行差别强化。当他能主动说出句子时，可得到更多或更大程度的强化，例如，获得更多的食物、玩的时间更长一些，或是得到更多的社会性赞美。如果他能给出句带，但没有说出句子，则只会得到少量的强化。通过差别强化策略鼓励儿童积极地使用语言沟通。

3. 注意事项

阶段四操作训练注意事项如下：① 注意激发儿童的沟通动机。② 当儿童对沟通本封面的操作熟练后，可以将相关图片移到沟通本的内页继续训练。③ 加入符合性检验程序，一般每周进行两次左右，老师指令用"自己拿"，让儿童自行拿取物品。④ 当儿童能在各种环境、空间或条件下独立拿取图片后，老师基本可以不再采用肢体提示,在必要时可以采用手势提示。⑤ 句子的长度从 2 张图片开始,然后逐渐增加图片数量,进行属性扩展教学。⑥ 当儿童出现错误时,需进行错误纠正。如果是属性或辨别偏好物的错误,采用四步纠错法。如果是句子结构的错误,使用反向链锁进行纠错。⑦ 阶段四要加入语言模仿课程训练,对儿童的开口说话行为进行差别强化。⑧ 当儿童用句带进行句子沟通达到一定熟练度后,需在日常功能性活动中为儿童创造更多的自发性反应机会。

4. 数据记录

阶段四训练程序中的数据记录表可以参考表 8-11。

表 8-11 PECS 阶段四句子结构数据记录表

训练者	日期	活动	项目	放句头				放图片				拿句带				交换				检验符合	
				FP	PP	G	+	FP	PP	G	+	FP	PP	G	+	FP	PP	G	+	+	−
				FP	PP	G	+	FP	PP	G	+	FP	PP	G	+	FP	PP	G	+	+	−
				FP	PP	G	+	FP	PP	G	+	FP	PP	G	+	FP	PP	G	+	+	−
				FP	PP	G	+	FP	PP	G	+	FP	PP	G	+	FP	PP	G	+	+	−
				FP	PP	G	+	FP	PP	G	+	FP	PP	G	+	FP	PP	G	+	+	−
				FP	PP	G	+	FP	PP	G	+	FP	PP	G	+	FP	PP	G	+	+	−
				FP	PP	G	+	FP	PP	G	+	FP	PP	G	+	FP	PP	G	+	+	−
				FP	PP	G	+	FP	PP	G	+	FP	PP	G	+	FP	PP	G	+	+	−
				FP	PP	G	+	FP	PP	G	+	FP	PP	G	+	FP	PP	G	+	+	−
				FP	PP	G	+	FP	PP	G	+	FP	PP	G	+	FP	PP	G	+	+	−

注:FP=全部肢体提示,PP=部分肢体提示,G=手势,+=独立;检验符合:+=拿正确图片,−=拿错误图片。

(五) 第四阶段后:属性和语言扩展(Attributes & Language Expansion)

1. 教学目标

通过训练,使儿童能够更清楚地表达需要的强化物,掌握并运用"'我要'+属性图片+强化物图片"的句式,拓展儿童运用多张属性图片构建更丰富的句子(至少 3 张图片)的能力。训练不论强化物是否呈现在眼前,儿童都能主动地用丰富的句子进行沟通。属性和语言扩展教学和阶段五同步进行。

2. 训练程序

(1) 步骤一:3 张图片句型结构

先在句子结构中加入属性图片进行训练。具体步骤:① 进行动机操作。② 仅展示"我要"、目标属性(如红色、蓝色)及偏好物品的图片。当儿童将"我要"与偏好物品图片贴在句带上时(如"我要+?+汽车"),听者持红色和蓝色偏好物品询问:"哪一个?"③ 在儿童伸手取偏好物品时,通过肢体提示其选择相应的属性图片并贴在"我要"与偏好物品图片之间(如"我要+?+汽车"→"我要+红色+汽车")。④ 儿童将句带交给听者,听者引导儿童读出完整的句子并给予相应的物品。

之后按句子结构的顺序操作进行训练。具体步骤:① 动机操作。② 儿童自行贴好"我要"图片。③ 当儿童拿取偏好物图片时给予阻止,拿着偏好物问儿童:"哪一个?"并肢体提示儿童去拿属性图片贴在句带的恰当位置上,之后儿童自行拿取偏好物图片贴在句带上(如我要+红色→我要+红色+汽车)。④ 把句带给听者,听者给儿童属性正确的强化物。

(2) 步骤二:辨别高偏好及非偏好属性图片

具体步骤:① 沟通本上只放置"我要"、偏好属性和非偏好属性的同一种物品图片。② 儿童贴上"我要"图片。③ 儿童选择并贴上想要的属性图片。④ 儿童贴上强化物图片,把句带给听者,听者引导儿童读出完整的句子,并给儿童所选择属性的强化物。出现负向反应时进行纠错,采用四步纠错法,具体步骤要点见表8-12。

表8-12　PECS阶段四后高、低偏好属性教学"四步纠错"具体步骤要点

步骤	教学者	儿童
	呈现2个物品(如高或低偏好属性的汽车各1个)	交换不正确属性图片的句带
	给相对应的物品	负向反应
	将不对的属性图片放回沟通本	
展示	指或轻拍正确图片给儿童看	儿童看
提示	手势提示儿童把目标图片放在句带上	放正确图片到句带
	赞美(不给物品)并把属性图片放回沟通本	
转换	模仿:做这个,或暂停等	按指令转换
重复	呈现2个物品(同上)	交换正确属性图片的句带
	读句带时给社会强化并给予高偏好属性物品	

(3) 步骤三:辨别同一偏好物的两个或以上偏好的属性

具体步骤:① 辨别环节:展示3张属性图片,其中2张为偏好属性,1张为非偏好属性。具体步骤参考前面各阶段辨别环节操作程序。② 测试环节:采用测验程序检验儿童的辨别能力。具体步骤参考前面各阶段测试环节操作程序。需注意的是,听者读句带时不读出属性名称,仅在测试通过后读出完整属性(如"我要那个汽车"→"我要红色汽车")。当儿童正确反应时,给予少量或允许少量使用偏好物品作为奖励;出现错误反应,采用四步纠错法,具体步骤要点见表8-13。

表8-13　PECS阶段四后两个偏好属性教学"四步纠错"具体步骤要点

步骤	教学者	儿童
	以2个或2个以上偏好属性物品操作动机	交换2个或2个以上偏好属性图片的句带
	读句带:我要那个……汽车;指令:去拿	手伸向错的图片

(续表)

步骤	教学者	儿童
	阻止拿取,将属性图片放回沟通本	
展示	指或轻拍目标的图片给儿童看	儿童看
提示	手放在靠近偏好属性图片的位置,或肢体提示,或用手指句带空的位置	放正确图片到句带
转换	社会性强化(不给物品),放回属性图片	
	模仿:做这个,或暂停等	按指令转换
重复	以2个或2个以上物品操作动机	把图片贴到句带上
	读句带:我要那个汽车,指令:去拿	拿正确物品,完成句带递给听者
	读句带时给予社会性强化并给图片对应物品	

(4) 步骤四:增加属性辨别的复杂度

具体步骤:训练程序同步骤一。逐步增加其他属性图片,并提供与此类属性相关的其他偏好物品,并及时进行辨别和测试。

(5) 步骤五:教导同一属性的其他例子

具体步骤:① 准备属性相同＋其他偏好物2—3种。② 教授同一属性但不同偏好物品的例子,如教授不同颜色的汽车后再教不同颜色的积木。当儿童熟练掌握后,进行符合性检验程序,并逐步加入更多原本喜欢的偏好物品。③ 重复以上步骤以巩固学习成果。

(六) 第五阶段:回答问题(Responsive Requesting)

1. 教学目标

通过训练,让儿童能够自发性地回答"你要什么?"或"你想要什么?"等问题。在教学过程中,可以采用延迟提示策略,激发儿童主动回答问题的能力。

2. 训练程序

第五阶段的训练步骤与第四阶段相似,需确保儿童已经熟练掌握第四阶段的沟通技能后再进入第五阶段的学习。

具体步骤:① 听者提问:"你要什么?"同时指着该图片,若儿童无法立刻拿起"我要"的图片,及时进行肢体提示,引导儿童构建完整句子。② 逐步增加延迟时间,在提问后等待1—3秒,以强化儿童的主动回答能力。可采用差别强化策略,当他们在提示前给予正确反应时,给予更大程度的强化。③ 创造儿童用句带表达自发性要求的机会,交错进行回答要求与自发性要求的训练。

(七) 第六阶段:评论(Commenting)

1. 教学目标

通过训练,培养儿童根据不同问题的情境,如"你看到了什么?""你听到了什么?"

"你想要什么?""你闻到了什么?"等,能够自发地、有针对性地作出回应,能够灵活选择适当的词汇和表达方式,以不同的内容来回应不同的问题,实现有效地沟通。还培养儿童对自发性要求的描述能力,包括描述基于自己的需求获得实物或得到直接强化,以及描述基于环境中的感兴趣事件获得社会性强化等。

2. 训练程序

具体步骤:① 对"你看到了什么?"的回答进行教学,训练步骤与第五阶段相似。② 进行句型辨别训练。在沟通本上放置"我要"和"我看到"2张不同的图片。引导儿童依据听者的不同问句,去辨别该选用哪个作为句子的起始。创设环境后,听者提问:"你看到了什么?",儿童需要辨别并选择"我看到"字卡作为回答句子的起始,可进行手势提示。如操作正确,给予社会性强化或代币,如果操作错误及时阻止,并进行四步纠错。进行动机操作,以同样的过程提问"你要什么?",继续进行句型辨别训练。③ 反复练习直至熟练。继续创造机会,促进儿童对上述问题的自发性需求进行描述。听者的提问可逐步撤除,如提问句子可从"哇,你看到了什么?"变化为"哇,什么?""哇……",引导儿童主动描述。④ 采用上述步骤,继续对"你听到了什么?""你闻到了什么?""你在做什么?""为什么?"等各类问题的回答进行训练,促进儿童逐渐掌握根据不同问题选择合适的回答方式,最后实现主题式对话。

思考题

1. 特殊儿童沟通技能训练包括哪些内容?
2. 特殊儿童沟通技能训练的要点有哪些?
3. 某特殊儿童,4岁,想要什么物品,不想要什么物品都用哭闹的方式,你认为他缺乏什么沟通技能,请确定目标行为设计一个康复训练活动,明确操作步骤,并进行模拟演练。
4. 如何提高特殊儿童的社会参照能力?
5. 如何为特殊儿童开展"主题式对话"训练?
6. 图片交换沟通系统的教学要点有哪些?
7. 图片交换沟通系统阶段一至阶段四的训练步骤是什么?
8. 图片交换沟通系统阶段一至阶段四的训练注意事项有哪些?

第九章

特殊儿童交往技能训练

内容提要

交往技能训练在特殊儿童教育与训练中具有重要的作用。本章将交往技能的层次分为工具技能(即基础性技能)和关系技能。工具技能是儿童适应社会、融入社会必需的基础技能,基础性交往技能训练的内容包括寻求帮助、表达需求、遵守社交规则、礼貌技能等。关系技能是建立友谊等深层次人际关系必备的,关系技能训练内容包括同理心、赞美他人、分享、提供帮助等。

学习目标

1. 解释工具技能和关系技能,列举特殊儿童交往技能训练内容,了解特殊儿交往技能训练形式,概述特殊儿童交往技能训练的注意事项;

2. 归纳特殊儿童基础交往技能训练思路,会设计及模拟实施寻求帮助技能、礼貌技能等训练活动;

3. 归纳特殊儿童社交关系技能训练思路,会设计及模拟实施同理心、分享技能、赞美他人技能、提供帮助技能等训练活动。

第九章 特殊儿童交往技能训练

思维导图

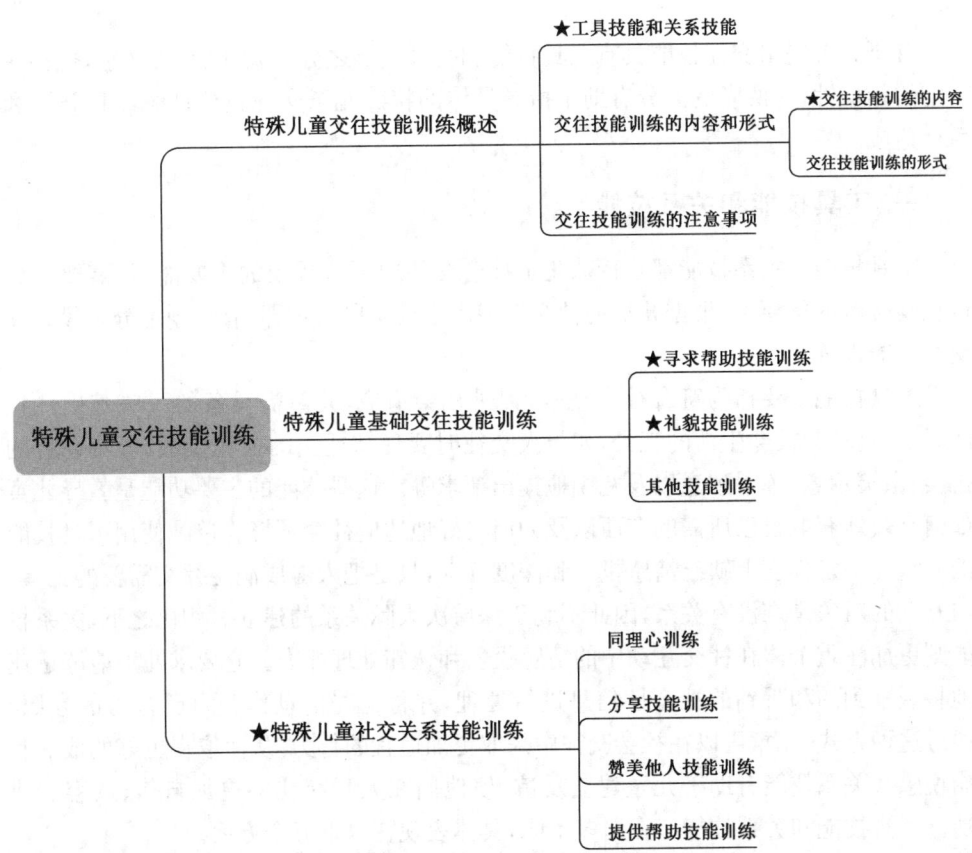

第一节　特殊儿童交往技能训练概述

有研究者提出交往技能具有工具技能和关系技能之分,两者既有所区别,也存在一定的相似性,对两者的区分有助于指导具体的特殊儿童交往技能训练项目开展和目标达成。

一、工具技能和关系技能

工具技能和关系技能都是特殊儿童社会交往中不可或缺的重要能力,需要充分认识到两者的重要性,根据儿童的社交发展水平或阶段有步骤、有计划地分阶段开展交往技能训练。

工具技能主要指为符合社会规范、促进社会适应,儿童需具备的一些基础性技能,是儿童参与社会生活的工具,如与人交往时要保持适当的视线接触、等待轮替的机会、微笑示意、挥手致意以及礼貌地提出请求等。这些技能的主要功能是教导儿童如何有效地获取自己所需的东西以及如何更好地适应社会环境。单纯使用工具技能的儿童在一定程度上缺乏情感投入和深度互动,只是把人看成满足社交需要的工具,与互动的对象是谁没有关系,因此不利于深层次人际关系的建立。相比之下,关系技能则更加注重个体在社交互动中的情感投入和认知处理能力。它要求儿童能够迅速地将观察到的和听到的社会性信息进行处理,并将这些信息作为自己行为的参照。通过这种方式,儿童可以在社会交往中采取更加适宜的行为,从而取得更好的成效和愉悦感。关系技能有助于儿童建立友谊,使他们在人际交往中更加自信、从容和成功。工具技能和关系技能存在诸多不同,具体表现在以下五个方面。

（一）互动目的

工具技能往往表现为一种单向的需求满足过程,其主要目标是获取所需的物品、信息或参与某项活动。其目的更多地指向结果的达成,而不太注重互动过程中的情感交流或共同经验的创造。关系技能则更加注重通过深入的交流和互动,与对方共同创造出独特的共同经验,从而在其中获得乐趣和满足感。这种技能强调的是人与人之间的情感联系和共同体验,而非简单的物质或信息交换。

（二）互动对象

在运用工具技能时,互动对象的选择具有较大的灵活性和可替换性。可以根据需要随意更换互动对象,以获取所需的物品、信息或参与活动。在关系技能的运用中,互动对象通常较为固定。因为关系技能强调的是与特定对象共同经历的创造和共享,因此需要选择能够与自己产生深厚情感联系和共同体验的伙伴。

（三）对社交剧本、规则的依赖程度

在工具技能的运用中,儿童可以完全按照固定的社交剧本和规则进行互动,对社交规则和剧本的依赖性较强,期待对方能够按部就班地遵循这些规则,以实现预期的互动结果。在关系技能的运用中,虽然也会部分依赖社会规范,但更多的是根据对方的即时反应来调整自身的情绪和行为。这种技能更加注重灵活性和适应性,能够根据具体情况灵活调整互动方式和策略。

(四)对情感沟通的需求程度

在工具技能的运用中,对情感沟通的需求程度相对较低。儿童通常无需过多关注对方的情绪反应和情感需求,只需关注结果表现即可。在关系技能的运用中,情感沟通的需求则显得尤为重要。为了保持与对方的情感联系和共同体验,儿童需要持续观察对方的情绪变化,及时给予回应和反馈,从而建立起深厚的情感纽带。

(五)互动结果

在工具技能的运用中,互动结果往往具有明确性和可预测性。儿童可以根据既定的目标和规则,预见到互动可能带来的具体结果。在关系技能的运用中,互动结果则更具不确定性和不可预测性。这是因为关系技能的运用涉及人与人之间的情感交流和共同经历的创造,其难以用固定的规则和模式来预测和衡量。

工具技能和关系技能也表现出一些关联性或相似性。首先,同一技能表现形式均可以达成两种技能的目的。例如,用手指向某个物体时,这既可以是工具技能中的指示行为,也可以是关系技能中的分享和沟通行为;视线接触既可以被视为打招呼的工具性手段,也可以作为表达关注和情感联系的关系技能。其次,同一活动可以同时具备工具性社交和经验分享两种目标。例如,在两人一起玩球的过程中,既可以通过传球和接球来发展工具技能中的轮流等待能力,也可以通过分享玩球的乐趣来增进彼此之间的友谊和关系技能。最后,两种技能的运用过程中均能产生情绪反应。当儿童与他人进行互动时,无论是出于工具性目的还是关系性目的,都会经历各种情绪体验。这些情绪反应不仅影响着儿童与他人的交往效果,还对儿童自身的心理健康和幸福感产生着重要影响。

二、交往技能训练的内容和形式

(一)交往技能训练的内容

特殊儿童交往技能训练的内容主要涵盖工具技能和关系技能两大方面。工具技能训练的内容包括倾听、等待、轮流、表达需求、寻求帮助、协商、遵守社交规则等,还包括基本的社交礼仪和规则,例如,礼貌地与人打招呼、道谢、道歉、借还物品、礼让等,这些都是特殊儿童在与人交往中必须掌握的基本技能。关系技能训练的内容包括同理心、赞美他人、合作、分享、正向评价他人、情感表达、问题解决等,这些都是特殊儿童在与人交往中建立友谊关系、发展深层次人际关系必须掌握的技能。

交往技能训练是一个以高度综合性技能运用为目标的过程,它涉及个体的社会认知、情感理解与表达、沟通技巧以及人际关系建立与维持等多个方面的技能。在社会认知方面,要求个体具备对他人意图、情感和需求的准确识别能力,以便在交往过程中做出恰当的回应。这种能力对于建立和维护良好的人际关系至关重要。在情感理解与表达方面，强调个体要学会倾听和理解他人的情感，并能够以恰当的方式表达自己的情感和观点。通过有效的情感交流，个体能够增进彼此的理解和信任，进而促进关系的深入发展。沟通技巧也是交往技能训练的重要组成部分，通过言语沟通和非言语沟通，个体需要学会使用清晰、准确的语言来表达自己的意思，并能够根据情境运用合适的语气和语句，还需要掌握适当的肢体语言和面部表情，以传递自己的情感和态度，或者采用替代沟通的方式实现各种沟通目的。人际关系建立与维持是交往技能训练的终极目标。通过学习和运用交往技能，个体能够更好地与他人建立联系，并在交往过程中不断调整和优化自己的行为，以维护和发展健康、稳定的人际关系。由于交往技能训练是一项涵盖多个方面的综合技能运用过程，需要从多个层面促进特殊儿童的交往技能发展，以便更好地适应和应对复杂的社交环境。

（二）交往技能训练的形式

特殊儿童交往技能训练常采用个别训练、小组训练和集体训练三种形式。个别训练是针对每个特殊儿童的具体情况制订个别化训练计划，通过一对一的指导和互动，帮助儿童逐步掌握基本的交往技能。个别训练有助于针对特殊儿童的特殊需求、现有能力水平等进行精准干预，同时也有助于培养他们的自信心和自尊心。小组训练则是将几个具有相似交往技能问题的特殊儿童组成一个小组，既照顾个体的差异，也具有小组的共同目标，同时为儿童创造互动和合作的机会。这种形式有助于儿童在小组环境中学习如何与他人建立关系、分享和合作。通过小组活动，可以帮助特殊儿童逐渐适应集体活动，提升他们的社交适应能力。集体训练一般有更多儿童的参与，一般在特殊教育学校或融合环境中更常见。康复机构也会根据具体的活动特点和设计方案开展集体训练，多名儿童一起参与活动，如游戏、运动、表演等。一般而言，当儿童程度较重或处于训练初期阶段，个别训练形式更有利于儿童对基础技能的掌握。当儿童程度较轻，或进入中后期训练阶段，特别是在泛化阶段一般会选择小组或集体训练形式。交往技能的社会性属性也决定了要在有丰富社交线索的环境中进行训练。

特殊儿童交往技能训练需要充分考虑儿童在不同环境中的适应性和实际效果。在实践中，其训练环境可分为结构化环境、半结构化环境以及自然情境，每种环境都对应着特定的训练目的和方法。结构化环境是特殊儿童交往技能训练基础阶段所采用的主要环境，需要精心设计和安排一系列交往任务，通过明确的指令和规则，引导儿童逐步掌握基本的交往技能。结构化环境通常设置在专门的训练室或教室，内部布置简单明了，易于儿童理解和遵循，老师会密切观察儿童的表现，根据需要及时调整训练方案，确保每个儿童都能在合适的节奏和难度下进行学习。随着儿童交往技能的逐渐提高，训练会逐渐转向半结构化环境。这种环境在保持一定结构和规则的同时，也允许儿童有更多的自主性和选择性。例如，在半结构化环境中，老师可能会组织一些小组活动或角色扮演游戏，让儿童在模拟的社交情境中运用所学的交往技能。这种环境有助于儿童过渡到去适应真实生活中的社交环境，提高他们在不同情境中的应对能力。自然情境是特殊儿童交往技能训练的最终应用环境，儿童走出训练室，进入真实的社会环境进行实践。这包括家庭、学校、社区等不同的场所，让儿童在与他人的实际交往中不断巩固和拓展自己的交往技能。在自然情境中，家长、老师等需要密切关注儿童的反应和表现，及时给予指导和支持，帮助他们逐步适应并融入社会。

三、交往技能训练的注意事项

（一）应创造机会鼓励特殊儿童与人交往

某些特殊儿童因家庭环境的过度保护或社会观念的误解，其社交需求往往被局限在封闭的环境中，导致他们接触外界环境的机会大幅减少。真实的生活情境是锻炼社会交往能力的最佳场所。在特殊儿童的人际交往训练中，家长应主动为儿童搭建与他人互动的桥梁，提供丰富的社交情境，使儿童在与他人的相处中感受温暖与关怀，并学习有效的社交技巧。特别是在与同龄儿童的互动中，他们将以其年龄段特有的方式自然交往，相互学习、相互模仿。

为了优化儿童的社交环境，家长应积极创造机会，鼓励特殊儿童走出封闭的空间，与人建立联系。通过向他人介绍儿童的情况，引导儿童参与家庭社交活动，如拜访亲友、超市购物、社区活动等。在这些活动中，儿童将有机会主动与熟人打招呼、与同伴互动，体验社交的乐趣。当儿童展现积极的社交行为时，家长应及时给予正面的反馈和鼓励，引导儿童正确表达自我，建立自信。同时，家长也需陪伴在儿童身边，给予他们足够的安全感，让他们感受到与人交往的愉悦感。

（二）应持之以恒地开展特殊儿童的交往训练

特殊儿童交往技能训练会面临重重困难。正常儿童对诸如问候、微笑、表达需求等社交行为的掌握是非常容易的，但对于特殊儿童而言，却需要老师和家长等进行反复的、长期的指导和训练。这个过程需要老师和家长保持耐心和责任感。当遭遇挫折或训练进展缓慢时，切忌对特殊儿童进行斥责，而应积极调整心态，冷静反思，并灵活调整训练方法。尽管特殊儿童在习得某些交往技能时面临诸多限制，但应坚信他们有能力逐步掌握这些技能。对他们保持充分的信心与期待，并对他们的每一点进步给予赞美、鼓励和强化。

（三）应在交往训练中加强与特殊儿童的情感交流

情感交流是人际交往的纽带与桥梁，不应仅仅将特殊儿童交往技能训练视为一种机械的技能训练。教师或者家长应以充分的情感投入其中，与特殊儿童建立起深厚、融洽的师生关系或亲子关系。这种关系的建立，让他们感受到教师或家长的关爱和期待，有助于建立与儿童的信任感，让他们在交往技能学习的过程中更愿意参与和投入，产生更强的学习动机。在训练过程中注重通过视线、表情和语言等方式向特殊儿童传递关爱和支持，多开展一些有益于师生或亲子互动的交往游戏活动，在游戏过程中利用身体接触、互动等让特殊儿童感受到安全感和满足感等，这些情感因素在训练过程中的逐渐渗透能对提升训练效果起到事半功倍的效果。

（四）应注意特殊儿童交往技能训练中的问题行为处理

特殊儿童的问题行为可视为其交往技能不成熟时的一种不当交往方式，问题行为背后反映的是恰当交往技能的缺失。例如，儿童的攻击行为、捣乱行为、破坏行为、乱发脾气等可能是儿童在以这些方式提出要求、寻求关注、逃避任务等。在遇到特殊儿童发生问题行为时，首先，需分析问题行为的具体表现，其次，明确问题行为发生的时间、地点、频率，最后，分析其对个案环境适应的障碍所在，以及家庭、学校和班级等环境所受到的具体影响。通过分析明确问题行为的功能，发现儿童所缺失的交往技能，对相应的交往技能进行训练。例如，某儿童经常撕毁教室墙壁上的装饰，经过分析得知其问题行为的功能是寻求关注，表明该儿童不会正确地寻求关注方式，而是以破坏行为代替。那么该儿童缺失的交往技能可能是用语言表达"老师，我现在很无聊""老师，你需要帮忙吗？"来引起老师对自己的关注和回应；缺失的交往技能也可能是用非语言方式来寻求关注，如用视线注视老师，或靠近老师，或用举手的方式引起老师的回应；缺失的交往技能还可能是采用展示、分享、寻求赞扬的方式来寻求关注。对这些交往技能进行训练，当儿童掌握后可以极大地增加他们与老师的互动机会，受到来自老师的更多关注，其问题行为的发生频率自然会降低或消失。

特殊儿童交往中的问题行为干预还可以结合其他策略进行。一是营造良好的生活环境和情感氛围，让儿童感受到环境对他的接纳，让其有安全感和归属感。二是引导儿童认识问题行为的后果，会对自己和他人产生何种负面影响。帮助儿童明白社会规范对这些问题行为的否定态度，从而培养他们的同理心、同情心和爱心，学会站在他人的角度看待问题，懂得为自己的行为负责。三是提升儿童的自我控制能力，根据特殊儿童的认知水平和年龄阶段，通过一系列专项训练和引导，帮助他们建立正确的行为观念，能够自我约束、自我调节，从而更好地适应社会生活。四是提升儿童的社会认知水平，防止他们以自我为中心来解读他人的行为信息。例如，儿童错误地认为破坏环境能吸引教师的特别关注，并以此作为满足感的来源，那么他们的破坏行为便会持续发生。可以借助角色扮演、讲故事等形式，帮助儿童提升对社会环境、人物及事件等方面的认知水平。

第二节 特殊儿童基础交往技能训练

基础交往技能，即工具技能，训练内容包括倾听、等待、轮流、表达需求、寻求帮助、协商等，还包括基本的社交礼仪和规则，例如，礼貌地与人打招呼、道谢、道歉、借还物品、礼让等，这些都是特殊儿童在与人交往中必须掌握的基本技能。以下以寻求帮助技能、礼貌技能为例介绍训练思路和方法。

一、寻求帮助技能训练

寻求帮助是儿童的必备社交技能，不仅有助于他们解决所面临的困境，也可以提升自身的问题解决能力。寻求帮助也是在提要求,和提要求训练的思路一致。寻求帮助训练包括两个层次,一是由动机引发的寻求帮助行为,掌握寻求帮助的沟通技巧,能避免因需求无法满足而导致问题行为出现。二是在危险、紧急、困难等情境中寻求帮助,这涉及对危险、紧急、困难等情境的认知,要认识到需要寻求帮助,并采取恰当的寻求帮助方式。

(一)寻求帮助训练程序

由动机引发的寻求帮助行为一般在自然情境中产生,可以在自然情境中开展训练。需要有意识地创造情境,例如,吃饭时不给儿童筷子、儿童要喝水时给他拧紧瓶盖的水、把儿童喜欢的玩具放在高处等,以此增加儿童练习的机会。具体训练程序举例见表9-1。当儿童不会寻求帮助时,需采用提示法。对有口语能力的儿童采用语言提示,最好由第三人进行提示。寻求帮助的语言表达可以根据儿童的语言水平由简单到复杂,如最开始可以用字表达,如"帮""要";之后可以用词汇或简单句子,如"帮我""请帮我""帮帮我";在此基础上进一步复杂化,并进行礼貌表达,如"请帮我一下""你可以帮我吗?"当儿童不能用完整句子表达时可以采用部分语言提示,之后逐步撤除提示。如果儿童不能用语言,可以学习用手势或动作、图片等进行表达,例如用手指、用表示需要帮助的图片等,还有肢体亲近、举手、看向某人、摇晃某人的手、伸手够某物、拉某人的手等也可以表示需要帮助。可以采用肢体提示、示范等辅助,还可以采用视频示范教学,将需要教授的内容拍摄成示范视频,方便儿童更直观地学习。在集体教学环境中,儿童寻求帮助时一般应采用非语言方式,如举手,这利于促进儿童养成良好的规则意识,不干扰课堂秩序。

表9-1 寻求帮助训练程序举例

动机操作	教学刺激	儿童反应	强化
将儿童喜欢的玩具放在他看得见但够不着的地方	完成一个学习任务后说:你可以玩玩具了 提示:口语、肢体	语言:请帮我 手势:指向玩具	给儿童玩具,赞扬+描述:太棒了,你有找人帮忙
在家里吃饭时,不给儿童筷子	准备好后,父母拿起筷子吃饭 提示:口语、视觉	语言:妈妈,可以给我筷子吗?	给儿童筷子
公园玩秋千时,推动秋千荡起来后不继续	站在儿童旁边 提示:口语	语言:请帮忙推	继续推动
上语文写字课时,某个字不会写	老师在教室 提示:肢体	儿童举手	老师走到儿童面前给予协助

(二)辨别情境训练

开展寻求帮助的训练活动前,需要先教会儿童辨别情境,知道什么情况下需要寻求帮助,并采用恰当的方式寻求帮助。辨别情境寻求帮助训练程序举例见表9-2。可以采用情境图片教学,方便扩展对各类情境中寻求帮助的认知。如果儿童对情境

图片内容不熟悉,无法辨别,应进行专门的情境命名教学。该环节不是寻求帮助的教学环节,不给强化,只需给予描述性回应。当儿童不会时,可以采用语言提示和视觉提示,语言提示可以从完全语言提示过渡到部分语言提示,直至独立。视觉提示主要是将需提示的语言做成文字卡片,也可以按照从完全语言提示到部分语言提示的思路设计视觉卡片。

表 9-2 辨别情境寻求帮助训练程序举例

项目	教学刺激	儿童反应	强化
辨别一般情境	呈现图片:美术课上,老师布置了绘画作业,小乐没有带画笔,提问: 1. 发生什么事了?	儿童回答: 1. 他没有带画笔	描述:是,他没带画笔
	2. 他可以怎么做?	2. 他可以问同桌同学:可以借你的画笔吗?	给强化物+描述:太棒了,你以后也可以这样问哦
辨别危急情境	呈现图片:公园里太多人,小乐找不到妈妈了。提问: 1. 发生什么事了?	儿童回答: 1. 小乐找不到妈妈	描述:是,小乐找不到妈妈
	2. 他可以怎么做?	2. 他可以找公园的工作人员:我找不到妈妈了,请帮我?	给强化物+描述:太棒了,你以后也可以这样问哦

(三)危急下寻求帮助训练程序

危急下寻求帮助是一个复杂行为,包括辨别情境、辨别可提供帮助的人、寻求帮助、等待回应、表达感谢五个步骤,以及无法得到帮助的应对措施。由于危急情境并不常发生,一般采用图片情境教学,或者用玩偶演练故事情境开展教学。这些具体的步骤都可以单独作为课题开展训练,第一个步骤重点在于教会儿童辨别一般情境和危急情境的差别,提醒儿童"看"环境,可以专门开展情境命名教学,提供多样化的情境让儿童练习辨别。第二个步骤重点在于分辨提供帮助的人,提醒儿童观察后"想",一般选择工作人员、穿制服的人员等非流动人员。如果儿童不会前两个步骤,可以采用语言提示和视觉提示进行认知指导。用语言提示策略帮助儿童用语言说出相关的信息,用视觉提示策略引导儿童观察图片或情境,发现环境中的危急信息,辨别可提供帮助的人员特点,如衣着、在哪里、在做什么等。第三和第五个步骤涉及具体的行为,分别提醒儿童"问"和"说",如果儿童不会,可以采用示范、语言提示、字卡提示等方式。可以通过示范或用视频示范儿童寻求帮助时如何做恰当的表达,还要注意自己的音量和眼神。第四个步骤主要是等待别人的反应,提醒儿童耐心"等",要仔细听对方的回答。

具体训练过程见以下案例①。

---

① 此类教学案例参考并改编自实践工作者案例,因来源不明,未进行标注,请原作者与编者联系。

活动课题:危急情境下寻求帮助

目标技能:掌握在危急情境下如何寻求帮助

教学材料:情境故事图、洋娃娃,或情境故事视频

过程:

一、讲述故事情境

情境一:洋娃娃小美和妈妈到公园玩,公园里人好多,她找不到妈妈了。她好害怕,小美心想:"我要找人帮忙",她看见周围有好多人,有很多游玩的游客,有大人,有小孩,路边小商店有卖玩具的售货员,旁边还有一个在打扫公园卫生的工作人员。找谁帮忙呢?小美想了想,她决定找售货员,她走过去问:"阿姨,我找不到妈妈了,你可以帮我吗?",售货员回答:"好!",便将小美送到游客中心,后来妈妈找来了。小美找到妈妈后,微笑地对售货员说:"阿姨,谢谢你!"

情境二:洋娃娃小美和妈妈到公园玩,公园里人好多,她找不到妈妈了。她好害怕,小美心想:"我要找人帮忙",她看见周围有好多人,有很多游玩的游客,有大人,有小孩,路边小商店有卖玩具的售货员,旁边还有一个在打扫公园卫生的工作人员。找谁帮忙呢?小美想了想,她决定找售货员,她走过去问:"阿姨,我找不到妈妈了,你可以帮我吗?",售货员回答:"我现在忙,没法帮助你。"小美看了看,想了想,决定去找打扫公园卫生的工作人员帮忙。小美心想:"如果工作人员也不能帮忙,我再去找其他人。下次我一定记住妈妈的电话,这样我就可以借电话直接打给妈妈了。"

与儿童分别讨论两个故事中的信息线索:发生什么危急的事了?哪些是可以提供帮助的人?当别人提供帮助后应如何表达感谢?当别人无法提供帮助时该如何找其他的方法?

二、认知训练

在引导儿童理解故事情节,明确故事中的线索后,进行以下6个步骤的认知教学。

步骤	教学刺激	儿童反应	强化
辨别情境是否危急	提问: 1. 故事中发生什么事了? 提示:视觉、语言	儿童回答: 1. 小美找不到妈妈	描述:是,小美找不到妈妈,很危险,她很害怕
辨别可提供帮助者	2. 可以找谁帮忙? 提示:视觉、语言	2. 售货员、工作人员	描述:对的,可以找售货员、工作人员
寻求帮助	3. 小美需要帮忙时可以怎么做? 提示:示范、语言、字卡	3. 找商店售货员说:我找不到妈妈了,你可以帮我吗?	给强化物+描述:太棒了,小美可以主动找售货员请他帮忙

(续表)

步骤	教学刺激	儿童反应	强化
等待回应	4. 小美找售货员说了需要帮忙后,小美可以怎么做? 提示:语言、字卡	4. 等待售货员的帮忙	给强化物+描述:对了,小美要等待售货员的回应
表达感谢	5. 别人帮助了小美,小美可以怎么做? 提示:示范、语言、字卡	5. 说谢谢	给强化物+描述:太棒了,要说谢谢
无法获得帮助时	6. 小美被别人拒绝帮助了,可以怎么做? 提示:示范、语言、字卡	6. 可以找工作人员,以后要记住妈妈的电话	给强化物+描述:太棒了,你以后需要人帮忙时也可以这样做

三、情境模拟

1. 老师用洋娃娃演出上述2个故事情境,让儿童依次回答相关上述各个步骤。

2. 儿童用洋娃娃演出上述2个故事情境,老师适时给予提示及强化。

3. 儿童进行真人角色扮演,老师适时给予提示及强化。

四、拓展练习

1. 将模拟演练拓展到其他危急情境中寻求帮助的教学,例如,

走路摔跤流血;

被一只狗追着;

提着东西的袋子破了,东西都漏了;

着火了。

2. 在需要寻求帮助时,发现无人可帮忙时,暂时可采取的自救方式。

3. 在真实生活中运用该项技能,必要时及时给予提示。

五、作业

制作关键步骤提示清单,加强练习,熟悉寻求帮助的技巧步骤顺序以及每个步骤的注意事项。

二、礼貌技能训练

某些特殊儿童不会使用礼貌用语,给人缺乏礼貌的印象。使用礼貌用语,表现出礼貌行为是交往技能的重要领域,直接影响其人际关系的建立和发展。教导他们学习并熟练运用礼貌技能,是特殊儿童早期交往技能训练中重要关注的项目。特殊儿童要知道常用礼貌用语并能表现出行为,知道使用的正确场合,以及使用的恰当时机。礼貌技能包括问好、告别、感谢、道歉等。好的礼貌行为还应具有恰当的面部表情、肢体动作等,例如,问好时要看着对方,表达感谢时表情应微笑,道歉时应诚恳等。

(一)"问好"技能训练

无论什么时候,任何人与儿童进行面对面接触时,都要抓住机会与儿童做互相问好的练习。问好的方式包括"你好!""早上好!""你最近怎样啊?""你吃了没?""老师好!""阿姨,你好!"等。及时地强化和反复练习对特殊儿童形成良好的问好习惯具有重要作用。当儿童进入学校或随家长去亲朋家时,要教儿童向老师、同伴或亲朋问好;在早上上学、儿童起床等时刻,教师和家长应主动对儿童说"××好",并引导其回应"老师好""妈妈好";在儿童从室外活动回到教室时,做同样的交流和引导。以下是向他人问好的教学案例。

活动课题:打招呼

目标技能:当他人问好时,能回应他人问好并能主动与他人问好。

具体包括五个层次的子目标:

1. 当他人说"早上好"时,能以简单句"早上好"回应他人问好。
2. 当他人说"早上好"时,能以"老师,早上好"类似完整句回应他人问好。
3. 能辨别问好的恰当时机。
4. 能在不同情境,以合适的语言表达问好。
5. 别人未回应时,知道可以继续做自己的事。

教学材料:情境图片、"问好"提示字卡、强化物

过程:

1. 当他人问好时,能以简单句"早上好"回应他人问好

当老师说出"早上好"时,第三人提示儿童说"早上好",儿童回应说"早上好"后,立即给予强化物。之后逐步撤除提示。

提示方式:口语提示从全部语言变为部分语言"早上……"或使用"早上好"字卡进行视觉提示。

2. 当他人说"小乐,早上好"时,能以"老师,早上好"类似完整句回应

当老师说出"小乐,早上好"时,第三人提示儿童说"老师,早上好",儿童回应说"老师,早上好"后,立即给予强化物。之后逐步撤除提示。

提示方式:口语提示从全部语言变为部分语言"老……早上……",或使用逐步降低提示程度的字卡进行视觉提示"老师,早上好""老……早上……"。

3. 能辨别问好的恰当时机

采用情境图片教学,呈现儿童熟悉的人物在各种不同情境中的图片,如早上上学时、晚上睡觉前、在图书馆中、在马路上、在游乐场、早上起床时、在教室里、在课堂上等,教儿童辨别图片情境是否可以问好。儿童回答正确时立即给予强化。

4. 能在不同情境,以合适的语言表达问好

首先,要教儿童分辨不同情境中使用什么样的问好语言。呈现儿童熟悉的

人物在各种不同情境中的图片,提问儿童说出可使用的问好语言或方式,例如,你好、晚安、早上好、你吃饭没?忙吗?嗨、好久不见等。儿童回答正确时立即给予强化。

之后,教儿童在不同情境中使用恰当的语言表达问好。以模拟演练的形式,老师模拟在各种情境中遇到儿童,儿童回答正确时立即给予强化。如不会需采用提示方法。

提示方式:口语提示从全部语言"老师,你好"变为部分语言"老……你……",或采用逐步降低提示程度的字卡进行视觉提示,如从"老师,你吃饭没?"变为"老……你……?"。

5. 别人未回应时,知道可以继续做自己的事

呈现情境图片,讲述老师未对儿童的问好行为进行回应,问"小乐应怎么办?",引导儿童回答,如"离开""做自己的事",儿童回答正确时立即给予强化。如不会则采用提示方法。以模拟演练的形式,对别人未回应时儿童的行为进行演练。

(二)"告别"技能训练

特殊儿童需掌握在与他人分别时表达告别的技能,包括"再见""明天见""下次再聊""欢迎再来""晚安""一路平安"等语言表达,或者挥手、拥抱等肢体动作。具体训练步骤可参考"问好"技能的训练步骤。可以先训练儿童对他人的告别行为进行回应,之后再主动进行告别。家长可在儿童上学分别之际,主动跟儿童说再见,并要求儿童与自己说再见。先从模仿开始,当儿童不能独立完成时,需及时给予语言提示或肢体提示。当儿童熟练掌握告别技能后,可以用语言提醒儿童"你应该说什么?""你应该怎么做?",帮助儿童熟练运用该技能,能在恰当的时机进行告别。

(三)"感谢"技能训练

在收到礼物、获得帮助、被赞美等情况下,特殊儿童需要表现出适时表达感谢的技能。表示感谢的方式可以是口语或肢体语言的方式。例如,当家长为儿童购买他们喜欢的物品时,可以抓住机会及时教他们说"谢谢",在儿童说出"谢谢"后给予物品,利用自然强化物促进儿童掌握目标技能。如果儿童没有口语,可以先用"微笑点头"等肢体语言进行替代表达,当儿童不会时,采用肢体提示、图片视觉提示、示范等方式辅助儿童学习,直到能独立主动完成。对具有口语发展能力的儿童,可使用链锁法,将目标行为分解为小步子进行训练,即先训练儿童做出"谢谢"嘴型,再逐步正确发音,或者用塑造法,可从接近"xie"的语音开始逐步塑造。老师在学校中可创造需要表达感谢的契机,保持一定的练习频率,并进行巩固拓展,促进儿童理解"谢谢"的含义,并熟练掌握表达感谢的技能。表达感谢的方式也可以进一步丰富化,如"谢谢你的帮忙!""太感谢了!""你真好!""鞠躬""握手"等。当儿童表达"谢谢"后,家长或

教师需回应"不用谢""不客气"等,以此促进儿童理解针对感谢行为的回应,为后续开展回应行为训练做准备。表达感谢训练可以和寻求帮助、表达要求、正向陈述等训练结合进行。

(四)"道歉"技能训练

当特殊儿童发生侵犯他人利益行为或冲突行为,如不小心踩到别人的脚、撞到别人、不小心碰掉别人的东西或和别人发生争执等,需要向他人表达歉意。表达歉意的方式有多种,表达道歉的语言有"对不起!""请原谅!""真的很抱歉!""不好意思!""对不起,我不是故意的!"还可以用肢体语言表达歉意,如"合掌拜托""弯腰低头",捡起被碰掉的东西等。根据儿童的能力水平,先选择适合的方式教学,之后逐步泛化。如果儿童没有口语能力,应掌握一种肢体表达方式,或者用图片或词卡"对不起"替代表达。

训练时,可先进行情境理解教学,再用洋娃娃扮演训练,之后在发生真实事件时进行提示教学。具体步骤举例如下:① 呈现儿童撞到他人的图片或视频,引导儿童认识到"撞到他人要道歉",儿童能正确回答或者能正确选择,如要说"对不起",不能置之不理直接离开。② 老师用洋娃娃示范:小熊撞到小狗,小熊说"对不起",小狗回应"没关系"。③ 儿童用洋娃娃模拟演练道歉行为,老师从全语言提示逐步撤除提示,直到独立。儿童正确反应时给予强化。如果儿童口语表达有限,对其接近目标行为的语音或口型表达都应给予强化,再逐步提高要求。④ 当发生真实事件时,儿童用说"对不起"的方式表达歉意。老师采用语言提示、延迟提示的方式帮助儿童逐步独立。⑤ 进行泛化,逐步变换道歉的情境、道歉的方式、道歉的对象等。

要采取措施提高特殊儿童对需道歉情境的认识水平,可结合使用绘本故事、情境图片或视频教学等,促进儿童对道歉行为的理解。儿童用恰当的方式表达歉意后,要及时给予回应,如"没关系""没事""不要紧"等,为后续的回应行为训练做准备。还可对儿童的礼貌行为进行正向评述,例如,"你真是个懂礼貌的好儿童!""你真有礼貌!"等,帮助儿童形成礼貌习惯。大人在与他人发生冲突或侵犯他人利益时,要做到及时道歉,给儿童做好榜样。

特殊儿童礼貌技能的习得比其他交往技能的习得相对容易。但儿童掌握了一定的礼貌用语不意味着他们真正掌握了其含义,可能只是机械训练的结果,需在生活中进行练习和巩固。在学校,老师应创造重视礼貌行为的环境,将礼貌行为融入日常规范中,设置必要的礼貌行为奖励环节。还可以开展学唱礼貌歌、表演情景剧等活动,提高儿童对礼貌重要性的认识。在家庭中,家长应充分利用生活中的机会,如走亲访友、邀请小伙伴做客等,在与人交往中培养儿童的礼貌习惯。家长应以身作则,言传身教,耐心引导,帮助儿童养成礼貌习惯行为,为建立良好的人际关系奠定基础。

三、其他技能训练

(一) 表达有关感受的需求

特殊儿童如不会如何表达有关感受的需求,可以开展相关训练,例如,教他们在感到疲劳或不适的时候要求休息,感到不安的时候要求安抚。儿童感到疲劳或不适的时候要求休息,可以采用的方式包括用口语、手语、图片、书面语言等方式,如"休息"或"我要休息""我可以休息吗?"也可以用非语言的方式,如摇晃某人的手,去够某物,拉某人的手表示要休息。当儿童在参与某项活动,或完成某项任务时,儿童可能会出现某种程度的焦虑,这时可教儿童展示"休息"符号,用于表达他想休息。即使儿童具有语言能力,也可以采用固定的图形或符号来表示"休息",如休息卡、绿卡等,这样可以作为一种固定的、视觉化的、便捷使用的非语言形式来促进儿童的沟通和交往。当儿童不会时,可以先由老师来展示"休息"符号,之后用手势指向"休息"符号进行提示,最后应让儿童自己主动发起请求,自己展示或指向"休息"符号。最终的目的是让儿童在不需要提示的情况下,自主地管理好自己,在合适的时机提出休息。儿童学会了用恰当方式表达要求"休息",可以防止他们以问题行为的方式来逃避任务。这个可以和差别强化策略结合采用,需要明确完成任务的初始时长和休息的时长,并逐步增加固定时距强化比率来促进儿童投入完成任务的时间不断增加。

儿童感到不安的时候要求安抚,可以采用的方式包括用口语、手语、照片、图片或书面语言等来表达"抱一抱""揉一揉""妈妈帮我揉一揉""我想压一压小球",也可以用非语言方式,如摇晃某人的手、去碰、去拉某人的手等要求安抚。如果儿童不会,可采用肢体提示、语言提示、示范等方法先帮助其学习。

(二)回应他人的交往行为

特殊儿童除了主动与他人交往外,还要学会对他人的交往行为进行回应,例如回应他人的问好、回应他人的邀请、回应他人的赞扬、回应他人的帮助等。以回应他们的问好和邀请为例,训练程序举例见表9-3。

对他人问好的回应方式有多样,可以在他们说"你好"时,用口语、手语、照片、图片、语音输出设备或书面语言回应说"你好"。也可以用非语言方式,如肢体亲近、看向某人、挥手等。在训练中,老师问好时应尽可能表情夸张、热情活泼,以便引起儿童注意。还可以使用洋娃娃、手指玩偶等来扮演向儿童问好。当向儿童问好后,应等待并观察他们对问好行为的反应。如果没有反应,给予提示。用同样的方式重复该过程,根据儿童的反应逐步减少提示。在日常生活中强化该训练,如在碰到熟人问好的时候,老师每日在儿童上学时向其问好,家长每日在接放学时向其问好,先等待儿童反应,再用2—3秒延迟提示策略给予提示。

对他人的邀请做出回应包括对邀请一起游戏或活动,邀请陪伴他人,邀请做客等行为进行回应。回应他人邀请的方式可以是用口语、手语、照片、图片或书面语言来表达"耶""好啊""我们一起来……",也可以用肢体亲近、看向某人、去抓或者推某人的手、给出某个物品、摇头或者点头等表示回应。在训练中,老师可以先开始一个活动,如正在搭积木,然后停下来,发出邀请"来一起搭吧"。还可以用洋娃娃、手指玩偶等扮演向儿童发出邀请。之后应等待并观察儿童对邀请行为的反应。如果没有反应,给予提示,然后继续搭积木,以此用同样的方式重复该过程,根据儿童的反应逐步减少提示。也可以设计成小组活动,小组中儿童一起搭建积木,老师每次邀请一个儿童协助自己,必要时给予提示。以同样的方式重复,使每个儿童都有回应的机会。在日常生活中不断抓住机会提供练习机会。

表9-3 对他人的交往行为进行回应训练程序举例

项目	情境	教学刺激	儿童反应	强化
回应他人的问好	个别活动	老师看向儿童夸张、活泼地说:你好,小明 提示:语言提示、示范、视觉提示等	语言回应:你好 非语言回应:看向某人、肢体亲近、挥手等	给强化物+描述:哇,你回应我了
回应他人的问好	小组活动	小组儿童围成一圈,老师依次看向儿童夸张、活泼地说:你好,小明/你好,小美/大家好 提示:语言提示、示范、视觉提示等	语言回应:你好 非语言回应:看向某人、肢体亲近、挥手等	给强化物+描述:哇,你回应我了,哇,你们都回应我了
回应他人的邀请	个别活动	老师搭积木时停下来,看向儿童夸张、活泼地说:来一起搭吧 提示:语言提示、示范、视觉提示等	语言回应:好啊 非语言回应:点头、靠近、给积木	给强化物+描述:哇,你回应我了
回应他人的邀请	小组活动	小组儿童围成一圈搭积木,老师依次对每个儿童夸张、活泼地说:小明,我们一起搭门吧/小美,我们一起搭房顶吧/…… 提示:语言提示、示范、视觉提示等	语言回应:好啊 非语言回应:点头、靠近、给积木	给强化物+描述:哇,你回应我了

第三节 特殊儿童社交关系技能训练

关系技能训练的内容包括同理心、赞美他人、合作、分享、提供帮助、情感表达、问题解决等,这些都是特殊儿童在与人交往中建立友谊关系、发展深层次人际关系必需的一些技能。下面以同理心、赞美他人、分享、提供帮助为例介绍关系技能训练的思路和方法。

一、同理心训练

同理心(Empathy)是站在对方的立场,深入体验并理解对方的内心想法与感受。包括倾听、换位思考,以及表达对他人的关怀与尊重。具备优秀同理心的人,一般会有积极的情绪反应,能够敏锐地捕捉到对方心中可能未被真正表述出来的感受,产生情绪上的理解与共鸣,更准确地把握对方的情绪变化,从而在需要的时候给予恰当的安慰与支持。具备优秀同理心的人还应表现出同理心处事行为,除了以对方的立场为出发点,去感受其心理状态,理解对方,还能据此作出得到对方认同的反应。同理心有助于人们在人际交往中保持高度的敏感性,能更好地理解和支持他人。

同理心训练需结合情境教学,情境呈现的方式可以采用情境图片,或讲述故事,

或用洋娃娃模拟情境。情境源于儿童熟悉的生活,尽可能准备丰富的情境,帮助儿童通过多样化的情境来理解每一类情境中的感受,尽可能将教学情境与儿童已有的生活经验联系起来,方便儿童迁移对情境中他人的感受。对他人情绪的感同身受一般从语言和动作两个方面表现出来,例如,用语言安慰他人"你还好吗?""需要帮忙吗?",用动作安慰他人,如用手轻拍对方背部或肩膀。如果儿童不会,应给予语言提示和肢体提示,最好由第三人进行提示。在训练初期应用强化促进儿童的正确反应,训练后期其强化应来自情绪上的互动和交流。具体训练程序举例见表9-4。可先从认知层面促进儿童学会换位思考,理解他人的情绪感受,知道如何表现出相应的同理心反应,之后可以通过情境模拟和角色扮演的形式,帮助儿童带入角色来换位理解和表现。最终要在真实生活中引导儿童观察家人、熟悉的老师和同学等人的情绪感受变化,换位思考,并学习对他们的情绪感受做出具备同理心的应对。

表9-4 同理心训练程序举例

情绪	教学刺激	儿童反应	强化
难过	情境:看到小明肚子疼而难受 提示:语言、肢体、示范	语言:你还好吗?/你有没有问题? 动作:用手轻拍对方背部或肩膀	给强化物
高兴	情境:小明收到了一个新的遥控汽车礼物展示给你看 提示:语言、肢体、示范	语言:感觉很棒的样子!/我可以和你一起玩吗? 动作:触摸玩具,表现感兴趣的笑容	给强化物
挫折	情境:小明参加比赛输了 提示:语言、肢体、示范	语言:虽然输了,但我觉得你还是很棒/我们一起加油 动作:用手轻拍对方背部或肩膀	给强化物
害怕	情境:小明忘记做作业,害怕被老师批评 提示:语言、肢体、示范	语言:你怎么啦?/需要帮忙吗? 动作:用手轻拍对方背部或肩膀	给强化物

二、分享技能训练

分享技能是指个体在与人交往中与他人分享资源、信息、情感或经验的能力。这种技能对于建立和维护人际关系、促进团队合作以及提高社会参与都至关重要。普通儿童在1—2岁时不具备物权意识,分不清"你的""我的"。他们在2—3岁时处于物权萌芽期,意识到"我的东西是我的",不许其他人碰,可能会因为别人碰了而表现出攻击行为。在3—4岁时,他们开始具备分享的意识,学会在想玩别人的玩具时,需要用自己的玩具去交换。在4—5岁时,他们开始产生共有的概念,知道公共的物品大家都可以使用。在5—6岁时,他们具备了初步的物权意识,理解"分享"的概念。通过训练,特殊儿童学会如何分享,也知道可以拒绝分享,恰当的分享有助于人际关系发展。分享技能训练的最终目标是实现物品、信息、经验等方面的分享,促进双方了解和交流,但实现分享目标的前提是先要能接纳对方,愿意和他人分享。开展分享技能训练可以从在他人询问下同意分享开始,当被要求后能进行分享时,再进行主动分享的训练。在他人询问下的分享训练过程见下面案例。

活动课题:分享物品
目标技能:在他人询问下能分享玩具。
具体包括四个层次的子目标:
1. 听到别人叫自己时,停止正在进行的活动,能看向对方,眼睛注视对方。
2. 在被询问"可以和你一起玩吗?",同意分享时回答"可以"。
3. 当他人说"谢谢"时,回应说"不客气"。
4. 和他人一起分享玩具。
教学材料:情境故事或视频、玩偶
过程:

一、讲述故事情境

使用情境故事或视频叙述分享玩具的过程。故事内容如下:

情境故事:小狗在草地上玩皮球,小牛过来了,站在旁边看了一会儿,心里想:"感觉很好玩,我也想要一起玩皮球。"小牛大声说:"你好,我可以和你一起玩皮球吗?"小狗停止玩皮球,看向小牛,微笑地说:"可以!"小牛高兴地说:"谢谢!"小狗说:"不客气"。小狗和小牛商量玩法,他们你踢给我,我踢给你,一起玩得很开心。

二、认知训练

1. 与儿童讨论该如何与他人分享玩具,从肢体、语言及表情等方面分析。
2. 当同意与他人分享物品时应如何表现。

在引导儿童理解故事情节,明确故事中的线索后,进行以下步骤的认知教学。

教学刺激	儿童反应	强化
提问: 1. 小狗听到别人叫自己时,他怎么做的? 提示:示范、语言、字卡(听、看)	儿童回答: 1. 停止玩皮球,看向小牛	给强化物+描述:是,要停下来,眼睛看向对方
2. 小狗被问可以和你一起玩皮球吗?他是怎么做的? 提示:示范、语言、字卡(可以、笑)	2. 他愿意分享,微笑着回答可以	给强化物+描述:对,愿意分享时就微笑着回答可以
3. 小牛得到同意后说谢谢,小狗怎么做的? 提示:示范、语言、字卡(不客气)	3. 说不客气	给强化物+描述:对,说不客气
4. 小牛一起玩玩具了,小狗是怎么做的? 提示:示范、语言	4. 他们一起商量玩法,一起玩	给强化物+描述:对了,同意分享后就一起商量一起玩

三、模拟演练

1. 老师使用玩偶小狗和小牛模拟演练故事情节,4个步骤的语言表达或肢体动作可让儿童操作玩偶模拟。

2. 儿童使用洋娃娃模拟情境,老师采用示范、语言、字卡等方式给予恰当提示,逐步撤除提示。

3. 儿童和老师或同伴演练情境,必要时给予提示。

四、拓展练习

1. 设计拒绝他人的故事情境。例如:小狗在草地上玩皮球,小牛过来了,站在旁边看了一会儿,心里想:"感觉很好玩,我也想要一起玩皮球。"小牛大声说:"你好,我可以和你一起玩皮球吗?"小狗停止玩皮球,看向小牛,说:"不可以!我马上要回家了。"小牛失望地说:"好吧,等下次吧"小狗说:"好的,再见"。

分析故事情境中的信息,当不想分享时如何拒绝,被拒绝后他人的心情如何,何时可以拒绝别人,可以拒绝哪些人等。需注意的是,当儿童不想分享特别喜欢的物品时不应强迫儿童,可以选择中偏好物品进行分享训练。

2. 设计多种被询问分享的情境进行训练,加强练习与巩固。例如:

(1) 小东在吃薯片,小明看见了,询问是否可以给他吃一点。

(2) 小乐在看一本很好看的故事书,小勇询问他是否可以一起看。

(3) 小美的同桌忘记带水彩笔,询问她是否可以借给她用。

(4) 小岚知道小静会玩一个新游戏,询问她怎么玩。

3. 在真实生活中运用该项技能,必要时给予提示。

主动分享的训练也可以采用情境故事或视频导入,在引导儿童理解故事情节,明确故事中的线索后,先进行认知教学,帮助儿童明确主动分享时肢体、语言及表情等方面的要点。主动分享技能可包括以下几个步骤:① 儿童停止正在进行的活动,走到对方面前,或轻拍对方肩膀。② 儿童微笑看着对方说:"请你吃""一起玩"等。③ 儿童给对方一块食物,或邀请对方一起轮流玩某个玩具。④ 当对方对儿童的分享行为表示感谢时,回答"不客气"。⑤ 当对方拒绝儿童的分享时,继续自己一个人活动。在认知教学基础上采用洋娃娃进行模拟演练,老师先进行示范,再由儿童模拟,之后再进行真人演练。当儿童不会时,老师采用示范、语言、字卡等方式给予恰当提示,逐步撤除提示。主动分享时,还需注意观察是否具有恰当的时机,例如对方是否在儿童周围停留和关注儿童较长时间,是否对儿童正在从事的活动表现出一定的兴趣。

三、赞美他人技能训练

赞美他人就是对他人做出正向评价,是一种重要的社交技能,它能够增强人际关系,提升他人的好感度和交往积极性。赞美他人的技能训练可以是一般礼貌性地赞美,例如,看到妈妈穿了一件漂亮的裙子,对妈妈说"你今天的裙子好漂亮!",当同学新换了一支铅笔,可以说"你的新铅笔太酷啦!"当他人取得好的成绩或表现优秀时进行赞美,例如,"你这幅图画得好棒!""你真用心!""你的努力是值得的!"当他人表现出一些有关美德的行为时给予赞美,如"你好有爱心哦!""你太心细啦!""你特别讲卫生!"在学会赞美他人时,需先学习辨别和分析可以作出正向评价的内容,是否应该或是否值得进行赞美,赞美的内容应该产生积极的效果,有利于加强双方关系。也可以对自己表现好的作品、行为进行赞美,或者在获得他人正向评价后,继续对自己进行正向评价,例如,"我很棒!""我做得很好!""我很努力!",促进儿童进行自我强化。下面是赞美他人技能训练案例。

活动课题:正向评价
目标技能:对他人活动表现进行赞美
具体包括四个层次的子目标:
1. 辨别他人在活动中的表现。
2. 用恰当方式对对方工作做正向陈述。
3. 等待对方反应。
4. 回应对方。
教学材料:洋娃娃
过程:

一、讲述故事情境

使用洋娃娃模拟扮演小婷跳绳,叙述小丽赞美他人的过程,讲述故事内容如下:

在体育课上,小婷尝试跳绳很多次,小丽在她身旁观看。小婷每次都只能跳10下以内,有一次连续跳了20下,小婷结束后,小丽看着她,拍手鼓掌,笑着说:"你刚才跳得很棒,比以前跳得好多了!"小婷说:"谢谢!"小丽:"休息一会儿吧。"

二、认知训练

与儿童讨论该如何赞美他人,从肢体、语言和表情等方面分析。在引导儿童理解故事情节,明确故事中的线索后,进行以下步骤的认知教学。

步骤	教学刺激	儿童反应	强化
辨别	提问: 1. 小婷做了什么事情小丽觉得很棒? 提示:语言	儿童回答: 1. 小婷连续跳绳20次	1. 给强化物+描述:是,小婷连续跳绳20次
赞美	2. 小丽是怎么赞美小婷的? 2-1 她做了什么动作? 提示:示范、语言、字卡(看、鼓掌) 2-2 她做了什么表情? 提示:示范、语言、字卡(笑) 2-3 她说了什么话? 提示:示范、语言、字卡(说)	2-1 小丽看着小婷,拍手鼓掌 2-2 小丽在微笑 2-3 你刚才跳得很棒,比以前都跳得好喔!	2-1 给强化物+描述:对,小丽看着小婷,拍手鼓掌 2-2 给强化物+描述:小丽在微笑 2-3 给强化物+描述:对,小丽说跳得很棒/跳得很好

(续表)

步骤	教学刺激	儿童反应	强化
等待	3. 小丽说完赞美的话后,怎么做的? 提示:示范、语言、字卡(等)	3. 等待对方回应	3. 给强化物＋描述:对,等待对方回应
回应	4. 小丽等待对方说谢谢后,她是怎么做的? 提示:示范、语言	4. 在对方回应后,再给回应	4. 给强化物＋描述:对了,在对方回应后,要再给回应

三、模拟演练

1. 老师使用洋娃娃模拟小丽赞美小婷的故事情节,让儿童回答相应的动作、表情、语言等。

2. 儿童使用洋娃娃模拟情境,老师采用示范、语言、字卡等方式给予恰当提示,逐步撤除提示。

3. 儿童和老师或同伴演练情境,必要时给予提示。

四、拓展练习

设计多种可以进行正向评价的情境进行训练,加强练习与巩固。例如,

（1）小明在本周评比中作业完成得最好。

（2）小乐在美术课上完成了一幅作品。

（3）小东在课间帮助老师把黑板擦干净。

（4）小勇上课认真听讲得到老师表扬。

3. 在真实生活中运用该项技能,必要时给予提示。

四、提供帮助技能训练

儿童除了寻求帮助外,还应在具有一定能力的基础上向他人提供帮助。在与人交往过程中,向他人提供帮助,乐于助人,不仅能够增强儿童与他人的关系,还能提升其社会价值感。提供帮助包括应他人要求提供帮助,以及主动提供帮助。可以先从应他人要求提供帮助开始训练。在训练前,可以先了解儿童是否有帮助他人的经验,结合生活经验来帮助儿童认识到助人为乐的乐趣和意义。在训练时,需要儿童在被人询问是否能提供帮助时,专心了解别人的需求,思考自己是否有能力和时间提供帮助,再确定是否提供帮助,以及提供帮助到什么程度,如果无法提供帮助应该如何有礼貌地回应。主动提供帮助的行为则需要特殊儿童具有较强的动机,可以先通过被要求提供帮助的训练过程来促进儿童养成助人为乐的品质,通过强化手段增加儿童帮助他人行为的频率。下面是主动提供帮助技能的训练案例。

活动课题:提供帮助

目标技能:能主动提供帮助

具体包括六个层次的子目标:

1. 找出需要协助的人。
2. 思考是否自己有能力或时间协助他人。
3. 问他是否需要协助。
4. 等待对方的回应。
5. 提供他人协助。
6. 面带笑容接受别人的感谢。

教学材料:洋娃娃、情境故事图片或视频

过程:

一、讲述故事情境

使用情境故事图或视频,或采用洋娃娃模拟主动协助他人的过程,故事内容如下:

午休时,同学们在教室里做作业和看书。小青看到陈老师在装饰教室的墙面,盒子里放了很多装饰用品,小青觉得陈老师一个人要做很久,自己刚好作业做完了,有时间可以帮忙,便走过去看着陈老师问:"陈老师,你需要我帮忙吗?"

情境一:对方接受帮助

陈老师说:"好啊,请你帮忙把这几朵花贴到墙上。"小青按照老师的要求把花贴好,陈老师说:"谢谢你,做得很棒!"小青高兴地说:"不用谢!"

情境二:对方拒绝帮助

陈老师说:"不用,你去做自己的事情吧。"小青便离开了。

与儿童讨论如何判断别人是否需要帮助,自己是否有能力、有时间提供帮助,帮助到什么程度,以及别人拒绝帮助时怎么做。

二、认知训练

与儿童讨论如何主动帮助他人,从肢体、语言及表情等方面分析。在引导儿童理解故事情节,明确故事中的线索后,进行以下步骤的认知教学。

步骤	教学刺激	儿童反应	强化
辨别	提问: 1. 怎么判断陈老师是否需要帮助? 提示:语言、字卡(看)	儿童回答: 1. 小青看到有很多装饰用品,只有陈老师一个人	给强化物
思考	2. 怎么判断小青可以提供帮助? 提示:语言、字卡(想)	2. 小青作业做完了,有时间	给强化物
询问	3. 小青想帮助陈老师,他要怎么做? 提示:示范、语言、字卡(问)	3. 小青可以走到老师面前,看着他问:你需要我帮忙吗?	给强化物

(续表)

步骤	教学刺激	儿童反应	强化
等待	4. 小青询问陈老师后,他要怎么做? 提示:语言、字卡(等)	4. 等待对方回应	给强化物
提供帮助	5. 陈老师同意小青帮忙后,他要怎么做? 提示:语言、字卡(帮)	5. 帮忙老师做事	给强化物
接受感谢	6. 小青完成帮忙,陈老师说谢谢后,他要怎么做? 提示:语言、字卡(笑)	6. 笑着说:不用谢	给强化物

三、模拟演练

1. 老师使用洋娃娃模拟小青帮助老师的故事情节,让儿童回答相应的动作、表情、语言等。
2. 儿童使用洋娃娃模拟情境,老师采用示范、语言、字卡等方式给予恰当提示,逐步撤除提示。
3. 儿童和老师演练情境,必要时给予提示。

四、拓展练习

1. 设计老师不接受帮助的情境,进行认知训练和模拟练习。
2. 设计多种可以提供帮助的情境进行训练,加强练习与巩固。例如,
   (1) 妈妈在收拾衣物。
   (2) 小马因不小心导致手指受伤流血。
   (3) 冬冬在打扫教室卫生。
3. 在真实生活中运用该项技能,必要时给予提示。

思考题

1. 工具技能和关系技能的差别是什么?请举例说明。
2. 寻求帮助技能训练的思路和方法是什么?请说明训练过程。
3. 如何开展同理心训练?
4. 如何开展赞美他人的训练?
5. 某教师非常重视儿童的社交技能发展,他主要采用应用行为分析方法,持续2年一对一训练一名8岁中度智障儿童的表达要求、提问、等待、轮流等技能。之后发现,儿童在和该老师的互动中这些方面表现较好,但和父母、同学的相处中仍没有进展。请分析原因并反思教师职业素养因素在其中所起的作用,并提出建议。

第十章 特殊儿童沟通与交往技能综合干预

内容提要

特殊儿童沟通与交往训练需要依据综合康复理念,采用综合的干预方法开展综合领域的干预,还需在家庭、学校等环境中综合发展亲子、师生、同伴之间的沟通与交往技能,建立初步的人际关系。游戏活动在特殊儿童沟通与交往训练中发挥着重要作用,可以有组织地运用游戏活动综合提升特殊儿童的沟通与交往能力。特殊儿童沟通与交往训练综合干预方案一般以情感、沟通与交往技能提升为主要目的,包括父母即教师提升方案、地板时光模式、人际关系发展干预方案、丹佛早期介入模式、社交沟通、情绪调节和协作支持模式、社交技能教育与促进方案等。

学习目标

1. 了解特殊儿童沟通与交往技能的综合康复理念与综合干预,阐明不同取向康复方法的综合运用思路;

2. 了解特殊儿童人际关系的综合发展,阐明特殊儿童同伴交往技能与关系发展特点与干预思路;阐明特殊儿童沟通与交往技能综合干预建议;

3. 列举特殊儿童沟通与交往游戏活动类型,尝试进行游戏活动分析,设计与模拟演练有利于促进特殊儿童沟通与交往技能发展的游戏活动,阐明游戏活动干预建议;

4. 了解特殊儿童沟通与交往综合干预方案,归纳父母即教师提升方案、地板时光模式、人际关系发展干预方案等理念和实施要点。

思维导图

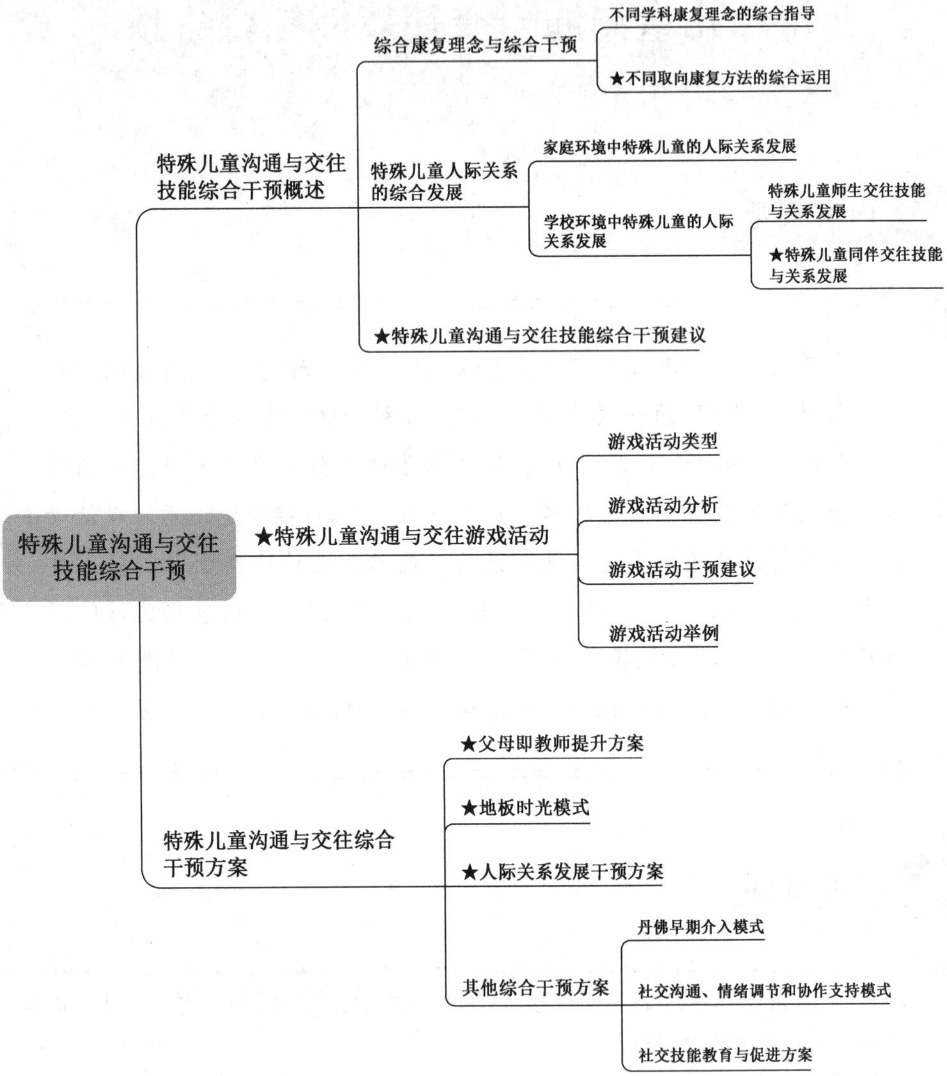

- 特殊儿童沟通与交往技能综合干预
  - 特殊儿童沟通与交往技能综合干预概述
    - 综合康复理念与综合干预
      - 不同学科康复理念的综合指导
      - ★不同取向康复方法的综合运用
    - 特殊儿童人际关系的综合发展
      - 家庭环境中特殊儿童的人际关系发展
      - 学校环境中特殊儿童的人际关系发展
        - 特殊儿童师生交往技能与关系发展
        - ★特殊儿童同伴交往技能与关系发展
    - ★特殊儿童沟通与交往技能综合干预建议
  - ★特殊儿童沟通与交往游戏活动
    - 游戏活动类型
    - 游戏活动分析
    - 游戏活动干预建议
    - 游戏活动举例
  - 特殊儿童沟通与交往综合干预方案
    - ★父母即教师提升方案
    - ★地板时光模式
    - ★人际关系发展干预方案
    - 其他综合干预方案
      - 丹佛早期介入模式
      - 社交沟通、情绪调节和协作支持模式
      - 社交技能教育与促进方案

第一节　特殊儿童沟通与交往技能综合干预概述

2006年，世界卫生组织（WHO）公布《国际功能、残疾和健康分类：儿童和青年版》（International Classification of Functioning, Disability and Health, Children and Youth Version, ICF-CY），其主张的生物—心理—社会模式强调用一个全面的框架指导特殊儿童的评估和干预，即需要考虑生物学、心理学和社会环境三个层面的相互作用，需为每个儿童设计个别化干预计划，以满足他们的特定需求，还鼓励不同学科的专业人员（如医生、心理学家、教育工作者、社会工作者）之间的合作，以提供综合性的服务。在该模式指导下，特殊儿童康复工作更注重为有需要的功能障碍人群，综合地、协调地应用医学康复、教育康复、社会康复、职业康复等各种方法为他们提供全面的、综合的康复服务。特殊儿童沟通与交往训练是一项复杂的任务，涉及对儿童身体功能、心理功能及其所处社会情境中各种因素的协调作用与发展，也应采用综合康复理念和方法，以取得更佳训练效果，提高他们的社会融入度和生活质量。

一、综合康复理念与综合干预

特殊儿童沟通与交往训练需要依据综合康复理念，采用综合的干预方法开展综合领域的干预。这是一个多学科、多领域的团队协作过程。

（一）不同学科康复理念的综合指导

特殊儿童沟通与交往训练需教育学、心理学、医学、社会学等多学科的综合指导，不仅有利于丰富康复手段，更提升了康复效果的整体性和适用性。教育康复作为核心手段，强调把特殊儿童视为一个独立个体，通过个别化教学与训练，激发特殊儿童的学习兴趣与潜能，这不仅包括基础的认知知识学习，更融入了情感教育、生活自理、社会适应等多方面内容，旨在为他们构建一个全面成长的学习环境。心理康复方法的运用，如认知行为疗法、情绪调节训练、音乐治疗、艺术治疗等，有助于缓解特殊儿童的心理压力，增强他们的自信心与适应能力。教育康复与心理康复手段相结合，通过心理干预手段辅助教育康复，有助于使特殊儿童沟通交往能力发展与情绪行为调控相辅相成。医学康复则侧重于利用现代医学技术开展治疗，例如，从神经精神疾病角度采用药物治疗、物理治疗、针灸等手段改善特殊儿童的生理状态，为教育康复提供基础。具身理论为特殊儿童的康复带来了不同视角，强调身体在认知过程中的重要作用，并认为身体运动能够对大脑进行重塑，从而改善特殊儿童的行为、情绪和社交功能。社会康复与职业康复则侧重于特殊儿童的社会融入与未来职业发展，通过模拟社会场景、组织职业体验活动等方式，帮助他们了解社会规则、掌握职业技能，为未来的独立生活与融入就业环境奠定良好基础。社会康复还强调家庭与社区的参与，共同构建一个包容、支持的社会环境。

不同学科康复理念为特殊儿童的沟通与交往训练提供了全方位、多角度的支持。

将这些理念综合运用、相互融合、相互促进，有利于根据特殊儿童的实际需求，在不同阶段、不同情境中促进其全面康复与发展。其中，医教结合是目前最受关注的综合康复理念，其核心价值在于将医学与教育两大领域的优势资源进行深度融合，为特殊儿童提供更为全面、精准且个性化的康复服务。这一理念强调，在特殊儿童沟通与交往训练的过程中，不仅需要依托医学领域的专业知识与技术支持，以科学评估儿童的发展状况与障碍类型，制订针对性的康复计划；同时，也需要借助教育领域的丰富资源与实践经验，通过设计富有启发性和趣味性的教学活动，激发儿童的内在潜能，促进其沟通与交往能力的提升。在特殊儿童沟通与交往训练中，理想的医教结合工作团队应从以下几点开展工作。一是，在评估阶段，医学专家与教育专家应合作对儿童进行全面评估，采用多种评估工具与方法，对儿童的语言能力、社交技能、情感表达等方面进行全面而细致的评估，确保康复计划的制订具有科学性和针对性。二是，在制订康复计划时，医教双方应根据评估结果，共同商讨确定训练目标、内容与方法，确保训练方案既符合儿童的身心发展规律，又能有效促进其沟通与交往能力的发展。三是，在训练实施过程中，医学专家应提供必要的医学支持与指导，如言语治疗、物理治疗等，以改善儿童的生理状况，为沟通与交往训练奠定坚实的基础。而教育专家则负责设计并实施具体的教学活动，如角色扮演、情景模拟等，通过寓教于乐的方式，引导儿童积极参与互动，提高其语言表达、情感交流和社会适应能力。此外，医教双方还应定期进行沟通与反馈，根据儿童的训练进展与反馈情况，及时调整训练方案，确保训练效果的最大化。在目前阶段，正在不断探索围绕特殊儿童需求的医教结合手段和措施，但多学科合作的广度和深度还不够，学科壁垒仍然明显，不同部门之间的协同成效仍需加强。在未来康复实践中，应继续深化医教结合的理念与实践，为特殊儿童沟通与交往技能的提升、人际关系的发展创造良好的支持环境。

（二）不同取向康复方法的综合运用

在特殊儿童交往与沟通训练中，一直存在不同取向的干预方法与思路，且各有支持者。行为干预取向和人际关系发展取向的干预方法是目前受众最广，讨论最多的两种取向。前者的支持者认为因特殊儿童自身的独特性和能力水平，直接在自然情境中教他们沟通与交往技能是无法获益的。后者的支持者认为沟通与交往能力就应该在自然情境中学习，利用儿童的动机，通过儿童的积极探索和社会互动来获得发展。两种取向干预方法分别以回合式教学和地板时光为例说明具体区别，其差异比较见表10-1。

以发音训练为例，回合式教学法的思路是儿童安坐状态下，老师示范发音，在老师提示下儿童作出一样的发音后，老师给予强化物，之后逐步减少提示、延长强化间隔时间等，儿童的模仿发音正确率、熟练度逐步提高，并在泛化情境中能主动表现出更多模仿发音行为。地板时光方法的思路是在日常活动中观察，如果儿童正在随意地转圈，大人就在旁边一起转圈，并用"我们一起转转转"类似的句子唱出来。如果儿童接受，可以抓着儿童的手，或抱着儿童转圈，并重复唱"我们一起转转转"。过程中如果儿童发出高兴的一些声音，大人试着更大声地模拟儿童刚发出的声音，让儿童听到自己被放大的声音,以此推进双方的互动,促进儿童自发模仿语音。

表 10-1 行为取向方法与人际关系发展取向方法差异比较①

项目	行为取向方法 (以回合式教学法为例)	人际关系发展取向方法 (以地板时光为例)
干预目标	有特定的行为反应	非特定的、综合的
干预环境	结构化的一对一教学	多样化的社会交往群体
环境设置	人为设计、成人预设	自然发生、动机激励
活动和材料	成人选择	儿童选择
教学时间	成人主导、小单元	儿童主导、连续的
教学模式	由一系列小单元教学组成,成人发起,言语指令为主	互动中发生,儿童发起,运用情境、语言和社会情感信息
提示方式	语言、手势和肢体	语言、手势和情境支持
可接受的儿童反应	特定的目标行为反应	所有具有社交沟通性质的行为
成人对儿童的回应	即时的,和儿童行为的含义无关	即时的、支架式的,和儿童行为的含义相关
强化手段	人为操作、针对预设结果	以社会交往活动本身作为强化、作为活动的延续
重复形式	要求准确、零错误	取决于儿童兴趣
成功标准	表现出特定的目标行为反应	社交情感互动获得本质改善,互动增强

从儿童沟通与交往能力发展的特点而言,不论从何角度切入,采用何种方法,最终目的都是促进儿童产生沟通与交往的动机,在自然生活环境中能自发地运用沟通与交往技能,建立起有意义的人际关系。行为干预取向和人际关系发展取向的干预方法与思路各有不足。前者的不足主要是由成人主导,在提高儿童自主性沟通与交往能力方面相对存在一些困难,当然其自身也在不断发展过程中,如注重给予儿童选择权,强调在自然情境中运用。后者的不足在于依赖儿童的主动发起,对缺乏共同注意、模仿技能等核心技能,或者问题行为严重的儿童而言,可能难以开启有效的社会互动和回应。所以,将两者结合使用有助于开展相对全面且系统的干预。有效结合后,在以下方面可更具有优势:一是对干预目标既注重通过训练达成特定的目标行为反应,也允许一定的灵活性,结合儿童的兴趣来确定目标行为。二是教师的权威主导和儿童主导有效结合,可根据需要和时机进行转换。三是更关注组织化的环境和自然环境的配合,强调儿童的动机激励,人为强化和自然强化结合。

二、特殊儿童人际关系的综合发展

特殊儿童的沟通与交往能力发展具有复杂性,不同儿童的表现也千差万别。人

---

① 奎尔.做·看·听·说:孤独症儿童社会性和沟通能力干预指南[M].何正平,译.北京:华夏出版社,2015:113.

际关系的发展是开展特殊儿童沟通与交往训练所追求的最终目标。家庭、学校是特殊儿童人际关系发展所依赖的主要环境,需在家庭、学校等环境中综合发展亲子、师生、同伴之间的沟通与交往技能,建立初步的人际关系。

（一）家庭环境中特殊儿童的人际关系发展

家庭环境是特殊儿童早期发展中最为关键的社交场所。家庭成员通常是他们最初的沟通与交往对象。在特殊儿童早期成长过程中,亲子互动比与同伴或教师的互动更为关键,是他们发展社交关系的起点。发展特殊儿童的亲子沟通与交往技能,不仅有助于他们建立稳固的亲子关系,促进情感发展,还能为他们发展与他人的沟通与交往技能,拓展更广泛的社交关系打下基础。

1. 特殊儿童亲子关系发展特点

有些特殊儿童在与家长互动中表现出较低的主动性或反应不足,很少通过日常对话来增进双方的情感联系,沟通与交往的频率和质量不高。一些特殊儿童缺乏与家长沟通的内在驱动力,很少主动向父母表达自己的需求和感受。例如,他们可能不理解父母因疾病或工作压力而产生的情绪问题,也不太懂得如何提供安慰或关心。孤独症儿童在情感交流方面尤其面临挑战,他们的亲子关系可能比普通儿童更为疏远,难以体验到亲子关系中的亲密和安全感。他们对家庭情感的认识可能较为浅薄,即使对父母有依恋,情感的深度和丰富性也有所欠缺。家长过度地溺爱特殊儿童可能导致他们缺乏规则意识,在行为上表现出对父母的不尊重或不礼貌。当父母无法满足他们的需求时,一些特殊儿童不知道如何适当地调整自己的情绪或行为,有时会采取极端的方式来实现自己的目标。特殊儿童与父母的交往模式会延伸到公共场合的交往中。如果他们在家中习惯通过哭闹来获取想要的物品,可能会在公共场合采取同样的方式来表达自己的需求。父母的言行方式对特殊儿童产生影响,尽管他们可能不擅长主动观察和模仿成人的沟通与交往行为,但他们仍然会在日常生活中受到父母交往方式的潜移默化。

2. 特殊儿童亲子关系干预思路

亲子互动不仅能够加深家庭成员之间的情感联系,还能促进双方的情感沟通。这类活动通常采用游戏和活动的形式,通过有趣的方式营造轻松愉悦的环境,促进亲子交往技能和关系发展。家长可设计一系列亲子游戏和活动,如合作拼图、合作搭建乐高玩具、合作捏橡皮泥、合作画画、合作手工制作、躲猫猫、挠痒痒、一起看动画片、一起做家务等。通过游戏和活动为儿童提供亲子互动机会,也帮助双方建立起更深的理解和信任。在整个活动过程中,情感分享是不可或缺的一部分。家长和儿童在共同参与过程中,分享快乐和成就,加深亲子之间的情感联系,也促进特殊儿童建立自信和安全感,为更好地适应社会做好准备。

家庭环境为亲子沟通与交往技能发展提供了最佳的教学环境。与学校环境相比,家庭的独特之处在于家长能够根据家庭的日常便利和互动的灵活性,将沟通与交往技能训练自然地融入亲子互动中。家长可以利用家庭生活的即时性和随意性,进行自然情境中的非正式训练。在日常生活中,家长可以抓住各种机会与儿童进行互动。例如,在用餐时,家长可以与儿童讨论菜单,邀请儿童参与清理餐桌;在家务活动中,家长可以请求儿童帮忙清理垃圾或打扫房间;在外出时,家长可以与儿童一起规划行程,共同向路人询问路线等。这些日常活动不仅为特殊儿童提供亲子互动的机会,也包括对眼神交流、提出请求、表达意见和合作等沟通与交往技能的实践。家长还应积极创造更多的亲子互动机会,并尽可能提高互动的频率。如果家长缺乏基本的沟通和交往技能训练专业知识,可能会对亲子关系发展产生不利影响,建议在专业人员的指导下学习基本的沟通和交往技能训练方法,以便在亲子关系的发展中发挥积极的引导作用。

(二)学校环境中特殊儿童的人际关系发展

学校、幼儿园、康复机构等是特殊儿童离开家庭,开始与父母之外的人进行长期、稳定的社会互动所依赖的专业教学环境,在其中所发展起来的沟通与交往技能、人际关系水平为后续发展打下基础。

1. 特殊儿童师生交往技能与关系发展

在专业教学环境中,教师扮演着特殊儿童沟通与交往技能发展的关键角色,尤其是当他们具有沟通与交往障碍时。教师不仅是帮助特殊儿童跨越家庭环境,更是特殊儿童参与社会交往生活的主要参与者、重要支持者。教师对特殊儿童给予细心照顾,及时满足其需要,尊重他们,这些都有利于特殊儿童在师生关系中体验到安全感、自信心,进而影响到他们与他人的关系发展。与教师建立具有情感安全性的师生关系也更有利于他们发展同伴关系。但是,如果特殊儿童过分依赖教师或对教师产生排斥,他们可能在同伴互动中表现出退缩或攻击性行为。教师的权威性不仅有助于儿童适应社交环境,也有助于他们在群体学习中遵守规则。良好的师生关系能够促进特殊儿童社交技能的发展,帮助他们建立与父母之外的人之间的联系,感受到安全感和归属感,认识到沟通和交往的价值。这种认识能够激发他们内在的社会交往需求和动力,帮助他们扩大社交网络。

① 特殊儿童师生交往技能与关系发展特点

特殊儿童师生交往常表现一些问题。例如,他们可能难以充分理解与教师之间的关系,也可能不完全理解和老师沟通与交往的规则。他们可能对教师的情绪和行为缺乏足够的敏感性,导致他们的行为主要受个人喜好的驱动,而忽视了教师的实际需求和感受,这可能会给教师带来不必要的困扰。在与异性教师的交往中,一些大龄特殊儿童可能缺乏性别意识,不会根据性别调整自己的交往方式。孤独症儿童在师生互动中往往表现出较低的主动性,通常只是被动地回应教师。有些智障儿童虽然在社交互动中表现出一定的主动性,但他们的交往方式可能缺乏必要的灵活性和适应性,难以根据不同的时间、场合和对象来调整自己的行为。

② 特殊儿童师生交往技能与关系干预思路

考虑到特殊儿童的特殊性,教师在与特殊儿童的师生交往中需要发挥出指导者、参与者、示范者的角色。从现实情况看,大多数师生交往内容以纪律约束较多,相对忽视情感交往;教师发起的交往内容多体现在教学过程中,其他场合的相对较少;教师多是指导者角色,较少以合作伙伴、朋友等角色发起交往;教师以发指令、提问等形式发起交往的频率最高,这说明师生交往实际上是以传授知识和技能为主要目的,而不是出于满足人际交往需求、拓展人际交往网络目的的交往。作为专业人员,教师除了作为特殊儿童人际交往的对象,参与其人际关系发展活动外,更重要的角色是承担起指导和促进特殊沟通与交往技能,以及拓展人际关系发展的重任。可以在师生交往过程开展训练,帮助特殊儿童掌握如何主动发起或回应沟通与交往的行为。例如,教他们主动寻求指导和帮助、请求、询问、发表见解、帮助教师做事,如何回应老师的指令、提问,回应教师的关心、回应教师的礼貌行为等。还可以开展专项的同伴交往技能训练,组织班级同学成为特殊儿童的支持者、陪伴者,拓展他们的同伴交往关系。

特殊儿童的师生沟通与交往发生在学校、幼儿园等集体生活的各个环节,包括教学活动、游戏活动和生活情境中。其内容丰富多样,既发生在有组织的日常训练活动中,包括康复训练、行为指导、知识传授等,也发生在非正式的课外活动和生活情境中,包括日常互动交流、关心帮助等。这些都可以作为训练的契机。不同教师和特殊儿童之间的师生关系存在较大差异,即使是受过较丰富专门训练的教师与儿童的关系也有明显区别,具体表现为关心型、支持型、控制型、漠不关心型、拒绝型。不论是何种类型的师生关系,其形成与教师个人的专业素质、自身的社交水平、康复理念、教育观念等有密切关系,也表现出了其专业素养水平。一名优秀的专业教师应致力于与所教特殊儿童建立一种积极、支持性的师生关系。在专业教学环境中,教师既是一名专业人员,也是特殊儿童的沟通与交往对象,如果能充分发挥出专业优势,有助于帮助建立双方的良好社交关系。但是,如果教师仅仅关注于课堂中的师生交往,局限于技能的训练、知识的传授,而不关注课堂内外更丰富的人际交往内涵,就会使师生交往的质量大打折扣。所以,在专业教学环境中,特殊儿童以提高生活质量为目的的社交生活应该得到重视。要认识到,他们不仅仅在其中接受教育或训练,他们还在其中生活,这种家庭之外的集体生活更具有以适应社会为导向的环境支持价值。

2. 特殊儿童同伴交往技能与关系发展

① 特殊儿童同伴交往技能与关系发展特点

儿童在社会化过程中的一个显著表现是从自我中心、依恋父母逐渐发展为对同伴感兴趣、愿意与同龄伙伴交往。从1岁多开始,他们开始可以短时间与个别的同伴玩游戏,能够按照成人的要求与其他同伴分享玩具和食物,但这时他们还没有清晰的交往概念,人际交往的乐趣更多来自与其父母的交往。3岁左右开始,儿童就可以具备了一些基本的交往技能,如想玩小朋友的玩具时,会主动说"借给我好吗?"会娴熟地运用"请""谢谢"等礼貌用语,能参与需要合作、分享、轮换的社交游戏。5岁左右,开始具备友谊的概念,会选择自己喜欢的朋友。

有些特殊儿童随着年龄的增长会增加对同伴的兴趣,会表现出较好的同伴交往能力,如对待同伴态度温和、常微笑示人、乐于助人、很讲礼貌,交友范围也逐步拓宽。

他们与同伴的交往方式包括相互追逐、玩耍、牵手闲逛、拥抱、迎接上学的同伴、模仿同伴的行为等,有些交往方式具有一定的功能性,如向同学借文具、向同学要食物吃等,能力较好的特殊儿童还可以和同伴偶尔进行简单聊天、相互询问问题、遇到困难时寻求帮助、把自己的东西分享给同伴看,主动帮助同伴等。

特殊儿童的同伴交往技能与关系水平普遍落后于普通儿童,大多数特殊儿童缺乏一些基本的同伴交往技能,具有同伴交往技能和关系发展障碍。主要表现在以下几方面:

一是缺乏同伴交往的基本技能。虽然有些特殊儿童喜欢和同伴一起玩,但不知道如何分享、合作,不利于同伴关系的发展和稳固。他们的同伴交往行为主要通过肢体、语言等方式表达出来,但因为缺乏对友谊关系的深入了解,在发展友谊关系时常常难以形成稳定、持久的亲密联结,同伴交往的情感层次较低。随着年龄的增长,特殊儿童或许可以逐步认识到,只有当两个人关系是持久的、稳定的,建立起情感纽带的关系才可以称之为友谊,但这种友谊关系仍然缺乏足够的认知和情感基础。同伴交往行为发生的范围狭窄,主要有在一起活动、玩游戏,邀请同伴到家里玩,邀请同伴外出一起玩等。相对而言,更多发生在由教师组织一起做集体游戏及合作游戏的场合,主动发起的有效同伴交往行为较少。6岁以下特殊儿童由于生活范围和年龄水平的限制,他们的朋友圈很小,基本上是由教师或家长主导进行的同伴交往。交往对象的范围也仅限于课堂或课外因各种原因有接触可能的同龄伙伴,并且特殊儿童无法持续地、稳定地与一个或多个同伴保持相对较深入的互动。有些特殊儿童缺乏与同伴交往的动机,表现出不合群、沉默不语或较少使用语言、语言运用能力很差、不会主动与同伴交谈等特点。有些特殊儿童虽然能主动与教师或家长交流,但与同伴交往的主动性较差,需要在成人的帮助下结交朋友。

二是存在一些问题行为影响其同伴关系发展。有些特殊儿童存在一些消极的同伴交往行为,如与同伴打架,抢同伴东西等。有些儿童或许喜欢模仿同伴的行为,但分不清楚所模仿行为的好坏。例如,他们喜欢模仿其他儿童的攻击行为、吐口水行为、尖叫或怪叫行为,并且乐在其中。虽然正常儿童也会模仿其他儿童某个问题行为,但经过家长教育后常常会停止该行为,但特殊儿童的这类问题行为表现更为固化。他们往往以自我为中心,缺乏和同伴交往的耐心,情绪变化太快、不善于调节和控制,容易紧张、焦虑等,这会造成他们在交往中容易发生争抢玩具、不愿意进行轮换等问题。有些特殊儿童有多动倾向或者好攻击,会无缘无故攻击同伴,这会降低同伴接纳度。

特殊儿童的性别意识发展较晚。随着年龄的增长,其性别意识薄弱会成为同伴交往的重要障碍。进入青春期后,特殊儿童也像普通儿童一样,对异性产生兴趣,喜欢和异性互动和交友。但是,由于缺乏足够的异性交往技能,会对他们的人际交往造成一些困扰。有些特殊儿童可能会出现追求行为或恋爱行为,但如果没有接受过专门的交往技能训练,他们可能无法正确认识追求关系和恋爱关系。有些特殊儿童可能会因为很喜欢某个异性,就去主动接近他,但由于方式不当,引起了对方的不适感,

或者因为和同伴竞争，产生了不必要的人际冲突。

② 特殊儿童同伴交往技能与关系干预思路

一般而言，在特殊儿童3岁左右就应该开始同伴交往技能训练。如果其障碍程度轻，社交意识好，训练起始年龄可以适当提前。特殊儿童的同伴交往对象既包括专业教学环境中的同学、亲戚朋友、邻居家的同伴，还包括公园、游乐场等公共场所偶然遇到的玩伴。所以，特殊儿童同伴交往技能训练可利用的场所较多。一般以教育或康复机构为主，因为其有专业人员来开展针对性地训练，而社区、公共场所等地可以作为迁移所学同伴交往技能的场所。

游戏活动是同伴交往技能和关系发展的最好载体。教师要尽可能组织一些游戏活动，并与同伴沟通与交往技能训练任务结合起来。在游戏活动过程中通过示范、指导、反馈、练习等方法来逐步加深他们对同伴关系的认知。在专业学习环境中，特殊儿童可以长期、稳定地共同学习和生活，教师可根据他们的意愿进行有目的地引导，创造交友环境，为他们发展稳定的同伴关系提供持续指导和支持，以此来强化他们的沟通交往技能和社会适应能力。当然，如果特殊儿童具有较严重的智力发展障碍，他们可能终身都停留在浅层次的同伴关系水平，无法发展出深层次的友谊关系。

教师可以运用同伴配对策略来提升特殊儿童的同伴交往技能，建立良好的同伴关系。可采取以下三种不同思路。一是与年幼儿童配对。教师可为特殊儿童选择一个社交技能相对较低的年幼同伴，通过合作游戏让他们体验自主和成功，从而增强社交自信并改善交往行为。在自由活动时，教师应营造轻松氛围，并鼓励特殊儿童与同伴自由交流互动，同时对双方的积极互动行为给予强化。二是与能力相当的同伴配对。教师可以将特殊儿童与能力相近的同伴配对，让他们共同在教师的指导下完成合作任务。在初始阶段，特殊儿童可能对任务和合作伙伴都不太熟悉，教师需要提供具体的指导和鼓励，帮助他们克服困难并学习相互支持。当特殊儿童能对任务进行熟练地操作，两人也能互相帮助时，教师可悄悄离开，直到特殊儿童要求教师帮助时才过来帮忙。三是与社交技能高的同伴配对。教师可以将社交技能熟练的儿童作为特殊儿童的榜样和亲密伙伴。在活动前，教师应对这些儿童进行培训，教授他们耐心等待、帮助和赞扬等技巧，以便他们在与特殊儿童的交往中提供积极的鼓励和支持，而老师只在需要时提供指导和帮助。

三、特殊儿童沟通与交往技能综合干预建议

（一）创造或利用可开展沟通与交往技能训练的活动

家庭、学校等环境中具备随时随地开展沟通与交往技能训练的机会，但应该考虑如何将自然情境或结构化活动加以组织和运用，确定最合适达成训练目标的教学活动，制订有效的训练计划。还要尽可能在自然情境中精心安排沟通与交往的机会，来促进儿童的学习效果。活动安排应符合儿童的兴趣，如果儿童喜欢拼图，就可以利用儿童玩拼图游戏的时机，加入结构化的设计，如加入轮流、听指令或语音仿说等，通过组织活动过程，利用拼图的自然强化作用来开展沟通与交往训练。

一般而言,儿童的沟通与交往技能通常先在与成人的互动中培养和发展,一对一的与成人之间的互动更有助于沟通与交往技能的发展,然后进行泛化,将一对一掌握的技能逐渐扩展到与同伴的交往中。在掌握一对一的沟通与交往技能后,根据儿童的特定需求和能力设置集体活动对儿童熟练掌握和运用所学技能至关重要。儿童参与集体活动的效果取决于所设置的活动是否恰当,而不是参与人数的多少。设置集体活动时,一是要考虑集体活动任务是否清晰,是否具有可预测性,这意味着是否要求小组中所有儿童执行同一个任务,或各自执行任务;二是要考虑是否需要儿童观察他人、等待他人,这意味着儿童在参与活动时是轮流等待参与,还是同步参与,是观察和参照他人的表现后参与,还是自由参与和自由表现;三是要考虑对儿童的语言能力的要求,即判断儿童参与活动时是否依赖语言的运用。根据集体活动的可预测性、是否需要等待、是否运用语言来确定组织何种形式的集体活动。一般选择在儿童能力水平下最易取得成功的集体活动形式,如同一性活动、结构化活动、非结构化活动、创造性活动等。对不会等待、无语言的儿童选择集体的创造性绘画活动比同一性朗诵活动更适合,对能等待的儿童选择按图轮流搭建积木的结构化集体活动更合适。如果确定儿童无法参与任何形式的集体活动,就应选择一对一的活动。

(二)改变与特殊儿童的互动模式

提升特殊儿童的沟通与交往技能,促进人际关系的发展,需从改变与特殊儿童的互动模式开始。要习惯和儿童保持较近的接触距离,如成人蹲下或坐下,和儿童保持视线持平的高度,以便儿童能够清晰地感知到他人的存在。注意建立儿童的共同注意能力,为沟通与交往建立前提条件。应用简单、直接、易于理解的语言和儿童沟通,避免使用过于复杂或抽象的表达方式。应根据儿童的年龄、语言能力和兴趣来调整语言内容,确保信息能够准确传达并被儿童理解,以减少误解和沟通障碍。必要时,采取 AAC 支持手段进行辅助沟通,丰富儿童的沟通方式和手段。还需要采用更加明确的非言语线索,包括面部表情、肢体动作、情绪、节奏等,以使沟通更加明确、直观,便于儿童理解。要给儿童足够的时间来做出回应,耐心等待儿童领会、组织语言和采取行动,而不是急于打断或催促他们。通过观察儿童的反应和表现来评估他们的理解程度和沟通能力,及时调整互动策略和方法。韵律化的语言具有节奏感强、易于记忆和模仿的特点,能够吸引儿童的注意力并激发他们的兴趣。在适当的时候运用押韵、重复、节奏等语言技巧来组织话语内容,可加深儿童对信息的记忆和理解。

(三)采用视觉支持手段

采用视觉支持手段可以提升儿童的社会交往能力,提高其独立性,减少对成人提示的依赖。利用视觉元素,如物品、照片、图片、书写语言和录像等,来帮助特殊儿童准备、预演、提示和回顾社会交往事件,可以使沟通与交往信息更加清晰,尤其对孤独症儿童的沟通与交往理解能力有显著帮助。通过具体的视觉信息来强化社会交往线索,降低对语言提示的依赖。视觉线索作为具体的参照物,能够帮助儿童理解语言、社会交往和情感信息,有助于提高儿童的注意力、行为组织能力和理解能力。针对倾向于视觉学习、行为组织能力较差、存在言语困难、缺乏共同注意能力或模仿能力的特殊儿童,有必要充分采用视觉支持手段。通过提供具体的视觉提示,可以帮助儿童知道何时该说什么、该做什么,增强独立性,并在儿童掌握技能后逐渐撤除线索。常见的视觉支持手段主要有:① 日程安排表或提示卡,提供日常活动的预期组织安排;② 社交活动脚本或社会故事,以故事形式帮助儿童理解沟通与交往情境;③ 示范录像,有利于提升儿童的模仿能力和沟通能力;④ 社交百科全书,提供丰富的社交场景和行为的视觉参考资料。通过这些方式,儿童能够在需要时获得必要的线索,并在掌握技能后逐渐独立。与老师或家长的直接指导相比,视觉支持手段提供的是一种间接的沟通方式,有助于清晰地传达社会交往的信息。随着儿童逐渐适应特定的社交情境,他们便自然地忽略视觉线索的存在,从而提高独立性。

(四)有组织地开展沟通与交往技能训练

社交水平较低的特殊儿童在社会环境中可能会存在无助,可通过提供有组织的环境帮助他们理解并适应社会环境。一般通过组织物质环境、创建可预测的常规流程活动,以及开展结构化教学来帮助特殊儿童学习和运用沟通与交往技能。要让儿童有组织地参与社交生活,需考虑其自身的行为组织能力。当他们情绪稳定、有沟通意愿,能关注他人的存在,能够在指导下做出适应性改变时,即意味着行为组织能力较强。当出现刻板、多动和表现出情绪与行为问题时,其行为组织能力较低。需根据儿童的行为组织能力水平来确定组织支持手段、生活常规流程和结构化教学活动水平。

第二节　特殊儿童沟通与交往游戏活动

游戏活动在特殊儿童沟通与交往训练中发挥着重要作用。著名教育家杜威认为幼儿阶段"生活即游戏,游戏即生活"。游戏活动为特殊儿童提供了自由探索和表达自我的机会,也是他们学习社交规则、发展沟通与交往能力的重要途径。儿童感兴趣的游戏活动能有效引发动机,帮助他们在轻松愉快的情境中学习、巩固沟通与交往技能,增强自信心,建立与他人的关系,提高生活质量。

一、游戏活动类型

对游戏活动进行分类有助于根据儿童的年龄特点和游戏活动的特点等,合理地设计和组织游戏活动。根据不同的理论依据,儿童游戏活动可进行不同的分类。

(一)根据认知发展阶段分类

根据皮亚杰的认知发展阶段论,2岁以前的幼儿主要进行的是感觉运动游戏,即练习性游戏。此时的儿童喜欢进行一些重复简单动作,反复地练习和学习。之后,儿童进入象征性游戏阶段,大概在6—7岁达到最高水平,此时儿童最喜欢玩假装游戏,比如利用物品或动作来假装其他事物或行为。这是判断儿童早期社交能力是否正常发展的关键指标。此时,儿童也开始喜欢玩一些结构性游戏,如采用积木、拼图、橡皮泥、沙等结构性材料来建构物体。儿童7岁以后开始能理解规则游戏,会遵循一定规则进行有组织的游戏,比如棋类游戏。此时,儿童也逐步能理解和运用社会生活中的一些人际交往规则。

（二）根据社会性发展阶段分类

美国教育家帕顿从社会性发展角度对游戏活动进行分类。他认为,婴儿表现的行为是偶然的、无目的的,不是真正的游戏,之后他们会表现为旁观游戏,即观察他人游戏但并不参与。大概2岁半开始,儿童开始能进行独自游戏,但他们会专注于自己的游戏活动,即使旁边有同伴也不会发生交集。2岁半至3岁时,儿童表现出平行游戏,他们常会选择与旁人一样的玩具、材料和玩法,但相互之间没有交流或合作。3岁半至4岁半,儿童开始进行联合游戏,会与同伴一起游戏,会交换玩具,有交流但没有明确的游戏目的和组织分工意识。4岁半以后,儿童进入到合作游戏阶段,能围绕共同的游戏目标进行有组织的分工合作。

（三）根据功能和目的分类

根据功能和目的的差异,游戏活动还可以分为角色扮演游戏、团队合作游戏、创造性游戏、感官刺激游戏等。例如,绘画、手工制作等有助于激发儿童的想象力和创造力,表达个人情感和想法,属于创造性游戏;通过触觉、听觉或视觉刺激促进感官协调和认知发展的游戏活动,则属于感官刺激游戏,主要用于满足一些具有感官障碍儿童的训练所需。游戏活动还可以设计为结构化或非结构化的。例如,为了发展儿童的认知灵活性,将游戏结果设计为开放性的非结构化游戏;有些儿童的认知水平有限,更适合流程清晰、明确、结果固定的结构化游戏。

采用游戏活动开展特殊儿童沟通与交往训练具有非常多的优势。经过设计的游戏活动可以用于具体某一项技能的训练、巩固和泛化,也可以用于综合领域的巩固练习。任何类型的游戏活动,任何的游戏材料都可以被用于开展沟通与交往训练,只要符合儿童的能力水平和兴趣。

二、游戏活动分析

在开展训练前,可以对儿童的游戏兴趣、游戏能力等进行调查,对游戏活动进行分析。

调查儿童的游戏兴趣可以采用调查问卷、访谈、观察等方式。对儿童可能感兴趣的游戏活动、游戏玩具等进行排序,找出儿童的游戏偏好。采用调查的方式可以快速地获得相关信息。建议根据表10-2所列举的游戏类型[①],由家长或老师将儿童可

---

① 奎尔.做·看·听·说:孤独症儿童社会性和沟通能力干预指南[M].何正平,译.北京:华夏出版社,2015:304-309.

能喜欢的游戏项目快速筛选出来,并对筛选出来的游戏活动进行打分,例如,从不喜欢到喜欢依次赋分 0—4 分,根据得分对游戏活动进行偏好排序。排序在前的活动可以作为优先选择的游戏活动项目。

表 10-2 游戏类型

类型	具体项目
探索类游戏	吹泡泡、滚珠迷宫、因果效应的玩具、手持游戏机、万花筒、照镜子、遥控玩具车、抽陀螺、发条玩具等
体育类游戏	皮球、篮球和投篮、丢沙包、自行车、保龄球、体操器械类、跳房子、呼啦圈、跳绳、操场健身器械类、轮滑、滑冰、跷跷板、荡秋千、蹦床等
操作类游戏	串珠、积木类、涂色类、点阵画图、带锁和门闩的游戏板、磁迷宫、弹珠通道玩具、套娃、镶拼型积木、雪花片、插板、拼图、穿线板、形状块分类等
建构类游戏	建构类积木、建造模型、齿轮啮合型构建模型、乐高模型、乐高积木、插拔积木、插棍构建玩具、工具类玩具、玩具火车和轨道、玩具车辆和跑道等
艺术类游戏	涂鸦喷漆、粉笔画、拼贴画、涂色、剪贴类、连点成图、绘画类、手指画、磁石画板、迷宫类游戏、按数字填色图、油画类、橡皮泥、印画等
文化类游戏	字母便签贴纸、活动类图书、图书、磁带书、电脑程序类、语言体验故事、杂志、字母磁贴游戏、拼字拼图、相册、情景序列卡、分类/匹配类活动、对话书、找字游戏等
社会戏剧类游戏	农场和动物游戏、生日晚会、汽车和汽修厂、看医生、玩具屋和玩偶游戏、装扮游戏、喂娃娃、开店游戏、理发美容游戏、厨房玩具、人物和动物玩偶、木偶戏、填充动物玩具、打电话、露营游戏等
游戏类	农场宾果游戏牌、拼字游戏、糖果乐园、梯子与滑道、五子棋、多米诺骨牌、玩间谍(游戏)、儿童足球游戏、乐透牌戏、记忆游戏、剪刀石头布、纸牌游戏等
音乐类游戏	跳舞、健身操、手指游戏、唱歌、键盘、乐器、音乐玩具、节奏棒、录音机等
社交游戏	抓人游戏、追逐游戏、丢手绢、捉迷藏、音乐椅、降落伞游戏、躲猫猫、红灯绿灯、跑跑跳跳、我说你做、挠痒痒、木头人游戏等
其他偏好	旋转物品、扔东西、看东西掉下来、晃动物品听响声、闻东西等

对游戏活动进行分析可以帮助教师和家长了解儿童从事游戏活动的能力。建议从集体意识、玩具使用、沟通能力、交往能力四个方面进行分析,以此了解儿童是否具备和成人或同伴一起玩的能力、对玩具进行功能性和创造性使用的能力水平,以及是否在游戏活动中表现出了一定的沟通能力和交往能力。表 10-3 以吹泡泡、搭积木、玩球、橡皮泥等为例进行游戏活动分析①,选择儿童从事游戏活动时表现出了哪一项或哪几项特点。

---

① 奎尔.做·看·听·说:孤独症儿童社会性和沟通能力干预指南[M].何正平,译.北京:华夏出版社,2015:310-320.

表 10-3　游戏活动分析举例

游戏类型	探索类游戏	建构类游戏	体育类游戏	艺术类游戏
游戏举例	吹泡泡	搭积木	玩球	橡皮泥
集体意识	① 能和大人互动；② 能和一个同伴互动；③ 能和多个同伴互动			
玩具使用	① 吹泡泡；② 挥动吹管、抓泡泡、把吹管浸到泡泡液里；③ 把吹管在泡泡液里浸一下，然后吹泡泡；④ 把吹管放在嘴巴前做吹的动作	① 游戏中反复用3块以内的积木搭相似造型；② 搭一个造型就推倒；③ 用10块以上的积木搭建；④ 搭一个造型后，进行想象性应用	① 持续拍球；② 踢球、投篮、用拍子击球；③ 抓住球后滚给同伴；④ 按照一定规则玩球	① 不断压扁橡皮泥；② 用手搓、模具压橡皮泥；③ 用橡皮泥创造一个模具没有的造型；④ 有想象性玩法
沟通能力	① 游戏中对同伴做出回应；② 向他人提出要求；③ 对他人的游戏做出评述；④ 在游戏中维持对话			
交往能力	① 平行游戏，没有沟通；② 有轮流行为；③ 有分享行为，共用玩具或游戏材料；④ 游戏中有合作行为			

根据对游戏活动的分析结果，可以判断儿童的游戏水平，例如，是否独自游戏，是否关注到他人的存在，是否会功能性玩法，是否表现出假装游戏。也可以判断出儿童在游戏活动中的沟通与交往水平，是独自玩，还是可以开展平行游戏，是否具备轮流、分享、合作等能力，有无对同伴的回应行为，能否向他人提出要求，能否对他人的游戏活动做出评述；是否在游戏中维持对话等。对游戏活动的分析结果主要用于评估儿童的能力水平，为制订沟通与交往干预计划提供依据。

三、游戏活动干预建议

根据儿童的具体表现来设计游戏活动并组织实施。第一，需判断特殊儿童的能力适合采用何种水平的游戏活动，是独自游戏、平行游戏，还是集体游戏。选择适合的游戏活动水平，一般的参考顺序是先进行独自功能性游戏、平行功能性游戏，再进行成人参与的集体游戏、同伴参与的集体游戏。第二，根据儿童的能力水平及时采用提示手段，包括肢体提示、语言提示、视觉提示等。第三，在儿童和他人一起玩的时候，要注重提升他们观察他人、分享、轮流、对他人进行回应等能力。例如，在平行游戏阶段，老师或同伴可以使用与儿童相同的玩具，在儿童旁边作出同样的玩法，为儿童提供参照，方便他们进行观察。如果儿童不主动观察，可以制作一个有眼睛的视觉提示卡，提醒儿童观察他人。第四，游戏过程中应对儿童的能力表现进行监测，采用观察记录表的方式记录儿童在游戏中依赖哪种提示方式，注意力、等待、轮流、分享、听指令、回应等行为表现水平。如果儿童参与集体游戏困难，应采用行为取向的方法加强对具体技能的训练。

为了提高儿童沟通与交往技能，促进参与集体游戏活动，需有组织地开展相关游

戏活动,提高儿童对活动场所、玩具选择、玩具所有权、活动预期、社交行为预期、时间、活动转换等项目内容的意识,帮助儿童在参与前就明白在哪里玩,用什么玩具,哪些玩具是自己的、哪些玩具是共享的,用玩具做什么,和谁一起玩,玩多久,何时结束更换游戏等内容,方便儿童清晰了解参与游戏环节。为了方便儿童了解这些内容,可以制作提示板,贴上儿童和其他参与者的照片,列出相关的项目内容,每个内容都有多种选项,方便他们在游戏活动中根据兴趣和需要进行选择。还可以采用结构化、视觉化的手段帮助儿童清晰地掌控游戏,比如,提供一个盒子给儿童装自己的玩具,提供流程表方便儿童知道游戏活动程序,用计时器倒计时游戏时长,用箭头、颜色等标示关键线索信息等,通过结构化手段帮助儿童有组织地开展活动,能预测活动流程,并逐渐学会与同伴分享和轮流玩游戏。以孤独症儿童为例,从他们的兴趣出发所选择的游戏活动一般都是拼图、积木、乐高、涂色等适合独自开展的游戏材料。这时可以从独自游戏活动开展,先让特殊儿童建立对游戏活动的常规行为,使游戏流程具有可预测性。之后重新组织成两人、三人以及更多人的集体游戏活动,根据情况适当增加轮流、等待、语言等方面的要求,进行结构化支持,及时进行提示,以此促进孤独症儿童沟通与交往技能的发展。

四、游戏活动举例

以下游戏活动适合于训练特殊儿童注意、合作、轮流等能力,促进儿童的人际关系发展。

"摇小船"游戏:可以培养特殊儿童与同伴合作、配合的意识,体验与同伴合作所带来的乐趣。需要准备一块干净的小地毯。正式训练时,成人做示范,先坐在地毯或地板上,分开双腿,特殊儿童双脚压在成人的脚面上,彼此双臂互相抓紧。成人先前用力,身体向前倾斜,然后特殊儿童再向前摇,身体向成人倾斜。这样不断重复,两人来回摇,一起一伏,东摇西摇,就像在河面上划船一样。之后,成人撤出,由特殊儿童两人一组开展游戏,在熟练后找到配合的感觉,体会到游戏的乐趣。需注意的是在做来回摇的动作时,用力不应过大,避免引起特殊儿童肘关节脱臼。游戏初期阶段,成人可以在旁进行辅助和指导。

"炒黄豆"游戏:可以培养特殊儿童与同伴相互配合的能力。成人做示范,先和特殊儿童面对面站、手拉手摇晃,唱儿歌。到儿歌最后一句时,两人同时将一边的手臂抬起,头和身体从臂下钻过去,绕一圈,然后面对面站好。歌词:"炒炒炒黄豆,炒完黄豆翻跟头。"之后,成人撤出,由特殊儿童两人一组开展游戏。成人随时进行指导,提示特殊儿童何时翻转,向哪个方向翻转,如何钻,如何绕圈,速度如何,之后逐步减少提示,直到特殊儿童可以独立进行游戏。

"走跑停"游戏:可以培养特殊儿童与同伴的一致性、灵活反应。用摇铃或鼓发出慢节奏提示音,成人先做示范,带领儿童沿着直线运动,同时进行语言提示"走一走"。然后,将节奏提示音速度加快,带领儿童跑起来,同时进行语言提示"跑一跑"。之后,只摇铃一下或敲鼓一下,所有人站在原地,同时进行语言提示"停一停"。以此方式轮流随机变换走、跑、停。熟练后成人退出,语言提示撤除。也可以对游戏形式进行变换,如两人并排走、跑、停,每次成功时击掌欢呼。

"拍拍手"游戏:有助于训练特殊儿童的注意力及与同伴合作、交往的能力。特殊儿童两人一组,边唱儿歌边拍手。歌词也有很多种,如"你拍一我拍一""咕噜咕噜捶"等。应尽量选择特殊儿童喜欢或感兴趣的同伴作为搭档,拍手动作变化由慢到快,由简单到复杂,如开始时只是简单的单手对拍,慢慢发展到两只手对拍、正反对拍、一正一反拍手等。

"两人三足"游戏:可以培养特殊儿童关注他人及与同伴配合的能力。特殊儿童两人或多人一组并排站立,将相邻的一条腿用绳子绑在一起,同时喊"1、2、1、2……"的口号,协同一致往前走。该活动中,走得快慢不是目的,关键是协调一致,既要彼此相互关注。游戏开始前,成人要向特殊儿童说明游戏时1和2分别代表特殊儿童迈哪条腿。开始由成人喊口号,引导特殊儿童的合作行为,之后由特殊儿童自己喊口号来调整自身的合作行为,等他们真正学会这个游戏时,可以逐步撤掉口号的提示。

"寻宝"游戏:可以培养儿童对成人的关注,特别是非语言沟通行为的关注。准备儿童喜欢的小玩具,先展示给儿童看到,然后蒙上其眼睛,将玩具藏在不同位置。用眼神、点头、摇头等非语言方式提醒儿童玩具在什么方位,儿童找到后让他玩一段时间。每天可多次进行该游戏。可以优先选择儿童还不太擅长的,需要进一步巩固的非言语提示方式。

"猜一猜"游戏:可以培养儿童对沟通对象的视线注视能力。成人把儿童喜欢的小物品,如糖果、小星星等捏在其中一只手中,让儿童猜一猜在哪只手中。如果儿童直接去掰开成人的手,可移开。观察儿童的眼神,如果其在回答的同时有注视到成人,回答正确后给他物品。如果没有注视,成人可把手移到自己眼前后再打开手,引导儿童关注自己的眼部。每次打开手时,可同时迅速说:"看!××在这里!"并做出高兴的表情,以此增加游戏的趣味性。

"玩陀螺"游戏:有助于培养儿童轮流、等待、规则等意识。准备好一个陀螺,旁边放两张凳子,上面各贴有两个儿童的名字。桌上放一个计时器,让两个儿童看到计时器显示倒计时2分钟。约定20分钟后游戏结束,听到音乐声即表示游戏时间结束。用剪刀石头布确定谁先玩。给先玩的儿童A陀螺,给后玩的儿童B一张等待卡,需拿着等待卡坐在凳子上等待。如果儿童B等得不耐烦了,就用言语提醒他"现在是轮到A在玩,你要等一等"。让他看自己手上的等待卡提醒他,或者让他看到计时器在跑。当定时时间到,就说"A已经玩好了,该轮到B玩了"。让两个儿童交换等待卡和陀螺,重置计时器2分钟。当儿童熟悉了轮流规则之后,成人离开现场,只是在需要时设置计时器。根据儿童能力表现,可以改变定时时长。还应预设一个清晰地表明活动结束的方法。

第三节 特殊儿童沟通与交往综合干预方案

特殊儿童普遍面临着沟通与交往发展障碍,尤其是孤独症儿童。目前以情感、沟通与交往技能提升为主要目的的综合干预方案有多种,本节主要介绍六种方案:父母即教师提升方案、地板时光模式、人际关系发展干预方案、丹佛早期介入模式、社交沟通、情绪调节和协作支持模式、社交技能教育与促进方案。

一、父母即教师提升方案

父母即教师提升方案(Improving Parents As Communication Teachers,ImPact)是一个专注于提升家长作为儿童沟通训练老师的项目,其主要目的是帮助家长学习如何更有效地与儿童进行沟通,特别是针对孤独症儿童等特殊需要儿童。由于每个儿童都是独特的,ImPact 方案鼓励家长根据儿童的特点和需求,采取个性化的教育方法。ImPact 方案以家庭为中心,强调家长在儿童教育和沟通发展中的中心作用,提供家长培训,教授他们如何成为儿童沟通能力提升的关键参与者,着重于提高家长在与儿童沟通时使用的各种技巧,包括口头语言、肢体语言和情感表达。虽然家长是主要的教育者,但 ImPact 方案也提供专业支持和资源,帮助家长更有效地进行教育和沟通训练。鼓励家长持续学习和适应,随着儿童的成长和需求变化,不断更新自己的教育和沟通策略。ImPact 方案可以结合现代技术,如在线课程、移动应用等,提供灵活和易于访问的家长教育资源,并帮家长利用社区资源,如特殊教育服务、儿童发展专家和其他家长团体,以便提供更广泛的支持。该方案包括定期的评估和反馈机制,以监测进展并根据需要调整教育方法。考虑到不同文化背景中的沟通差异,ImPact 方案在实施时需要具有文化敏感性。

ImPact 方案提出了交互式教导技术和直接教导技术两套方法[①]。交互式教导技术的作用是增强儿童的社交参与以及互动能力,一旦儿童产生兴趣并被吸引,就能使用直接教导技术,教导儿童新的语言、模仿和游戏技能。

(一)交互式教导技术

交互式教导技术的核心在于增强儿童与成人的互动,因为只有当儿童参与到活动中时,学习才有可能发生。鼓励儿童自发地参与和沟通,通过引导和对儿童的行为作出回应,让儿童意识到他们的行为和声音是有意义的,并且可以有效地满足自己的需求。一共有七个交互式教导技术,包括跟随儿童的引导、模仿儿童、充满活力、示范与扩展语言、有趣的障碍物、均衡的轮换以及沟通诱导物。这些技术有助于教育者加入儿童的世界,并促进他们的参与和沟通。

---

① 英格索尔.自闭症儿童社交游戏训练:给父母及训练师的指南[M].郑铮,译.北京:中国轻工业出版社,2012.:6-14.

交互式教导技术包括四个实施步骤。

步骤一：跟随儿童的引导。允许儿童选择感兴趣的活动，并加入他们的游戏。例如，妈妈在小东玩积木的时候加入。

步骤二：创造参与或沟通的机会，使用不同的交互式教导技术来吸引儿童的注意力和参与。例如，妈妈提前把搭房顶的三角积木块拿在手中，并让小东看到。

步骤三：等待儿童参与或沟通。注意儿童的反应，无论多么微小。儿童的反应包括目光接触、身体姿势、手势、情绪表达、语言尝试或声音。例如，妈妈等待小东发起一次互动，或等待小东伸手拿三角积木块。

步骤四：对儿童的行为做出反应，将其视为有意义的行为，并向儿童示范希望他采纳的行为，同时控制可接受和不可接受的行为。例如，妈妈一边把积木块递给小东，一边指着积木说"积木"。

（二）直接教导技术

直接教导技术通过提示和强化方法，直接地教导儿童新的语言、模仿及游戏技能。直接教导技术建立在交互式教导技术的基础之上，继续运用交互式教导技术来设置儿童需要向成人提出请求的情境。一旦儿童发起一次互动或沟通，成人就运用直接教导技术提示儿童用一种略微复杂的或发展的方式来表达。当儿童表现出所提示的行为时给予强化。

直接教导技术包括六个实施步骤。

步骤一：跟随儿童的引导，确保活动与儿童的兴趣相符。例如，妈妈在小东玩积木的时候加入。

步骤二：为儿童创造一个沟通的机会，使用交互式教导技术吸引儿童的注意力。例如，妈妈提前把搭房顶的三角积木块拿在手中，并让小东看到。

步骤三：等待儿童沟通，给予儿童时间和空间来展示他们的沟通尝试。例如，妈妈等待小东发起一次互动，或等待小东伸手拿三角积木块。

步骤四：提示儿童使用更复杂的语言、模仿或游戏技能。例如，妈妈指着积木说"积木"，小东没有反应。

步骤五：如果儿童在没有足够提示的情况下无法表现出期望的行为，提供更具支持性的提示。例如，妈妈呈现字卡"积木"，并指着积木说"积木"。

步骤六：一旦儿童表现出期望的行为，立即给予强化，并详细描述儿童的行为，以增强其正面效果。例如，小东说积木后，妈妈把积木递给小东并进一步强调说"积木"。

直接教导技术的前三个步骤与交互式教导技术的前三个步骤相同。在步骤四时，儿童没有对成人提示使用的更复杂技能做出反应，成人则给予一个更具帮助性的提示并确保儿童作出正确反应，之后才把积木递给儿童，并说"积木"以明确期望儿童表现出反应。由此可知，交互式与直接教导技术两者关键不同之处在于成人何时对儿童的沟通行为做出回应。

ImPact方案中，交互式教导技术与直接教导技术互为基础，形成了一个金字塔结构,干预技术金字塔见图10-1①。其中,跟随儿童的引导、模仿儿童、充满活力以及示范与扩展语言四个交互式教导技术处于金字塔底部,是常常会使用的,有助于增强儿童的动机和参与性,并为儿童的行为赋予意义。金字塔中间层包括有趣的障碍物、均衡的轮换以及沟通诱导物三个技术,其以底层的四项技术为基础,主要作用是鼓励儿童进行沟通。金字塔顶层主要包含的是直接教导技术,建立在中下两层交互式教导技术之上,涉及运用提示和强化来教导新的、更复杂的社会交往技能。在和儿童互动过程中,大约三分之一的时间内采用了金字塔顶部的技术。

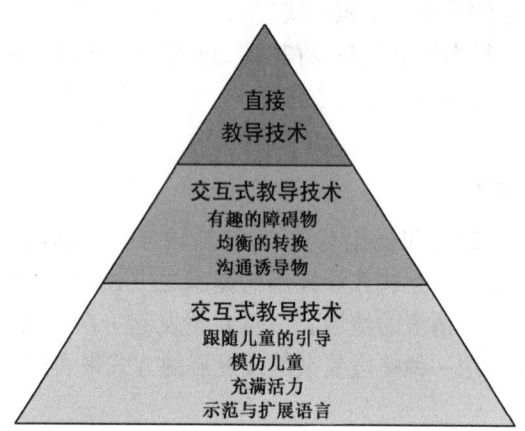

图10-1 ImPACT计划干预技术金字塔

二、地板时光模式

"地板时光"(Floor Time)是一种以儿童发展为中心的干预模式,是"基于发展、个别差异和人际关系的发展模型"(Developmental, Individual difference, Relationship-based model,简称DIR模型)的实践应用。该模式在教育、作业治疗、语言治疗、心理治疗等领域均有应用。

(一) DIR模型

DIR模型是一种以人际关系为基础,强调个体差异和发展阶段的综合性发展方案。该模型由儿童精神病学家斯坦利·格林斯潘(Stanley Greenspan)和同事们开发,目的在于帮助孤独症谱系障碍、发育迟缓、感统失调等特殊儿童,通过建立有意义的情感联系来促进发展。DIR模型的核心理念包括以下三个维度。

1. 发展(Developmental)

发展维度指儿童发展的功能阶段,包括注意力、参与度、有目的的情感表达和手势、前语言和语言问题解决、想象性互动、思考和推理等发展能力。普通儿童功能性

---

① BROOKE INGERSOLL, ANNA DVORTCSAK. 自闭症儿童社交游戏训练:给父母及训练师的指南[M].郑铮,译.北京:中国轻工业出版社,2012.:13.

情感能力发展包括以下六个阶段。

阶段一：共享关注与自我调节(0—3个月)：儿童能够自我调节，并且能够专注于来自外界社会环境的信息。

阶段二：亲密关系与参与(2—6个月)：儿童能够参与有趣的社交性互动，并且在互动中不断发展人际交往的能力。

阶段三：双向沟通(4—12个月)：儿童能够有目的地进行双向沟通，自如地用肢体语言或口语表达自身的想法。

阶段四：多回合交流或社交问题解决(10—18个月)：儿童能发现问题，并且创造性地解决人际方面的问题，游戏互动的复杂性逐步提高。

阶段五：创造性想法(12—24个月)：儿童能以游戏的方式再现日常活动，假装能力和抽象思维能力不断提高，并拓展到与他人的交往中。

阶段六：逻辑性思维(24—48个月)：儿童能具备逻辑思维，在游戏中的想法和创意具有前后逻辑性和连续性，并开始能分析行为后果。

每个儿童都经历这六个发展阶段；每一个阶段的发展都以上一个阶段为基础。这也是开展特殊儿童人际关系发展干预的主要依据。

2. 个别差异(Individual Differences)

个别差异维度指儿童处理声音、视觉/空间信息、感觉调节和动作计划方面的独特方式。这些处理方式会影响儿童的行为和学习方式。

3. 人际关系(Relationship)

人际关系维度强调儿童与照顾者之间的情感联系对于儿童发展的重要性。每个儿童都是通过与关键他人的互动来学习的。父母或照料者、老师等有必要与儿童建立良好的互动关系，通过家庭与教师、医生等专业人员之间的合作，为儿童提供支持性环境，促进其发展。

DIR模型提供了一种理解儿童个别差异和需求的框架，注重儿童的个人优势和兴趣，使教育者能够设计出更加个性化的教学计划，以满足每个儿童的独特需求，有助于提高教育训练的有效性。

(二) 地板时光

地板时光指在自然情境中，尤其是家庭环境中，与儿童自由玩耍，以儿童独特的知觉和兴趣作为引导，建立和谐融洽的关系，在游戏和互动中体验情感，最终促进儿童人际关系的发展。运用地板时光方法的主要目标是与儿童建立亲密关系(阶段一和阶段二)；形成双向沟通能力(阶段三和阶段四)；鼓励儿童进行象征性的意义表达(阶段五)；促进其发展与情感和观念相联系的逻辑思维(阶段六)。

1. 实施步骤

地板时光的实施步骤通常包括：① 观察、评估：跟随儿童，观察、了解其发展水平、个别差异和人际关系等具体表现。② 开启沟通、建立联系：与儿童建立情感联系，通过游戏和互动来了解其兴趣和动机。③ 遵循儿童的兴趣、跟随儿童的引导：在

游戏和活动中,成人应跟随儿童的引导,顺应其兴趣参与他们的活动,而不是强迫儿童参与成人选择的活动。④ 扩展游戏活动:在儿童所选择的游戏活动基础上,成人有意识地帮助其扩展游戏情境,增加复杂性,以促进儿童的发展。⑤ 让儿童闭合沟通:通过一系列的手势、表情和语言来建立沟通循环,这是所有后续沟通的基础。每个循环闭合沟通的主动者是儿童。

地板时光方法最适合由儿童的父母、主要照料者等人实施,在专业机构可以由专业人员实施。一般每天需安排多次活动,每次20—30分钟。当然,如果能在一天中的任何时间、任何地点开展持续实践,会促进儿童取得持续的进步。

2. 常用策略

运用地板时光方法时,可以采用以下策略:① 跟随儿童的引导:在活动中,了解儿童的需求,及时跟随儿童的兴趣和引导,一起参与他们感兴趣的活动,不强迫儿童,不向儿童发指令。大人作为引导者,应慢慢靠近儿童,语气平和、态度温和、积极倾听。② 像"傻子"一样与儿童进行游戏:成人需扮演与儿童同龄的玩伴,用同龄玩伴相似的方式游戏,先从模仿儿童的游戏行为开始,主动加入儿童感兴趣的活动,多与儿童进行象征性游戏活动。③ 建立情感联系:通过有趣的游戏和活动,与儿童建立情感上的联系,让儿童感受到被理解和接纳。多进行一些与情绪情感有关的活动,对儿童的情绪情感产生共鸣,通过情感体验来促进儿童的自我调节。④ 不断拓展游戏:在跟随儿童游戏的基础上,寻找契机,如设置一点小障碍,增加复杂一点的玩法等,逐步拓展和塑造游戏的复杂性和多样性。但不要做任何教学。⑤ 融入日常的各项活动:将地板时光的原则融入日常活动中,如吃饭、穿衣、购物等,使学习成为一个连续的、自然的过程。

3. 环境布置

运用地板时光方法时,需考虑布置恰当的环境。一是安全性:确保活动区域内没有任何尖锐物品、易碎物品或其他可能对儿童造成伤害的物品。二是舒适性:地板上应铺设柔软的垫子或地毯,以便儿童可以舒适地坐下或躺下。创设温暖和富有想象力的环境,可提供抱枕、沙发、灯光、图画和音乐等物品。三是简洁性:环境应尽可能简洁,以减少不必要的干扰,让儿童能够集中注意力在活动上。四是可及性:确保儿童可以轻松获取玩具和活动材料,提供一些象征性玩具、感知类玩具等,最好将玩具都放在盒子内,并做好标识。允许根据儿童的不同兴趣和活动需求进行调整。

三、人际关系发展干预方案

人际关系发展干预方案(Relationship Development Intervention,RDI)是由美国临床心理学家史蒂文·戈斯汀(Steven Gutstein)博士提出的一种针对孤独症儿童的干预方法。它是一种以人际关系为基础的、发展的、个体化的介入方法,注重在日常生活中的实践和应用。其核心目标是通过父母的"引导式参与"来改善孤独症儿童的人际交往和适应能力。RDI重视引导式参与,强调父母在儿童发展过程中的积极作用,父母通过与儿童的互动来引导和支持儿童的发展。采用系统的方法,根据儿童当前的发展水平,循序渐进地促进儿童社会性技能的发展,引发孤独症儿童产生运用社交技能的动机,使他们愿意在不同情境中使用这些技能。培养儿童的社会参照能力,使他们能够从他人身上获得情境诠释的信息,并决定如何行动;培养儿童的共同调控能力,帮助儿童学会在互动中自发地与他人协调和配合。培养儿童在社交与非社交情境中解决问题的适应性和保持灵活性的能力。强调情感互动的重要性,让儿童在与他人互动中得到情感上的满足。鼓励儿童与他人分享经验,享受交往乐趣,并建立长久的友谊关系。在开始干预之前,需评估儿童的心智发展程度,并根据评估结果制订个性化的干预计划。

人际关系发展干预方案共分为6个水平:新手、航行者、学徒、探索者、挑战者、同伴。每个水平分为4个阶段,共24个阶段。水平1—3主要适用于2岁到8—9岁儿童,水平4—6主要适用于较大儿童和青少年以及成人。

人际关系发展干预方案具体水平和阶段

水平Ⅰ:新手
  第一阶段:注意,倾听
  第二阶段:参照
  第三阶段:调节
  第四阶段:协调

水平Ⅱ:学徒
  第五阶段:变化
  第六阶段:改变
  第七阶段:同步
  第八阶段:二重奏

水平Ⅲ:挑战者
  第九阶段:合作
  第十阶段:共同创造
  第十一阶段:即席创作
  第十二阶段:保持伙伴关系

水平Ⅳ:航行者
  第十三阶段:观点
  第十四阶段:想象
  第十五阶段:团队功能
  第十六阶段:情感调节

水平Ⅴ:探索者
  第十七阶段:想法
  第十八阶段:内在含义
  第十九阶段:谈话
  第二十阶段:结盟

水平Ⅵ:同伴
  第二十一阶段:分享自我
  第二十二阶段:家族
  第二十三阶段:团队关系
  第二十四阶段:亲密关系

以第一水平"新手"为例,该水平的主要目标是提升经验分享和情感协调能力。第一阶段"注意,倾听"的目标是促进儿童留意别人的面部表情,让分享情感反馈成为活动的焦点。第二阶段"社会参照"的目标是让儿童以搭档的情绪反应作为自己的参照,第三阶段"调节"的目标是促进儿童学习在完全失去协调之前,认识到需要采取调控的动作以保持协调,通过不断地参照搭档的行为来判断是否需要调节自己的行为。第四阶段"协调"的目标是根据之前的观察和判断来改变自己,不同程度的改变都是

有意义的,但只是调整某些内容,基本的组织结构不会改变。以下以儿童朗诵活动和敲鼓活动为例说明第一水平的活动如何促进儿童注意、社会参照、共同调控等能力发展的。

1. 儿童朗诵活动

以儿歌朗诵为例介绍如何引起儿童的注意,发展其社会参照能力。选择朗朗上口的儿歌。如"一二三四五,上山打老虎;老虎不在家,打个电话找找它;老虎老虎你在哪,找得你好辛苦"。首先,以正常速度朗诵儿歌。然后,增加儿歌朗诵的变化性,以夸张的方式表达。如朗诵的速度越来越慢或越来越快,语音突然变得清晰或模糊、音量升高或降低,在朗诵中突然停顿、改变语调、咳嗽、清嗓、结巴等。但是,不能一次性地增加过多变化,应逐步增加,凸显夸张性。该训练主要目的是通过夸张、突然的变化等方式引起儿童的注意,建立社会参照,增加共同调控能力。

2. 敲鼓活动

以敲鼓为例介绍如何建立社会参照,增强共同调控的能力。儿童和成人一起敲鼓,首先两人都以正常速度敲鼓。之后,成人掌握敲鼓的变化性,儿童要观察、参照成人的变化,及时调整自己敲鼓的行为,作出一致的行为。增加敲鼓变化性或夸张性敲鼓的方式包括:敲鼓速度或快或慢、敲鼓动作幅度或大或小、响度或重或轻、突然开始或突然停顿、有节奏敲鼓动作中加入无节奏的变化,在无节奏中加入节奏,以及各种变化之间进行转换,在敲鼓时加入有变化的声音、动作等。这些变化应在每轮敲鼓游戏中逐步增加,凸显夸张性,不能一次性增加过多变化。通过多样化的敲鼓方式引起儿童的注意,建立社会参照,增加共同调控能力。

人际关系发展干预方案强调要形成 RDI 生活方式,将社会参照、调控、情感分享融入日常生活中,如洗澡、吃饭、穿衣等,使这种方式成为生活的一部分。尽管 RDI 在孤独症儿童干预领域受到关注,但其有效性也受到了一些专家的质疑,需要更广泛的研究来证实其效果。

四、其他综合干预方案

(一) 丹佛早期介入模式

早期介入丹佛模式(Early Start Denver Model,ESDM)是针对 1—5 岁孤独症儿童的综合性早期干预方法,由萨丽·罗杰斯(Sally J. Rogers)教授和杰拉尔丁·道森(Geraldine Dawson)教授于 2010 年提出。ESDM 结合了丹佛模式(Denver Model,DM)、关键反应训练(Pivotal Response Training,PRT)和应用行为分析(Applied Behavior Analysis,ABA)的理论基础。ESDM 模式重视儿童与照料者之间的关系,并使用正向情感回应儿童的沟通线索。课程设计依据儿童发育进程,尤其强调模仿、非语言沟通、语言沟通、社会发展和游戏。强调游戏介入,以儿童为中心的互动,以儿童的兴趣为出发点,保持其注意力和参与度。采用多目标、密集型教学,在任何时间都可以教授特定课程,提供及时、系统地干预。重视家庭参与,鼓励家长和监护人在自然情境中实施干预,并评价教学效果。在训练过程中,可以使用 ESDM 课程核对表对儿童的能力进行评估,并设立 12 周的干预计划和目标。ESDM 已被证明可以显著提升儿童的发育水平、认知水平和适应性行为。此外,经过 ESDM 干预的儿童,其大脑活动趋向于正常儿童,表明了早期干预的重要性和效果。ESDM 的干预可以在儿童保健和康复机构、幼儿园、家庭和社区等场所广泛应用。

(二) 社交沟通、情绪调节和协作支持模式

社交沟通、情绪调节和协作支持模式(Social Communication, Emotional Regulation, and Transactional Support Model,SCERTS)是一种针对孤独症儿童的综合性教育干预模式,由巴瑞·普瑞桑(Barry Prizant)博士、艾米·维泽贝(Amy Wetherby)博士等五位美国学者基于二十多年的临床研究于 2006 年提出的。它的设计基于实证研究,包括被认可的循证干预措施,以确保干预的有效性。作为一个跨学科的教育干预模式,SCERTS 模式结合了不同领域的干预策略,以适应儿童的多方面需求。该模式专注于提升孤独症儿童在社交沟通、情绪调节和协作支持三个主要维度的能力。

SCERTS 模式强调提升孤独症儿童的社交沟通能力,帮助他们更好地与他人建立联系和交流;着重帮助儿童学会理解和管理自己的情绪,以及在社交互动中表达自己的感受;认为教育人员、家庭成员和儿童自身之间的协作对于儿童的发展至关重要。该模式提倡根据每个孤独症儿童的独特需求和特点,提供个性化的教育和支持,它不仅仅关注个别技能的训练,还注重儿童功能性技能的发展,使他们能够在日常生活中应用所学。该模式还强调以儿童的日常经验为基础进行教育和评估,利用日常生活中的互动和活动作为学习情境;鼓励教育人员和家长与孤独症儿童建立正面的关系,以促进更好地沟通和学习。它通过提供具体的指导方针和操作策略,帮助专业人员和家庭成员支持孤独症儿童的发展,使他们能够更好地适应社会并提高生活质量。家庭是 SCERTS 模式中的关键部分,家长被视为最了解孤独症儿童的人,他们的参与对于儿童的发展至关重要。

(三) 社交技能教育与促进方案

社交技能教育与促进方案(Program for the Education and Enrichment of Relational Skills,PEERS)是由伊丽莎白·洛格森(Elizabeth A. Laugeson)博士开发的一种针对青少年和成年人的社交技能训练项目,特别是为孤独症和其他社交障碍的个体设计的。PEERS 项目旨在帮助参与者提高他们的社交技能,包括建立和维持友谊的能力。PEERS 是团体课程方案,通常以小组形式进行,由受过专业培训的辅导员引导。家长或照顾者参与课程,以便更好地支持儿童或被照顾者在社交技能上的发展。该方案主要教授实用社交技能,如友谊建立、对话技巧、理解社交暗示等;提高参与者对社交情境和他人情感状态的认知能力;教授情绪识别和管理技巧,帮助参与者在社交互动中保持冷静和自信;还提供策略来应对社交焦虑,增强参与者在社交场合中的自信。主要使用角色扮演来练习社交技能,使参与者能够在安全的环境

中尝试新的行为;通过观看视频来展示适当的社交行为,然后讨论和模仿这些行为。鼓励参与者在小组内建立社交支持网络,互相学习和鼓励。课程之外,参与者被分配家庭作业任务,以在真实世界中练习新技能。PEERS方案提供持续的支持和跟进,以确保技能的持续发展和应用。所配备的辅导员会提供个性化反馈,帮助参与者理解他们的进步和需要改进的地方。PEERS项目已被证明在提高孤独症个体的社交技能和友谊质量方面是有效的。它为参与者提供了一个结构化的环境,使他们能够在专业指导下学习和练习社交技能。通过这种项目,参与者能够更好地融入社会,建立更健康的人际关系。

社交技能教育与促进方案主要目的是帮助青少年和成人建立良好的沟通和互动行为,并保持友谊。其主要方法包括帮助儿童发现交友行为背后隐藏固定模式,明白这些模式背后的意义,通过行为预演学习运用社交模式来管理自己的交友行为。该课程时间为每周90分钟,其中20—30分钟用于解决家庭作业问题,30分用于问话、明确具体社交规则、细化步骤、行为预演,20分钟用于青少年活动,10分钟用于亲子活动,包括家庭作业的协商、依从性等。其课程流程包括七个步骤:① 复习规则;② 复习家庭作业;③ 进行讲义课程,通过苏格拉底式问答法或者角色扮演/练习呈现,从而让孤独症等青少年能够集中注意力;④ 开展行为演练,练习学到的新技能,并接受小组长和教练的反馈意见;⑤ 布置家庭作业;⑥ 开展青少年活动;⑦ 计算得分:每周都会在课程中得到相应的分数,这些分数最终用来作为毕业典礼上的奖励。其课程内容如下。

社交技能教育与促进方案课程内容

课时1:介绍和对话技巧Ⅰ——交换信息
课时2:对话技巧Ⅱ——双向对话
课时3:对话技巧Ⅲ——电子通信交流
课时4:选择合适的朋友
课时5:恰当使用幽默
课时6:同伴邀入Ⅰ——进入对话
课时7:同伴邀入Ⅱ——离开对话
课时8:聚会
课时9:团队精神
课时10:拒绝Ⅰ——取笑和尴尬的反馈
课时11:拒绝Ⅱ——欺凌和坏名声
课时12:处理分歧
课时13:谣言和流言
课时14:毕业和结束

思考题

1. 如何理解采用综合康复理念开展特殊儿童沟通与交往技能训练?
2. 特殊儿童同伴交往存在哪些问题?
3. 以某个特殊儿童为例,分析其游戏活动水平,并设计适合的游戏活动开展沟通与交往技能训练。

4. 某中度孤独症儿童,9岁,男,能理解简单指令,能进行基本沟通,会模仿简单动作,规则意识不强,没有攻击行为。经前期观察,该儿童问好、道歉、感谢、借还物品、表达需求、寻求帮助等技能不熟练,主题式对话、赞美他人、合作、分享等能力均不具备。请为该儿童设计一个相对较完善的沟通或交往训练课程方案,并思考在训练过程中教师的角色及其如何发挥对孤独症儿童沟通与交往发展的促进作用。

5. ImPact方案提出的交互式教导技术和直接教导技术应分别如何运用?请举例说明。

6. 实施地板时光模式时可以采用哪些策略?

7. 举例说明人际关系发展干预方案中"建立社会参照,促进共同调控"是如何实施的。

参考文献

[1] 奥温·C.斯塔曼,杰茜卡·苏海因里希,莎拉·里德.孤独症儿童关键反应教学法[M].胡晓毅,译.北京:华夏出版社,2021.

[2] 英格索尔.自闭症儿童社交游戏训练:给父母及训练师的指南[M].郑铮,译.北京:中国轻工业出版社,2012.

[3] 陈凯鸣.小糖的故事:图片交换沟通系统(PECS)在自闭症、沟通障碍人士中的运用[M].广州:暨南大学出版社,2011.

[4] Debra Leach.应用行为分析在融合教室中的运用:提升自闭症光谱障碍学生成效指南[M].吴佩芳,译.台北:心理出版社,2019.

[5] 邓赐平.儿童心理理论的发展[M].杭州:浙江教育出版社,2008.

[6] DUBE W V, MACDONALD R, MANSFIELD R C, et al. Toward a behavioral analysis of joint attention[J]. The Behavior Analyst,2004(27):197-207.

[7] 凤华.孤独症儿童发展本位行为评量系统[M].重庆:重庆大学出版社,2019.

[8] 凤华,周婉琪,孙文菊,等.自闭症儿童社会——情绪教育实务工作手册[M].重庆:重庆大学出版社,2015.

[9] 凤华,孙文菊,周婉琪.自闭症儿童社会情绪及语言行为教学实务手册[M].2版.台北:心理出版社,2019.

[10] 格林斯潘,维尔德.地板时光:如何帮助孤独症及相关障碍儿童沟通与思考[M].马凌冬,译.北京:华夏出版社,2014.

[11] 候素雯,林建华.幼儿影响观察与指导这样做[M].上海:华东师范大学出版社,2014.

[12] 姜春阳.论学前儿童游戏与社会技能形成的交互作用[D].长春:吉林大学,2006.

[13] 克斯特尔尼克.儿童社会性发展指南:理论到实践[M].北京:人民教育出版社,2009.

[14] 奎尔.做·看·听·说:孤独症儿童社会性和沟通能力干预指南[M].何正平,译.北京:华夏出版社,2015.

[15] 雷江华.特殊儿童沟通与交往[M].上海:华东师范大学出版社,2017.

[16] 理查德·W.马洛特,约瑟夫·T.沙恩.行为原理[M].秋爸爸,陈墨,译.北京:华夏出版社,2019.

[17] 李丹.人际互动与社会行为发展[M].杭州:浙江教育出版社,2008.

[18] 李泽慧.特殊儿童沟通与交往[M].南京:南京师范大学出版社,2015.

[19] 刘晶波.师幼互动行为研究——我在幼儿园里看到了什么[M].南京:南京师范大学出版社,2005.

[20] 罗伯特·凯格尔,琳·柯恩·凯格尔.孤独症谱系障碍儿童关键反应训练掌中宝[M].胡晓毅,王勉,译.北京:华夏出版社,2016.

[21] 马克·桑德博格.语言行为里程碑评估及安置计划(上册)[M].黄伟合,李丹,译.北京:北京大学医学出版社,2017.

[22] 玛丽·林奇·巴伯拉,特蕾西·拉斯穆森.语言行为方法[M].美国展望教育中心,译.北京:华夏出版社,2023.

[23] 南希·约翰逊-马丁,邦妮·哈克,苏珊·阿特迈尔.卡罗来纳特殊教育课程:学龄前儿童[M].2版.张苗苗,高旭,张俊杰,等译.北京:华夏出版社,2021.

[24] 南希·约翰逊-马丁,苏珊·阿特迈尔,邦妮·哈克.卡罗来纳特殊教育课程:婴儿及幼童[M].3版.张苗苗,高旭,张俊杰,等译.北京:华夏出版社,2020.

[25] 倪伟,熊哲宏.假装游戏研究:过去、现在及未来[J].心理科学,2007(4):1020-1022.

[26] 萨莉·J.罗杰斯,杰拉尔丁·道森,劳里·A.维斯马拉.孤独症儿童早期干预丹佛模式:利用日常活动培养参与、沟通和学习能力[M].张庆长,何逸君,秦博雅,等译.北京:华夏出版社,2016.

[27] SELMAN R L, BEARDSLEE W, SCHULTZ L H, et al. Assessing adolescent interpersonal negotiation strategies: Toward the integration of structural and functional models[J]. Developmental Psychology, 1986(22): 450-459.

[28] 史蒂文 E.葛斯汀.RDI 人际关系发展疗法[M].李力,译.北京:北京科学技术出版社,2024.

[29] 威廉·L.休厄德.特殊需要儿童教育导论[M].8版.肖非,等译.北京:中国轻工业出版社,2007.

[30] 魏寿洪.自闭症儿童沟通技能指导[M].重庆:重庆大学出版社,2020.

[31] 王辉.特殊儿童教育评估[M].南京:南京师范大学出版社,2015.

[32] 王辉.特殊儿童行为管理[M].南京:南京师范大学出版社,2015.

[33] 王梅.孤独症儿童情绪调整与人际交往训练指南[M].北京:中国妇女出版社,2015.

[34] 王美芳.儿童社会技能的发展与培养[M].北京:华文出版社,2023.

[35] 王姣艳,冯雅静.智力障碍儿童社交训练[M].北京:北京出版社,2018.

[36] 王雁,朱楠,王姣艳.智力障碍儿童社会技能训练[M].北京:北京师范大学出版

社,2014.

[37] 徐云,柴浩.孤独症儿童心智解读能力训练[M].北京:科学出版社,2015.

[38] 伊丽莎白·A.罗杰森.孤独症青少年社交训练 PEERS 课程[M].杜亚松,李改智,译.北京:人民卫生出版社,2020.

[39] 英格索尔.自闭症儿童社交游戏训练:给父母及训练师的指南[M].郑铮,译.北京:中国轻工业出版社,2012.

[40] 约翰·爱尔德·罗宾逊.看着我的眼睛——我和阿斯伯格综合征[M].北京:人民文学出版社,2010.

[41] 张福娟,杨福义.特殊儿童早期干预[M].上海:华东师范大学出版社,2010.

[42] 朱继文.师幼互动理念指导下的园本课程[M].北京:北京师范大学出版社,2010.